Kim Hyun Hee

Die Tränen meiner Seele

Aus dem Amerikanischen von
Almute Löber

Stephanus Edition

Titel der Originalausgabe:
THE TEARS OF MY SOUL
Originalverlag: William Morrow and Company Inc., New York, USA

Printed in Germany

ISBN 3-922816-79-7
Best.-Nr. 841379

1. Auflage 1997

Einbandgestaltung: Manfred Peters
Titelfoto: Barnaby Hall
Satz: Fotosatz Schell, Bad Iburg
Druck und Bindung: Ebner Ulm

Hergestellt für
Stephanus Edition Verlags GmbH
D-88690 Uhldingen/Bodensee

Dieses Buch ist den Familien der Opfer des Fluges 858 gewidmet. Alle durch den Verkauf dieses Buches erzielten Erlöse sollen ihnen zugute kommen.

PROLOG

26. April 1989, Seoul, Südkorea
Ich saß im düsteren und bedrückenden Warteraum für Angeklagte, und die Erwartung meines Urteilsspruches schnürte mir den Hals zu.

Draußen im Flur vor dem Gerichtssaal drängte eine aufgebrachte Menge gegen die Tür, so daß ich einen Augenblick lang befürchtete, sie werde ihr nicht standhalten können. Ihre Stimmen schwollen zu einem grauenhaften Gebrüll an, und das ganze Gebäude schien unter ihren Flüchen zu erbeben.

Mörderin, Mörderin, Mörderin …

Ich ballte meine Hände zu Fäusten. Ich zitterte und bebte am ganzen Körper. Sie schrien wegen mir.

Nein, sie schrien mich an.

Als ich dort saß und zitternd ihre Schreie vernahm, dachte ich an die Prozesse, die Verrätern gleich nach der Befreiung Koreas von Japan vor dem Volksgerichtshof gemacht worden waren. In der Schule hatten wir davon gehört, und nun spürte ich am eigenen Leibe, wie fürchterlich das alles für die Beteiligten gewesen sein mußte.

Außer mir waren noch ein Arzt, eine Krankenschwester und drei Spezialbeamte im Raum, die in diesem vergangenen Jahr alles mit mir durchgemacht, nur eben nicht mit mir gelebt hatten. Trotzdem hatte ich mich noch nie so alleine gefühlt. Ganz gleich, wie nahe mir diese Menschen standen – oder ich ihnen –, letztendlich erwartete ich und nicht sie das Urteil. Wie beneidete ich sie zu dieser Stunde um ihre Unschuld und ihre Zukunft, und ein Anflug von Trauer überkam mich.

Ich versuchte, mich an die Bibelverse zu erinnern, die mir der Pfarrer zuvor aufgeschrieben hatte. Doch ich wurde aus den Gedanken gerissen, als sich die Tür öffnete, und vier Polizisten in adretten Uniformen mit glänzenden Abzeichen kamen, um mich in den Gerichtssaal zu eskortieren. Mich schützend umgebend, bahnten sie sich ihren Weg durch die wütende, unübersichtliche Menge und führten mich in den Saal. Die Zuschauer wurden sofort unruhig. Dies war mein erster Auftritt vor der Öffentlichkeit, die bisher vom Verfahren ausgeschlossen war, aber jetzt der Urteilsverkündung beiwohnen durfte. Wie wütend wilde Tiere schrien sie mir Beleidigungen entgegen und verfluchten mich. Wenn sie nur gedurft hätten, hätten sie mir wohl liebend gerne die Gliedmaßen einzeln aus dem Leibe gerissen.

Von der Zuschauerbank zischte mir eine alte Frau »verdammtes Miststück« entgegen. »Du hast meinen einzigen Sohn ermordet, wer wird sich jetzt um mich kümmern?«

Der Gang bis zur Anklagebank schien mir kein Ende zu nehmen. Als ich mich schließlich setzen durfte, war ich nicht mehr in der Lage, meine Fassung zu bewahren. Mir schlug das Herz bis zum Halse, ich zitterte am ganzen Körper, und als mir die Tränen in die Augen schossen, sagte ich immer und immer wieder leise vor mich hin: *Mutter.*

Von allen Geschicken, die sie sich jemals für ihre

Tochter ausgemalt haben mochte, wäre ihr dieses wohl nie in den Sinn gekommen. Sie hatte mich mit ausgesprochen viel Güte und nicht endenwollender Hingabe aufgezogen, und nun hatte ich all ihre Bemühungen zunichte gemacht. Unwillkürlich mußte ich daran denken, wie sie mich verhätschelt, wie sie mich mit meiner Schuluniform ausstaffiert und diese auch noch mit selbstgemachter Spitze versehen hatte. Mich jetzt zu sehen, würde ihr das Herz brechen.

Doch das war noch nicht das Schlimmste. Ich hatte nicht nur vor meiner Mutter, sondern auch vor meinem Land versagt. Mein Geständnis vor den südkoreanischen Behörden mußte von meiner eigenen Regierung als schwerstmöglicher Landesverrat angesehen werden. Wegen meines Versagens und der Schande, die ich über das Land gebracht hatte, würde meine Familie mit ziemlicher Sicherheit verhaftet und von der nordkoreanischen Regierung möglicherweise für den Rest ihres Lebens in eines jener grauenhaften Arbeitslager gesteckt werden. Nicht nur, daß ich mein eigenes Leben ruiniert hatte, ich hatte auch unwiderruflich das ihre zerstört.

Die eintönige Gerichtsverhandlung nahm ihren Lauf, doch konnte ich mich nicht darauf konzentrieren. Für mich stand von vornherein fest, daß ich zum Tode verurteilt werden würde. Ich hatte den Flug Nr. 858 der Fluggesellschaft Korean Air sabotiert. Ich war für den Tod von 115 Menschen verantwortlich. Doch seltsamerweise wurde mir das volle Ausmaß der schrecklichen Tat, die ich begangen hatte, erst in diesem so emotionsgeladenen Gerichtssaal richtig bewußt. Zwar hatte ich eine Bombe an Bord des Flugzeuges versteckt, doch hatte ich weder die Explosion selbst noch die Absturzstelle gesehen. Bisher hatte ich ein eigenartig distanziertes Verhältnis zu meiner Tat gehabt, so als wäre das alles gar nicht geschehen oder eigentlich nicht meine Schuld gewesen. Doch hier in diesem Gerichtssaal war ich gezwungen, den trauernden Familien der Opfer gegenüberzutreten.

Schließlich überkam mich tief in meinem Innern das schiere Entsetzen über die Greueltat, die ich begangen hatte. Ich konnte mich nicht überwinden, in Richtung der Zuschauer zu blicken. Jeder einzelne von ihnen stand für ein Leben, das ich ruiniert hatte. Ich fühlte mich zu schwach – ich hatte einfach nicht den Mut.

Den größten Schmerz bereiteten mir die wenigen, meist älteren Frauen, die sich noch immer an die Hoffnung klammerten, daß das ganze Ereignis nur ein übler Scherz gewesen sei und daß ihre Familienmitglieder irgendwo von der südkoreanischen Regierung versteckt gehalten würden und noch am Leben wären. Ich weinte noch mehr. Ich wollte meine Arme nach ihnen allen ausstrecken und sie alle festhalten, ihnen erzählen, wie sehr mir das wirklich leid tat.

Als ich zwei Jahre zuvor zu meiner Mission entsandt worden war, hatte man mir erklärt, ich würde meinem Land den größtmöglichen Dienst erweisen. Kritiklos hatte ich an unseren großen Führer Kim Il Sung als den Erretter Nordkoreas geglaubt. Doch nun wußte ich, wie unglaublich naiv es gewesen war, Derartiges anzunehmen. Ich hatte die Vereinigung Koreas nicht bewirkt, wie mich Kims Chargen hatten glauben machen wollen. Ich war keine Volksheldin geworden, wie sie es mir versprochen hatten. Statt dessen war ich eine Kreatur, minderwertiger als ein Mensch, ich war wertlos, ein verabscheuungswürdiges Ungeheuer.

Mit einem Mal merkte ich, daß ich die Bibelverse

des Pfarrers in der Hand hielt. Durch den Schleier meiner Tränen konnte ich sie nicht lesen, erinnerte mich aber irgendwie an die Worte:

Fürchte dich nicht, denn ich bin bei dir;
Verzweifle nicht, denn ich bin dein Gott.
Ich werde dich stärken und dir helfen;
Ich werde dich in meiner gerechten Hand
halten.

Doch trösteten mich diese Worte nicht. Ich konnte nicht glauben, daß ein auch noch so gütiger Gott mir meine Tat vergeben würde. Während der langen Monate in Haft hatte mein einziger Trost darin bestanden, bald sterben zu dürfen. Ich war dem Tod bereits schon einmal mit knapper Not entronnen: Als mein Komplize Kim Seung Il und ich im Flughafen von Bahrain verhaftet wurden, hatten wir beide unseren Befehlen gehorcht und versucht, Selbstmord zu begehen, indem wir auf Zyankalikapseln bissen, die in unseren Zigaretten versteckt waren. Kim war auf der Stelle tot, doch bei mir waren die Wiederbelebungsversuche erfolgreich. Ich wurde dem Tod entrissen. Alleine mußte ich nun monatelang die Schuld und den Schmerz über meine Straftat ertragen und auch die Trauer, die ich damit über Menschen gebracht hatte. Es paßte, dachte ich, daß die jüngere von uns beiden etwas länger leben und leiden sollte.

Ich wurde gebeten aufzustehen und begriff, daß ich nun endlich das Urteil hören sollte. Der Richter fragte, ob ich vor meinem Urteilsspruch noch etwas zu sagen hätte. Ich versuchte, mich zu beruhigen, und schließlich gelang es mir, mit Unterbrechungen zu stammeln:

»Ich habe nun die Schwere meiner Tat begriffen. Ich bin dankbar für die Chance, die Wahrheit sagen zu können und die Wahrheit kennenzulernen. Für Kim Il Sung empfinde ich nur noch Haß. Ich weiß, es reicht bei weitem nicht aus, wenn ich hier die Familien der Opfer um Verzeihung bitte.« Ich hielt inne und versuchte den Mut aufzubringen, um Gnade zu bitten. Denn wenngleich ich wußte, daß ich den Tod verdient hatte und mich schon seit Monaten mit diesem Gedanken vertraut gemacht hatte, erschauerte ich doch jetzt bei der Erkenntnis, daß der Tod mir so viel schneller, so viel realer bevorstehen könnte. Doch ich konnte kein weiteres Wort mehr über die Lippen bringen. Ich schluckte die Worte hinunter, blieb stumm und versuchte, mir einzureden, daß zu sterben nicht so schlimm wäre wie weiterzuleben und daß ein Gnadengesuch kleinmütig und unehrenhaft wäre. Doch irgend etwas in meinem Hinterkopf quälte mich, drängte mich zu sprechen. Ich hatte plötzlich das Gefühl, etwas tun zu müssen, eine Aufgabe zu erfüllen oder eine Strafe zu absolvieren. Ich mußte am Leben bleiben, ich mußte …

Doch der Richter fuhr fort, interpretierte mein Schweigen als endgültig, und ich hörte seine Worte: »Sie hat von Kim Jong Il, dem Sohn Kim Il Sungs, den Befehl erhalten, Flug Nr. 858 der Korean Air mittels eines Sprengsatzes zu zerstören. Sie hat diesen Befehl ausgeführt und damit 115 unschuldige Leben ausgelöscht. Deshalb hat sich das hohe Gericht entschlossen, zum Ausdruck seines ausgesprochenen Wunsches, von derartigem Verhalten abzuschrecken, die Höchststrafe zu verhängen. Somit ist die Angeklagte zum Tode verurteilt.«

Die Menge schrie auf. Wenngleich ich dieses Urteil

erwartet hatte, wurde ich in diesem Moment ganz benommen und mein Magen schien sich umzudrehen. Das Blut gefror mir in den Adern, und einen Augenblick lang erstarrte ich, als mir die Tränen in die Augen schossen.

Lebt wohl, Mutter und Vater, Schwester Hyun Ok und Bruder Hyun Soo. Nun – endlich – bin ich für euch verloren.

Als ich aus dem Gerichtssaal geführt wurde, war ich so erschüttert, daß ich gnädigerweise die Schreie und Verwünschungen, die mir entgegengeschleudert wurden, nicht mehr wahrnahm. Im Gefangenenbus wünschte ich mir fieberhaft, meine Familie noch einmal sehen zu dürfen, bevor ich sterben mußte, wohl wissend, daß dies hoffnungslos war. Ich dachte an meinen frechen Bruder, meine schöne Schwester und betete, sie mögen besser auf sich aufpassen und nicht wie ich enden.

Wieder dachte ich, wie gnadenlos doch die nordkoreanische Regierung mit ihnen umgehen würde. Ungeachtet dessen, daß meine Familie nicht im geringsten von meiner Mission wußte (tatsächlich hatten sie nicht die Spur einer Ahnung davon, daß ich eine Spionin geworden war), würden auch sie einen furchtbaren Preis für mein Geständnis, für meinen Landesverrat zahlen müssen. Ich litt unsägliche Qualen. Mir blieb nur noch eines übrig: die Tage zu zählen, bis sie mich hinrichten würden.

ERSTES KAPITEL

Wenn ich an die Millionen Babys denke, die jedes Jahr in Nordkorea geboren werden, und zurück denke an all die Babys, die in den letzten vierzig Jahren dort zur Welt gekommen sind, werde ich von einer unglaublichen Wut gepackt. Jedem Kind wurde und wird genau das gleiche beigebracht wie mir, und jedes einzelne wird die gleichen Lügen glauben. Welch eine furchtbare Verschwendung von Menschenleben! In gewisser Weise erklärt dies auch, was mich zu meiner Tat bewogen hat.

Ich bin am 27. Januar 1962 geboren. Da ich das erste Kind meiner Mutter war, hofften alle, ganz besonders meine Großeltern, auf einen Jungen. Natürlich waren sie enttäuscht, als ich das Licht der Welt erblickte.

Ich kam im Elternhaus meiner Mutter in Gaesung zur Welt. Da mein Vater zu dieser Zeit unterwegs war, kümmerten sich meine Großeltern um mich. Ihre Enttäuschung hielt nicht lange an; meine Mutter erzählte mir später, sie hätten mich alle von ersten Augenblick an geliebt und wie ein kostbares Püppchen behandelt.

Mein Vater bekleidete ein hohes Amt im Außenministerium, sprach aber mit der Familie selten über seine Tätigkeit. Als er von seinem Auslandsaufenthalt zurückkehrte und mich zum ersten Mal sah, behandelte er mich mit der gleichen Liebe und Güte wie meine Großeltern, was sich bis vor vier Jahren, als wir uns zum letzten Mal sahen, nicht geändert hatte.

Nach südkoreanischen Maßstäben hätten wir uns

wohl kaum zur Mittelschicht zählen können, doch für Nordkoreaner waren wir privilegiert. So galt es beispielsweise schon als Luxus, immer Speiseöl im Haus zu haben und braten zu können. Später sollte ich erfahren, daß Speiseöl im Süden gar nichts Besonderes war. Wir lebten in der nordkoreanischen Hauptstadt Pjöngjang und konnten uns glücklich schätzen, dort eine kleine Eigentumswohnung zu besitzen. Die meisten Mitarbeiter vom Rang meines Vaters erhielten eine eigene Wohnung, doch in der Arbeiterklasse war es üblich, daß sich mehrere Familien eine Wohnung teilten und bis zu zehn Familien mit einem Badezimmer auskommen mußten.

Als ich etwa ein Jahr alt war, wurde mein Vater nach Kuba berufen, und ich verbrachte die nächsten paar Jahre in unmittelbarer Umgebung der nordkoreanischen Botschaft in Havanna. Erst kurz zuvor war Fidel Castro durch die Regierung zum Präsidenten berufen worden, und wenngleich das politische Klima ziemlich chaotisch war, gab es in Kuba wesentlich mehr Wohlstand als in Nordkorea. Zusammen mit anderen Familien von Botschaftsangehörigen lebten wir in einem riesigen Herrenhaus, das vor der Revolution wohlhabenden Bürgern gehört hatte. Da es mit allem erdenklichen Zierat, teuren Skulpturen und allen möglichen Schmuckstücken wie Kristallüstern, vergoldeten Möbeln etc. versehen war, war es ausgeräumt und umgebaut worden. Was auch immer an die Zeit der Bourgeoisie hätten erinnern können, war entfernt worden.

Das Kuba jener Zeit war sehr viel freier als Nordkorea, und wir glaubten eigentlich, recht wohlhabend zu sein. Meine Mutter erzählte mir später, unsere Zeit in

Kuba sei die schönste ihres Lebens gewesen. Sie ging liebend gerne im Supermarkt einkaufen, wo wir die bloße Vielfalt der Lebensmittel schon als erstaunlich empfanden. Da ich es nicht anders kannte, ging ich davon aus, daß alle Kinder der Welt so lebten.

Täglich um die Mittagszeit kam ein Eiswagen in die Wohnanlage, zu dem ich mit ein paar Münzen hinrannte und schon von weitem rief *»Heladero! Heladero!«* (Eismann! Eismann!) Meine Mutter gab mir den Spitznamen ›Schokoladengeneral‹ wegen meines zügellosen Appetits auf Schokolade.

Wir wurden häufig zu Diplomatenessen eingeladen, und mich faszinierten die schwarz- und weißhäutigen Ausländer. Am meisten interessierten mich die blonden Gäste, die mir besonders fremd und exotisch vorkamen. Ich wiederum wurde von unseren kubanischen Botschaftssekretärinnen, die mich ständig auf den Schoß nahmen, bewundert und gedrückt.

Im ersten Stock unserer Villa stand ein Klavier, an dem mich meine Mutter jeden Tag eine Stunde lang unterrichtete. Sie hatte als Kind das Klavierspielen gelernt und war recht begabt. Als wir später nach Nordkorea zurückkehrten, sollte ich erfahren, daß es für eine normale Familie undenkbar war, ein Klavier im Haus zu haben. Ein Klavier bekam höchstens jemand, dem es gestattet worden war, sich zum Berufsmusiker ausbilden zu lassen.

Unsere Zeit in Kuba war insgesamt ein einziger wunderschöner Traum vom Glück. Ich spielte häufig mit anderen Kindern. Am besten kann ich mich noch an den Sohn des Botschafters, Kim Jae Bong, erinnern. Er schlug mich häufig, nur weil es ihm Spaß machte, und fand immer einen Grund mich zu ärgern.

Er machte meine Luftmatratze, ein heißgeliebtes Geburtstagsgeschenk, kaputt, indem er sie mit seinen Eßstäbchen durchbohrte. Immer wenn ich versuchte ihn zu ignorieren, baute er sich vor unserem Haus auf und schrie: »Hyun Hee, spiel mit mir!« Er war wie eine Katze. Er brachte es fertig, hundertmal das gleiche zu rufen, bis ich nachgab und nach draußen ging.

Witzigerweise traf ich ihn Jahre später in Nordkorea wieder, als ich auf die Mittelschule ging. Wir begegneten einander eines Tages auf der Straße, doch noch bevor ich reagieren konnte, blickte er mich verschämt an und lief weiter. Ich wußte, er hatte mich erkannt, und es tröstete mich ein wenig, daß ihm offensichtlich bewußt war, was für ein Ekel er gewesen war!

Zu den schönsten Erinnerungen an jene Zeit gehört der Tag, an dem ich die Tür zum Dach unverschlossen fand. Ich nahm meine jüngere Schwester Hyun Ok und einige andere Kinder mit nach oben zum Spielen. Wir verbrachten Stunden auf dem Dach, ließen unsere Beine über die Dachkante baumeln und schauten über die Baumwipfel hinweg in die Ferne. Irgendwann entdeckten uns ein paar kubanische Handwerker und informierten unsere Eltern, die mit bleichen Gesichtern nach oben stürzten, um uns in Sicherheit zu bringen.

Selbst in diesen glücklichen Tagen wurden uns die Lehren von Kim Il Sung eingeimpft. Die ersten Worte, die wir lernten, waren »Danke Kim Il Sung, Unser Großer Führer«.

Uns wurde beigebracht, bei dem Wort *Amerika* Haß zu empfinden, und selbst bei den kleinen Kindern saßen die antiamerikanischen Gefühle schon sehr tief. In Nordkorea wird Amerika als »der Erzfeind«

bezeichnet, »mit dem man nie zusammen unter dem gleichen Himmel existieren kann«. Während unseres Aufenthaltes in Kuba sprach mein Vater häufig vom »drohenden Angriff der Yankee-Imperialisten«. Eines Tages, als wir am Strand waren (der mir mit dem endlosen Sand und Wasser wie eine Zauberwelt vorkam), zeigte er auf ein am Horizont kaum auszumachendes Land mit den Worten: »Das ist Amerika, Hyun Hee, der schlimmste Ort der Welt.« Seine Worte machten mir angst, und ich fürchtete, meine Luftmatratze würde mir entgleiten und nach Amerika abgetrieben werden. Auch die leeren Flaschen und Dosen, die an Land gespült wurden, von denen man mir erzählte, sie kämen aus Amerika, flößten mir Angst ein. Danach war ich viel zu ängstlich, um noch einmal an den Strand zu gehen.

Wir blieben fünf Jahre in Kuba, bis mein Vater wieder nach Pjöngjang zurückberufen wurde. In dieser Zeit wurde mein Bruder Hyun Soo geboren. Bevor wir abreisten, ging meine Mutter noch mit mir zum Friseur, damit ich eine Dauerwelle bekam, was, wie sie sagte, in Nordkorea unmöglich wäre. Ich wußte es zwar damals noch nicht, aber mein Leben sollte sich von Grund auf ändern.

Als wir nach Pjöngjang zurückkehrten, kam ich in die Grundschule. Hier wurde es mit unserer ideologischen Ausbildung ernst. Der eigentliche Schulunterricht nahm in der Tat weniger als die Hälfte unserer Zeit in Anspruch. Den größten Teil des Tages verbrachten wir damit, etwas über das Leben Unseres Großen Führers Kim Il Sung zu lernen. Man brachte uns ein Lied mit dem Titel »Kürbiskopf« bei, das von dem einige Jahre zurückliegenden Sieg Kim Il Sungs über die Japaner handelte. Es hieß, die Japaner seien so vernichtend geschlagen worden, daß die Soldaten nicht einmal mehr in der Lage gewesen seien, ihre toten Körper nach Hause zu schleppen und somit nur noch die Köpfe mitnehmen konnten. Alle Schüler mußten außerhalb des Lehrplanes an ideologisch ausgerichteten Aktivitäten teilnehmen, die so arbeitsintensiv waren, daß wir häufig nicht vor zehn Uhr abends nach Hause kamen.

Im Winter meines dritten Jahres an der Schule wurden zehn von uns ausgewählt, um bei einem Jugendfestival zu singen, von dem es hieß, Kim Il Sung würde ihm persönlich beiwohnen. Zwei Monate lang übten wir unser Lied »Wir lieben die Uniform, die uns Unser Großer Führer gegeben hat«. Während dieser Zeit mußte ich nach Beendigung der Proben oft stundenlang auf den späten Bus warten, und mir froren fast die Füße ab. Während der Proben beschwerte ich mich nie, auch wenn ich mich nach Hause sehnte, denn ich wußte ja, daß es eine große Ehre war, für Unseren Geliebten Führer singen zu können.

In jenem Jahr kam es zu einer großen Überschwemmung, die alle Familien aus dem Erdgeschoß unseres Wohnhauses zwang, zu uns nach oben zu ziehen. Für uns Kinder war das ein Riesenspaß, und wir verbrachten die Nächte auf dem Dach, um zu beobachten, wie der Wasserpegel langsam sank.

Kurz nach der Überschwemmung gab es aufgrund der Versenkung des amerikanischen Schiffes *Pueblo* fürchterliche Gerüchte über einen möglichen Krieg mit Amerika. Die Lage in Pjöngjang war sehr gespannt. Die Familien begannen, Essen und Kleider zusammenzupacken, so als machten sie sich für eine Evakuierung der Stadt bereit. In allen Straßen wurden Plakate aufgehängt, auf denen zu lesen war:

KONFRONTATION FÜHRT ZU GEGENKONFRONTATION, VERGELTUNG ZU GEGENVERGELTUNG. Die Erwachsenen arbeiteten in Vorbereitung auf den Krieg bis zur Erschöpfung, aber für uns Kinder war es nur ein Spiel. Wir machten uns an die Essensvorräte heran und verfolgten das ganze Geschehen mit großem Interesse. Manchmal wurden wir spät nachts von den Sirenen geweckt, die die Verdunklung ankündigten, und stiegen dann hinauf aufs Dach, um zu sehen, wie Pjöngjang langsam dunkel wurde. In anderen Nächten heulten – meistens gegen vier Uhr morgens – die Luftangriffssirenen los, woraufhin wir aus den Betten krochen und zum nahegelenen Hügel rannten, auf dem der Luftschutzbunker stand.

Während dieser Zeit wurden zwei enge Berater Kim Il Sungs, Ho Bonghak und Kim Changbong, »entfernt«. Die Regierung gab den Befehl, ihre Namen aus den Schulbüchern zu streichen, und in typisch Orwellscher Manier schwärzten wir alle gemeinsam ihre Namen in unseren Büchern oder schnitten sie mit dem Taschenmesser aus den Seiten heraus. Sie waren zu »Unpersonen« geworden.

Weil Gruppenaktivitäten wichtiger waren als Studien, verbrachten wir viel Zeit mit der Verrichtung diverser Dienste im Jugendkorps. Als Kim Il Sung anordnete, daß Frauen im Sommer keine Hosen tragen durften, begannen die Kinder, die Straßen zu patrouillieren und sorgfältig die Kleidung der Fußgänger zu inspizieren. Trugen Frauen tatsächlich Hosen oder hatte jemand vergessen, seine Kim-Il-Sung-Nadel an der Jacke zu tragen, fragten wir Kinder nach dem Namen und meldeten diesen unverzüglich den Vorarbeitern am Arbeitsplatz der betreffenden Person.

Man sagte uns, unser Land müsse zur Niederschlagung der amerikanischen Imperialisten Waffen im Ausland kaufen, weshalb wir jeden Tag stundenlang ausgeschickt wurden, Schrott, Flaschen und andere wiederverwertbare Produkte zu sammeln, die gegen Devisen verkauft werden konnten. Wir hatten bestimmte Quoten zu erfüllen, und wer die geforderte Menge nicht beibrachte, wurde öffentlich getadelt. Unter uns entbrannte ein regelrechter Wettstreit, wer wohl das meiste sammeln konnte.

Von uns wurde auch erwartet, daß wir die Felle von Kaninchen und Hunden sowie (ich weiß heute nicht mehr, warum) Maden sammelten. Maden fanden sich vornehmlich in den Misthaufen öffentlicher Außentoiletten, wo es keine Wasserspülung gab – und auch hier sammelten wir um die Wette. Selbst den eigentlichen Mist sollten wir sammeln! Sobald große Haufen zusammengetragen worden waren, wurden sie schließlich zu den Bauern gebracht, die sie als Dünger benutzten – und jeder Sammler wurde nach Menge und Qualität des von ihm gelieferten Mists beurteilt. Später, als Lebensmittelkarten eingeführt wurden, kam diese Einstufung bei der Zuteilung der Karten zum Tragen.

Aber die schwierigste aller Aufgaben war das Sammeln von Blumen. Diese galt es vor die vielen Standbilder Kim Il Sungs in unserer Nachbarschaft zu stellen. Da es in Nordkorea keine Blumenläden gab, konnten wir unsere Quoten nur erfüllen, wenn wir den Wärter des örtlichen Gewächshauses bestachen.

Mit derlei Aktivitäten verbrachten wir unsere Tage. Selbst während der Schulferien wäre es undenkbar gewesen, mit unserer Familie in Urlaub zu fahren. Statt dessen waren wir verpflichtet, die uns nun zusätzlich zur Verfügung stehende Zeit für Projekte im Jugendkorps zu nutzen.

In dieser Zeit kam mein zweiter Bruder zur Welt, ein süßes kleines Baby, dem meine Eltern den Namen Bum Soo gaben.

Einer der ungewöhnlichsten und sonderbarsten Aspekte meiner Kindheit war, daß ich zum Filmstar wurde. Ohne mein Wissen war ich von einem Filmagenten entdeckt worden, der eines Tages in unsere Schule gekommen war, um nach einem Jungen und einem Mädchen für zwei Rollen in einem neuen Film zu suchen. Der Film sollte unter dem Titel »*Der junge Soo und die kleine Ok, die ihre Sozialistische Heimat fanden*« laufen, was zweifelsohne ein für westliche Ohren sehr seltsamer Titel ist. Dennoch war ich begeistert, die Rolle der jungen Ok spielen zu dürfen.

Es war ein Propagandafilm, wie er im Buche stand, der nur unzulänglich als Drama getarnt war. Die Geschichte handelte von einer Familie, die aufgrund der Teilung von Nord- und Südkorea voneinander getrennt wurde. Am Ende wird die Mutter als Strafe dafür, daß sie nordkoreanischen Soldaten Obdach gewährt hatte, von amerikanischen Soldaten verschleppt und von ihrer Familie getrennt. Auch hier kommt mir im nachhinein unwillkürlich Orwell in den Sinn, wenn ich an solche Filme denke. Sie erinnern mich an das Ritual, das in »1984« »Die zwei Minuten des Hasses« genannt wird. Zum Filmende hin buhte das Publikum die Amerikaner laut aus und bewarf sogar die Leinwand.

Ich war noch immer zu jung, um irgend etwas von alledem zu verstehen, und schließlich machte ich mir auch mehr Gedanken über den glorreichen Empfang, den man mir bei meiner Rückkehr an die Schule bereiten würde. Als der Film in die Kinos kam, wurde ich in der Tat recht berühmt. Man erkannte mich auf der Straße und rief mich mit meinem Filmnamen »kleine Ok«. Meine Mutter zeigte mich bei den Gästen herum, und die Lehrer in der Schule taten das gleiche. Nur meinem Vater war das alles gar nicht recht, und er grollte jedesmal, wenn die Sprache auf den Film kam.

Ich trat in noch einem weiteren Film auf, einer Geschichte über ein junges Mädchen, das während des Koreakrieges beim Rückzug der Soldaten in den Norden von der Volksarmee vor einem Feuer gerettet wird. Ich spielte eine Nebenrolle als beste Freundin der Hauptdarstellerin. Meine Bezahlung bestand aus einem neuen Ranzen und zehn Schulheften – wohl kaum eine Stargage.

In späteren Jahren erhielt ich noch weitere Filmangebote, doch mein Vater ließ mich nicht mehr schauspielern. Statt dessen konzentrierte ich mich auf meine Aktivitäten im Jugendkorps. Jeden Morgen um sieben übertrug der einzige Radiosender Pjöngjangs das Lied des Jugendkorps:

> Wir sind die jungen Helden der Republik,
> Wachsen auf als Vorreiter des
> Kommunismus.
> Freunde im Jugendkorps, haltet die Fahne
> hoch!
> Laßt uns als Söhne und Töchter unseres
> Präsidenten mit Eifer weitermarschieren!

Ich wurde zur Leiterin eines Jugendkorps gewählt und verbrachte den größten Teil meiner Zeit damit, aus meiner Gruppe ein leuchtendes Beispiel für andere zu machen. Wenngleich wir in gewisser Weise erfolgreich waren, konnte ich nie gut für Disziplin sorgen und brachte es auch nicht fertig, aus eigenem Antrieb schroff zu meinen Freunden zu sein.

Unsere Schulnoten wurden öffentlich ausgehängt. Es gab vier Fächer: Revolution, Fachstudien, Arbeit und Ethik. Während der Revolutionsstunde hielt der Lehrer zum Beispiel ein Foto aus der Vergangenheit Kim Il Sungs hoch und bat einen Schüler, dieses zu erläutern. Das Kind ging dann nach vorne, beide Hände erhoben, die Augen fest auf das Foto gerichtet, und erklärte voller Ehrfurcht: »Dieses Bild zeigt den Großen Präsidenten, wie er Anweisungen für die Ausweitung des bewaffneten Kampfes in der ganzen Welt gibt. Zu der Zeit hielt der Große Präsident eine Konferenz bei der Revolutionsarmee des Erwählten Volkes in Karoon ab. Das war 1930.«

War die Antwort richtig, wurde am Schwarzen Brett in der Spalte »Revolution« unter dem Namen des betreffenden Schülers eine rote Note eingetragen.

Da ich Leiterin eines Jugendkorps war, wurde ich häufig von den Lehrern aufgefordert, ihnen bei der Disziplinierung der Schüler zu helfen, die nicht die verlangten Leistungen erbrachten. Ich erinnere mich noch lebhaft daran, daß ein Schüler gezüchtigt wurde, weil er seine Quoten nicht erfüllt hatte, und jeder Mitschüler ihm einen Kritikpunkt ins Gesicht schleudern mußte. Als ich an die Reihe kam, zitterte ich, denn der Gedanke, einen Mitschüler beschuldigen zu müssen, war mir zutiefst zuwider. Doch als der stählerne Blick der Lehrerin auf mich fixiert war, sagte ich so bestimmt wie ich nur konnte: »Du behauptest, deine Quote nicht erfüllt zu haben, weil du keine Zeit hattest, und dennoch habe ich dich gestern mit anderen Kindern spielen sehen. Ich kann kaum glauben, daß du Zeit hast zum Spielen, aber keine Zeit zum Arbeiten. Eine solche Entschuldigung zeigt, daß du die Lektion Unseres Großen Führers mißachtet hast, der uns lehrt, ein getreues Gruppenleben zu führen.«

Man applaudierte mir, und die Lehrerin nickte anerkennend. Ich jedoch fühlte mich alles andere als glücklich, als ich zu meinem Platz zurückging, und stocksteif sitzen blieb, die Anschuldigungen der nächsten Schülerin vernahm, eines Mädchens namens Sun Young, das immer gerne andere denunzierte.

»Genosse Mitschüler, du verdienst es nicht, am Busen des Präsidentenvaters unterrichtet zu werden. Du solltest unverzüglich der Schule verwiesen werden.«

Zwei- oder dreimal in der Woche fand ein solches Schülertribunal statt. Schließlich suchten wir nach Ansatzpunkten für Kritik an unseren eigenen Familien. Überhaupt nichts kritisieren zu können, wurde uns als das Allerschlimmste dargestellt, das wir überhaupt tun konnten.

Während meines letzten Schuljahres bekam ich einen Studienplatz an der Biologischen Fakultät der Kim-Il-Sung-Universität. Dies ist die einzige nordkoreanische Universität, die sich auch nur ansatzweise mit amerikanischen Hochschulen vergleichen läßt. Nur Kinder hochrangiger Regierungsbeamter durften sie besuchen. Alles in allem war das Schulwesen in Nordkorea völlig anders geartet, und im Studienplan wurden ideologische Lehren über die Maßen betont, die meiste Zeit wurde auf die Philosophie Kim Il Sungs verwandt.

Vor der Immatrikulation verbrachte ich sechs Monate in der militärischen Ausbildung, die alle Studenten absolvieren mußten. Als dann der Unterricht begonnen hatte, amüsierte ich mich darüber, daß die Universität nach militärischem Muster organisiert war. Eine Klasse wurde Zug genannt, ein Fachbereich war eine Kompanie, die Gruppe der Studenten vor der ersten Prüfung war ein Batallion und so weiter. Der Klassenlehrer wurde als Leutnant bezeichnet, der Leiter der Studentenabteilung war ein Hauptmann.

Den Absolventen der Kim-Il-Sung-Universität wurden allesamt gute Arbeitsplätze für den Rest ihres Lebens garantiert, und nur die privilegiertesten konnten eingeschrieben werden. Doch wenngleich ich mich zu den Privilegierten zählen durfte, hatte ich Mühe, mein Studienpensum zu erfüllen, da die meiste Freizeit für die obligatorische Arbeit auf den nahegelegenen Bauernhöfen aufgewendet werden mußte. So schlug mein Vater vor, daß ich zum Fremdsprachenkolleg in Pjöngjang wechseln sollte, dessen Besuch auch besonders für Frauen gute Arbeitsmöglichkeiten zu garantieren schien. Mein Vater veranlaßte, daß ich die Aufnahmeprüfung ablegen durfte, die ich auch bestand, und so schrieb ich mich für das Hauptfach Japanisch ein.

Das war eine folgenreiche Entscheidung. Wäre ich nicht nach Pjöngjang gegangen und hätte Japanisch studiert, wäre ich nie als Spionin angeworben worden. Zur damaligen Zeit hatte ich natürlich noch keine Ahnung, welche Konsequenzen dieser Wechsel haben würde ...

Den Vorgaben entsprechend setzte ich auch meine militärische Ausbildung fort. Wir wurden in Trainingslager auf dem Lande gebracht, wo wir den ganzen Tag damit verbrachten, zu lernen, mit Gewehren zu schießen und in Reih und Glied zu marschieren.

Das war besonders für Frauen schwer, die unter dem kommunistischen Regime als den Männern ebenbürtig betrachtet wurden und das gleiche rigorose Training durchlaufen mußten. Leider waren diese Lager jedoch keineswegs für Frauen ausgestattet. Wir mußten uns in engen Abstellkammern umziehen und hatten häufig nicht genügend Damenbinden.

Es war ein grauenvolles Leben. Die Tage verbrachten wir mit endlosen Märschen in den Bergen. Wir lernten, verschiedene Arten von Waffen und Militärfahrzeugen voneinander zu unterscheiden und zu benutzen. Wir bekamen kaum etwas zu essen, und viele von uns wurden sehr dünn. Bei den längeren Märschen konnte ich oft nur mit Mühe mithalten. Der diensthabende Leutnant, ein gutaussehender Mann etwa Mitte Zwanzig, ließ sich dann zurückfallen und trieb mich weiter: »Komm schon, Hyun Hee, keine Nachzügler. Daß du eine Frau bist, ist keine Entschuldigung, hier werden Männer und Frauen gleich behandelt.«

Mir fiel jedoch auf, daß Frauen häufig als Belastung und nicht als Stütze angesehen wurden, was dazu führte, daß man uns viel strenger und häufiger drillte. Ich verabscheute diese Doppelmoral, doch fühlte ich mich schließlich, was meine Tapferkeit betraf, jedem Mann ebenbürtig.

Am Ende unserer Dienstzeit marschierten wir zwanzig Meilen am Stück mit dreißig Pfund Gepäck auf dem Rücken. Wir konnten ohne Probleme Maschinengewehre und Pistolen abfeuern und sogar Panzer fahren. Wir warfen Handgranaten, feuerten in fingierten Luftangriffen Flugabwehrraketen ab und lernten, mit Panzerabwehrraketen umzugehen.

Ich war sehr erleichtert, als ich ins Kolleg in Pjöngjang zurückkehren konnte und arbeitete hart daran, mein Lernpensum aufzuholen. Männer und Frauen durften nicht miteinander ausgehen, doch gab es immer ein paar Mutige, die das Risiko nicht scheuten. Jeder, der dabei ertappt wurde, flog aus dem Kolleg, manche wurden sogar in Arbeitslager im hohen Norden geschickt. In regelmäßigen Abständen mußten wir uns medizinischen Untersuchungen unterziehen, wozu bei den Frauen auch eine gynäkologische Untersuchung gehörte. Somit konnte auch behördlicherseits sichergestellt werden, daß wir noch Jungfrauen waren.

Wenn ich zurückblicke, frage ich mich zuweilen, wann ich eigentlich Zeit fand zu schlafen. Die Wochenenden verbrachten wir draußen als Aushilfsarbeiter in den Kohlenbergwerken, und dann mußten wir ständig an den Revolutionsmärschen teilnehmen. Es ist ein wahres Wunder, daß ich überhaupt etwas Japanisch lernte, nein, ich begann es sogar fließend zu sprechen und bekam sehr gute Noten.

Während meines zweiten Jahres am Kolleg, damals war ich achtzehn, wurde ich eines Tages in das Büro des Schulleiters gerufen. Dort saß ein Mann mit dem fahnenförmigen Abzeichen an der Brust – dem Zeichen der Partei der Arbeit Koreas.

»Genossin Hyun Hee«, sprach er mich an, als ich den Raum betrat. »Ich gehe davon aus, daß Sie die vielen Tugenden Unseres Großen Führers Kim Jong Il studiert haben. Warum nennen Sie mir nicht gerade einmal diejenige, die Ihnen zuerst in den Sinn kommt?«

Ich zögerte einen Augenblick lang und war etwas verwirrt, doch dann erinnerte ich mich schnell an das

Ereignis am Paektu, wo Kim Jong Il das Schlachtfeld besucht hatte, auf dem sein Vater Kim Il Sung einen großen Sieg erzielt hatte. Dort hatte er den Arbeitern befohlen, sich mit mehr Engagement der Restaurierung des Ortes zu widmen und ihnen hierzu als Hilfestellung ein paar nützliche Anweisungen gegeben.

Als ich das alles fertig heruntergebetet hatte, fragte er mich: »Wo arbeitet Ihr Vater, und welchen Rang bekleidet er?«

Ich erzählte es ihm.

»Hervorragend. Noch eines: Haben Sie gute Noten?«

Das wußte er schon längst, denn ich war Mitglied des Historischen Forschungszentrums für Kim Il Sung, dem die zehn besten Studentinnen des Kollegs angehörten. »Natürlich«, erwiderte ich etwas pikiert.

Ich durfte wieder gehen. Ein paar Tage später mußten alle Studentinnen in der Turnhalle Aufstellung nehmen, so daß wir von einigen Männern, die unser Kolleg besuchten, inspiziert werden konnten. Während sie uns begutachteten machten sie ein paar Notizen, und jedesmal, wenn sie ein hübsches Mädchen sahen, fragten sie es nach seinem Namen.

Als wir die Turnhalle verließen, nahm mich einer der Männer beiseite und sagte, ich hätte mich in der darauffolgenden Woche im Parteigebäude der Sektion 1 zu melden.

Mir blieb keine andere Wahl, als dem Befehl Folge zu leisten, und so fand ich dort eine Gruppe von Parteioffizieren vor, die mich verhören wollten. Ich fühlte mich seltsam und unwohl in meiner Haut, verneigte mich jedoch höflich, und das Verhör begann.

»Welches sind die vier Grundprinzipien der Partei?« fragte einer.

»Vergötterung, Glaube, Absolutheit und bedingungslose Akzeptanz«, antwortete ich automatisch.

»Warum studieren Sie Japanisch?«

»Ich lerne Japanisch, um unserer Nation zu helfen, über Japan zu siegen, damit Korea wiedervereinigt werden kann.«

»Was werden Sie nach dem Studium tun?«

»Ich werde das tun, was die Partei mir sagt.«

»Sehr gut. Nun sagen Sie mir aus Ihrem Gedächtnis das erste Kapitel der Erinnerungen der Kim Jung Sook, der Frau Kim Jong Ils, auf.«

Ich konnte die Zeilen fast ohne Zögern aufsagen. Er schien sehr verwundert über mein Erinnerungsvermögen.

»Wie sind Ihre Noten?«

»Ausgezeichnet.«

Er gab mir einen Auszug aus Kim Il Sungs Memoiren auf japanisch in die Hand, die ich sofort vom Blatt weg übersetzen sollte, was ich ohne Fehler bewerkstelligte.

»Sehr gut, sehr gut.« Er hielt einen Augenblick inne und fragte mich dann mit einem sehr ernsten Ton in der Stimme: »Kim Hyun Hee, wären Sie bereit, für die Partei zu sterben? Sie wissen doch, daß die Berufung auf eine Position in der Partei ihnen nicht nur die höchsten Ehren, sondern auch den Tod bringen kann?«

Mir verschlug es fast den Atem. Die Frage traf mich wie ein Blitz aus heiterem Himmel, ich war jedoch fest entschlossen, mir dies nicht anmerken zu lassen. »Selbstverständlich«, erwiderte ich fest. »Ich werde alles tun, was die Partei von mir verlangt, selbst wenn es mich das Leben kostet.«

Er schrieb etwas auf den vor ihm liegenden Notizblock. »Haben Sie einen Freund?«

»Nein.«

»Gut. Nun werden Sie noch untersucht.« Ich wurde in das Büro eines Arztes geführt, untersucht und mußte dann einige Zeit im Vorzimmer warten. Bald darauf rief man mich wieder herein.

Sonderagent Chung, der das Verhör geführt hatte, stand bei meinem Eintreten auf und streckte mir seine Hand entgegen. »Herzlichen Glückwunsch, Genossin Kim Hyun Hee. Sie sind von der Partei erwählt worden.«

Ich wußte, ich hätte eigentlich glücklich sein müssen, war jedoch verwirrt und hatte ein etwas ungutes Gefühl. Alles war so schnell gegangen. Ich nahm dennoch seine Hand und versuchte zu lächeln und dankbar zu wirken, aber ich wußte mir ehrlich keinen Reim auf das alles zu machen.

»Sie müssen unverzüglich packen«, fuhr er fort. »Sie können diese Nacht noch bei ihrer Familie verbringen und reisen dann morgen ab.«

Er begleitete mich zurück zum Kolleg, wo ich mich nur kurz von meinen Professoren verabschieden konnte. Sie schienen stolz, von meinem Glück zu erfahren und wünschten mir alles Gute. Es dauerte keine Stunde, da war ich auch schon zu Hause, noch immer in Begleitung des Sonderagenten Chung, und berichtete meiner Mutter die erstaunlichen Neuigkeiten.

Als ich ihr von der Berufung erzählte, konnte ich ihr den Schock sofort ansehen, wenngleich sie versuchte, sich nichts anmerken zu lassen. Höflich bot sie Sonderagent Chung ein Abendessen an, das er ausschlug.

Bevor er ging, sagte er noch, ich würde am nächsten Tag abgeholt.

Meine Schwester und meine Brüder waren überhaupt nicht mehr zu bremsen, als sie die Nachricht hörten. Meine Mutter blieb auch weiter still, während sie unser Abendessen vorbereitete. Ohne aufzuschauen fragte sie schließlich: »Heißt das, du wirst uns jetzt für immer verlassen?«

Ich zögerte, bevor ich ihr antwortete: »Ich weiß es nicht, Mutter.«

Sie schnitt weiter das Gemüse klein und gab es dann in die Pfanne. »Ich hoffe, dein Vater wird das gut verkraften«, bemerkte sie und verlor danach keinen Ton mehr.

Mein Vater kam an diesem Tag einige später als sonst nach Hause. Ich verbrachte den Abend damit, meine Sachen zu packen und entdeckte dabei einige Stickereien, die noch aus der Schulzeit meiner Mutter stammten. Sie hatte mir das Muster gegeben, als ich ins Kolleg kam, und ich hing sehr daran.

Ich entschloß mich, die Stickerei Hyun Ok zu geben. Als ich sie ihr überreichte, kam es mir so vor, als übergäbe ich ihr auch meine Stellung als erste Tochter in der Familie und ginge für immer fort. »Paß gut darauf auf«, sagte ich. »Und wenn ich jemals wiederkomme, möchte ich es bitte zurück haben!«

In diesem Moment brachen wir beide in Tränen aus und verharrten noch lange Zeit in einer engen Umarmung, bis uns schließlich Mutter zum Essen rief.

Vater kam erst gegen Mitternacht nach Hause und erfuhr dann, was geschehen war. Er war wie vor den Kopf geschlagen und stellte mir immer wieder die gleichen Fragen, als könnte er meine Antworten nicht verstehen. Er blieb eine ganze Zeitlang stumm, bis er resigniert das Wort wieder ergriff: »Setz dich, Hyun Hee. Ich habe immer gehofft, aus dir würde einmal eine ordentliche Hausfrau und eine gute Mutter. Es ist jedoch auch sehr verdienstvoll, sein Leben dem Vaterland zu widmen. Bitte denke immer daran: Du kannst alles überstehen, selbst wenn du in der Höhle des Löwen landest, wenn du deine Nerven behältst. Gib dein Bestes. Ich bin sehr stolz auf dich.«

Meine Mutter fing an zu weinen, und ich fühlte mich schuldig, als ich in mein Zimmer zurückging. Ich verbrachte noch eine Weile mit meinen Geschwistern über den Familienalben, und wir erinnerten uns gemeinsam der alten Zeiten. Auch wenn ich traurig war, gehen zu müssen, wußte ich doch, daß es eine große Ehre war, von der Partei erwählt zu werden. Ich sagte mir, jedes Kind müsse ja doch irgendwann einmal von zu Hause fort und daß ich mir wohl kaum etwas Besseres wünschen könne.

Am nächsten Morgen war ich früh auf. Während des Frühstücks wurde nicht viel gesprochen, und ich konnte sehen, daß die Augen meiner Mutter vom Weinen geschwollen waren.

Um zehn Uhr traf Sonderagent Chung ein, grüßte meinen Vater und fügte noch hinzu: »Machen Sie sich keine Gedanken über Hyun Hee. Die Partei wird es ihr an nichts fehlen lassen. Wir werden ihr sogar einen Ehemann besorgen. Überlassen Sie nur alles uns.«

»Vielen Dank«, erwiderte mein Vater schweren Herzens. »Sie hat ihrer Familie sehr viel Ehre gemacht, und wir werden uns nicht um sie sorgen. Ich werde der Partei ewig dankbar sein.«

Wie könnte ich jemals den Tag vergessen, an dem ich meine Familie verlassen mußte? Mein Vater sah mich lange traurig an. Meine Mutter und meine

Schwester weinten, nur meine Brüder alberten ein wenig herum, wenngleich ich merkte, daß das alles etwas gezwungen war.

»Auf Wiedersehen«, riefen sie mir einer nach dem anderen nach – es klang wie ein Echo. Diese Stimmen höre ich noch bis zum heutigen Tage, und ich höre auch noch immer dieses Echo.

ZWEITES KAPITEL

Ich spürte einen Anflug von Stolz, als das Auto durch die Vororte von Pjöngjang raste. Immer, wenn wir an Kindern vorbeifuhren, salutierten sie in Pfadfindermanier. Als wir einen Kontrollpunkt am Stadtrand erreicht hatten, wurde das Fahrzeug durchgewunken, ohne daß es anhalten mußte.

Auf der Straße nach Pyongsung fuhren wir auf einmal langsamer und bogen in eine unbefestigte Bergstraße ein. Einige Zeit später passierten wir einen Sicherheitskontrollpunkt, wo der diensthabende Wachposten akkurat salutierte. Jenseits des Kontrollpunktes lag ein Großbauernhof, ein riesiges Anwesen mit Ställen und Gebäuden, in denen Wachteln gezüchtet wurden. Wir fuhren an dem Gehöft vorbei, und die Straße führte uns in eine recht abgelegene Gegend.

»Sind Sie schon jemals an einem solchen Ort gewesen?« fragte Chung. »Nachts kommen die Tiger aus den Bergen herunter.«

Es gefiel mir nicht, daß er versuchte, mir Angst einzuflößen; ich warf ihm einen verärgerten Blick zu.

Den nahm er nicht einmal zur Kenntnis und fuhr unverdrossen fort: »Von heute an dürfen Sie niemals ihren richtigen Namen verwenden oder zu erkennen geben. Jetzt heißen Sie Kim Ok Hwa – vergessen Sie das nicht. Unter keinen Umständen dürfen Sie Ihren Geburtsnamen nennen, ganz besonders nicht gegenüber neuen Freunden, die Sie vielleicht haben werden.«

Es dauerte nicht mehr lange und wir hielten an ein paar Gebäuden, aus denen uns eine großgewachsene Frau entgegenkam, die etwa fünfzig Jahre alt sein mochte. Sie begrüßte mich und zeigte mir mein Zimmer, zu dem ein Bad mit Badewanne und Dusche gehörte. Selbst neue Kleider wurden mir gestellt. Ich nahm zunächst ein langes Bad und dachte über meine neue Umgebung nach. Anschließend ging ich zwar sofort zu Bett, konnte aber die ganze Nacht nicht schlafen. Ich horchte auf all die unheimlichen Geräusche des Windes in den Bäumen und spürte die unglaubliche Einsamkeit dieses Ortes. Jetzt, da ich alleine war, bekam ich Angst, die durch den bloßen Gedanken an draußen herumschleichende Tiger nur noch größer wurde. Erst gegen Morgen schlief ich endlich ein.

Als ich am nächsten Tag erwachte, bekam ich das erlesenste Frühstück seit unserer Zeit in Kuba serviert – Rührei, Toast, Milch, Butter und Kartoffeln. Das Brot war fein und luftig gebacken – undenkbar, so etwas in Pjöngjang zu finden –, und ich schämte mich ein wenig dafür, so gut essen zu können.

Nach dem Frühstück wurde ich mit meiner neuen Zimmergenossin bekannt gemacht, die, wie mir mitgeteilt wurde, während der gesamten Ausbildung meine Partnerin sein würde. Kim Sook Hee war eine hübsche junge Frau mit großen leuchtenden Augen und einem gewinnenden Lächeln. Sie war ein Jahr jünger als ich und sollte mir im Laufe der nächsten Jahre als eine der engsten Freundinnen, die ich je hatte, wie eine Schwester ans Herz wachsen.

Sonderagent Chung kam ins Zimmer und nahm Platz. »Guten Morgen«, sagte er und lachte uns an. »Jetzt, da Sie beide hier sind, können wir einige der Regeln durchsprechen. Sie dürfen die Anlage am Tage nie verlassen, und nachts ist Ihnen nur ein kurzer Ausgang gestattet. Bevor Sie gehen, müssen Sie die Köchin informieren, und darauf achten, daß Sie alle Außenstehenden wie Lieferanten, Chauffeure und so weiter meiden, die zufällig anwesend sein könnten. Bei jedem Ausgang sollten Sie eine Sonnenbrille sowie eine Maske tragen, die wir Ihnen noch geben werden. Nehmen Sie auch immer einen Schirm mit, um Ihr Gesicht verdecken zu können, sollte Ihnen jemand begegnen.«

»Sie müssen jeden Tag um acht Uhr gefrühstückt haben. Bevor Sie zum Unterricht gehen, sollten Sie sich eine halbe Stunde Zeit nehmen, um die *Auserwählten Schriften von Kim Il Sung* und die *Geschichte des Revolutionären Kampfes* zu lesen und immer wieder zu lesen. Ist das alles klar?«

Wir bestätigten es ihm.

An jenem Tag besuchte uns später ein Mann, der uns als Vizeminister Kang vorgestellt wurde. Er war mittelgroß, mit einem runden Gesicht und kleinen boshaften Augen. Wir saßen mit ihm in der Bibliothek, und er sprach recht schroff mit uns, ohne auch nur eine Silbe auf Höflichkeitsfloskeln zu verschwenden.

»Wie Ihnen bekannt sein dürfte, ist es das erklärte Ziel der Partei, die Vereinigung Koreas noch in dieser Generation zu erreichen. Vor diesem Hintergrund setzen wir große Hoffnungen darauf, daß Sie hervorragende Kämpfer werden. Da Sie unter vielen Kandidatinnen ausgewählt wurden, gehe ich davon aus, daß Sie uns nicht enttäuschen werden.«

Er hielt einen Augenblick inne, um diese bedeutsamen Worte nachhallen zu lassen, bevor er fortfuhr: »In ein paar Tagen wird man Sie zu einer Schule bringen, in der viele der großen Spezialagenten ausgebildet wurden.«

»Wir werden es schaffen«, erwiderten wir einstimmig wie auf ein Stichwort.

»Wissen Sie, warum wir Frauen im Spionagekampf einsetzen?« fragte er weiter. »Wegen ihrer Schönheit. Wenn es nötig werden sollte, wird man von Ihnen erwarten, daß Sie Ihre Körper verkaufen. Des weiteren könnte es sein, daß Sie, um legal in einem fremden Land leben zu dürfen, jemanden ehelichen müssen, den wir für Sie auswählen werden. Ich nehme an, das werden Sie verstehen.«

Wir sagten nichts dazu, aber ich wußte, daß wir sehr verängstigt waren und daß sich uns offen gesagt der Magen umdrehte. Als wir später in unseren Betten lagen, sagte ich: »Sook Hee, glaubst du, daß du das schaffen wirst? Ich meine, dich einem Fremden hinzugeben?«

Sie seufzte. »Ich weiß es wirklich nicht – und du?«

»Ich auch nicht.«

Als sie das nächste Mal sprach, hatte ihre Stimme einen bitteren Unterton. »Wir werden es uns wohl nicht aussuchen können, oder?«

Ich konnte die Bitterkeit in ihrer Stimme gut nachfühlen.

DRITTES KAPITEL

Gegen Ende dieser Woche wurden wir in das Militärkolleg in Keumsung verlegt und begannen ernsthaft mit unserem Training. Selbst das rigorose Arbeitspensum in der Armee hatte nicht ausgereicht, um mich vor dem zu warnen, was uns hier bevorstand.

Keumsung lag in einem verbotenen Tal unterhalb des Ipbul-Berges, Kilometer entfernt von jeglicher Zivilisation, sieht man von einigen wenigen in dieser Region verstreuten Dörfern ab. Der gesamte Komplex erstreckte sich über ein ziemlich großes Areal, da Tausende von Studenten hier ausgebildet wurden. Geheimagenten wurden in einem verschwiegenen Tal, etwas abgelegen vom Haupttrakt des Kollegs, ausgebildet.

Wir landeten in einem kleinen Haus mit einer Küche, einer Waschküche und einer Bibliothek. Man teilte uns den straffen Tagesablauf mit, den wir strengstens zu befolgen hatten:

06.00 – 07.00	Wecken, Putzen, Kleiderwaschen
07.00 – 07.30	Frühstück
07.30 – 08.30	Morgenlesung der Philosophie und Tugenden des Kim Il Sung
08.30 – 13.00	Unterricht
13.00 – 16.00	Mittagessen und Mittagsruhe
16.00 – 17.30	Unterricht
17.30 – 19.00	Sport
19.00 – 20.00	Abendessen
20.00 – 21.00	Kampfsportarten
21.00 – 22.00	Nachtmarsch
22.00 – 23.00	Studium
23.00	Schlafenszeit

Wir wurden bis zur völligen Ermüdung getrieben, an die Grenzen dessen, was unser Körper und unser Geist verkraften konnten. Bei unseren Schießübungen probten wir mit allen nur erdenklichen Waffen. Tagelang lebten wir unter freiem Himmel und schliefen in Fuchsbauten. Zu Kim Il Sungs Geburtstag marschierten wir einhundertsiebzig Kilometer in drei Tagen – das war der sogenannte Loyalitätsmarsch. Wir lernten, Autos mit hoher Geschwindigkeit zu fahren und Filme in improvisierten Dunkelkammern zu entwickeln. Und in der ganzen Zeit lasen wir Dutzende Bände der Schriften Kim Il Sungs.

Wir übten uns in den Kampfsportarten. Von Frauen wurde erwartet, daß sie in der Lage waren, zwei bis drei erwachsene Männer auf einmal zu besiegen, und ich entwickelte ein mir bis dahin unbekanntes Selbstvertrauen. Den Kampf mit dem Messer trainierten wir mit 25 cm langen Plastikmessern.

Unsere Ausbildung an Feuerwaffen beschränkte sich nicht nur auf das Schießen. Wir mußten jedes Gewehr auseinandernehmen, wieder zusammensetzen und natürlich auch reparieren können, falls es nicht gebrauchsfähig war. Das Schwarze der in etwa 90 Meter Entfernung aufgestellten Zielscheibe war winzig klein, aber es gelang mir in 90 % der Fälle zu treffen.

Zweimal die Woche bekamen wir Spionagefilme zu sehen, die von Propaganda gegen die westliche Gesellschaft nur so strotzten und die Heldentaten berühmter Agenten aus vergangenen Jahren im Detail beschrieben.

Nur an Sonntagen hatten wir frei, aber für gewöhnlich waren wir so erschöpft, daß wir nicht einmal aus den Betten kamen.

Meine Japanischlehrerin hieß Eun Hae, und wir wurden enge Freundinnen. Durch die Köchin hatte ich etwas von ihrer tragischen Geschichte gehört. Sie kam aus Tokio und hatte nach ihrem High-School-Abschluß geheiratet. Kurz nachdem sie einen Jungen und ein Mädchen zur Welt gebracht hatte, ließ sie sich von ihrem Mann scheiden. Eines Tages wurde sie, als sie mit ihren Kindern am Strand spielte, von nordkoreanischen Agenten entführt und in das Lager verschleppt. Während ihrer Gefangenschaft wurde sie schwer krank und wäre fast gestorben. Als sie sich schließlich erholte, verweigerte sie die Nahrungsaufnahme und sprach nur davon, daß sie ihre Kinder vermißte. Die Nordkoreaner hatten den längeren Atem und deuteten an, sie werde eventuell irgendwann einmal freigelassen, wenn sie sich den Befehlen beuge. Schließlich hatte sie keine andere Wahl, als sich in ihr neues Leben zu fügen.

Wenngleich ich viel Mitleid für sie in ihrer Situation empfand, war ich der Meinung, die koreanische Vereinigung rechtfertige das Opfer der japanischen Frau, zumal Japan Korea besetzt und vierzig Jahre lang ausgebeutet hatte. Zurückblickend schäme ich mich heute dafür. Dieses Ereignis ist ein Kardinalbeispiel für die gewissenlose Barbarei der nordkoreanischen Regierung und ihrer Agenten.

In ihrem Unglück betrank sich Eun Hae häufig und konnte zuweilen sehr unangenehm werden. Trotz alledem war sie jedoch eine hervorragende Lehrerin, und ich mochte sie immer mehr. Sie sprach häufig von ihren Kindern und Tokio, jedesmal verbunden mit der Hoffnung, bald dorthin zurückkehren zu können. Ich weiß nicht, ob ihr Wunsch jemals erfüllt wurde.

Wir wurden zu Freundinnen und Vertrauten, und

sie freute sich auf unsere gemeinsame Zeit. Ihre Aufgabe war keine geringere, als mich in eine Japanerin zu verwandeln, so daß ich im Einsatz keinesfalls als Nordkoreanerin entlarvt werden konnte.

In zwei oder drei Kilometern Entfernung von unserem Haus lag ein Dorf, von dem wir uns selbstverständlich fernzuhalten hatten. Eun Hae bestand jedoch eines Sonntagsabends darauf, daß wir dieses Dorf besuchten, denn sie hatte noch nie normale Nordkoreaner gesehen. Wir fanden eine heruntergekommene Ansammlung von Häusern und etwa fünfzig Kinder vor, die zum Teil nackt in den Straßen umherliefen. Ich schämte mich und versuchte, Eun Hae fortzuziehen. Sie starrte jedoch nur mit Tränen in den Augen die Kinder an, die ihre Mutterinstinkte wieder erweckt hatten. »So, das ist also eure Schöne Neue Welt, Ok Hwa«, sagte sie mit unverhohlener Verachtung: »Ihr tut mir leid.«

Eine weitere gute Freundin im Lager war die Köchin, eine Frau in den Mittvierzigern mit Namen Wul Chi, die auch ein tragisches Schicksal hatte. Als Teenager hatte sie sich in einen Dreher verliebt, war aber von ihrer Mutter gezwungen worden, einen Grubenarbeiter zu heiraten. In ziemlicher Armut verbrachte Wul Chi einige unglückliche Jahre in einem entlegenen Dorf namens Samjiuon, während ihr Mann diverse Affären mit anderen Frauen hatte.

Eines Tages wurde ihr Mann von einer Lore erfaßt und getötet. Bei seiner Beerdigung traf sie ihre erste Liebe, den Dreher, wieder. Dieser hatte aber inzwischen eine eigene Familie gegründet; obwohl er sie noch immer liebte, konnte er nichts tun.

Wul Chi fand schließlich Arbeit als Hauswirtschaftslehrerin an einem Kolleg, bevor sie im Trainingslager als Köchin engagiert wurde. Sie liebte die Einsamkeit von Keumsung, weil es, wie sie witzelnd bemerkte, hier weniger Leute gab, die sie ärgern konnten. Sie war gleichzeitig so etwas wie unsere »Hausmutter«. Wir mußten uns bei ihr abmelden, wann immer wir spazierengehen oder das Gelände verlassen wollten. Sie war aber sehr großzügig und ließ uns in der Regel unseren Willen.

Während der folgenden Jahre durfte ich ab und zu meine Familie besuchen, aber das machte mich immer sehr traurig. Meine Eltern ließen mich nur ungern wieder gehen, und ich schämte mich damals in gewisser Weise für ihre Anhänglichkeit, was für eine voll indoktrinierte Nordkoreanerin nicht verwunderlich war. Es gehörte nicht zur patriotischen Pflicht, sich seiner Verwandtschaft übermäßig nahe zu fühlen. Zu jener Zeit galt meine Hauptsorge meinem neugewonnenen Status als Agentin in Ausbildung. In diese Zeit fiel auch die Erkrankung meines kleinen Bruders Bum Soo an Hautkrebs, von dem die Ärzte sagten, daß er letztendlich unheilbar sei.

Meine Mutter machte kein Hehl daraus, daß sie unglücklich war, weil ich das Haus verlassen hatte, ich wußte jedoch, daß mein Vater mich genauso sehr vermißte. In meiner ganzen Kindheit hatte er mich auf rührende Weise vergöttert und mich immer seine kleine Prinzessin genannt. In vielerlei Hinsicht war mein Vater ein rätselhafter Mensch. Ich wußte, daß er stolz auf mich war und als Parteifunktionär zu den privilegiertesten Nordkoreanern gehörte, doch irgend etwas sagte mir, daß er die Regierung zutiefst dafür verabscheute, daß sie mich ihm weggenommen hatte.

Liebe war leider kein Bestandteil des nationalen Parteiprogramms Kim Il Sungs.

VIERTES KAPITEL

Nach drei Jahren im Lager mußte ich eine sogenannte Abschlußprüfung absolvieren, anhand derer festgestellt werden sollte, was ich bis dahin gelernt hatte. Die Wochen davor waren bei weitem die grausamste und nervenaufreibendste Zeit meiner Ausbildung. Jeder, der die Prüfung auch nach einer Wiederholung nicht bestand, würde aus der Partei ausgeschlossen und für den Rest seines Lebens in Ungnade fallen. Für die Prüfung wurde eine ganze Woche anberaumt, in der medizinische, schriftliche und praktische Tests durchgeführt wurden. Jedes einzelne dieser drei Hauptgebiete wurde strengstens beurteilt, und die Notengebung basierte auf einer Skala von null bis hundert möglichen Punkten. Um die Prüfung zu bestehen, brauchte man mindestens neunzig Punkte in jedem Hauptgebiet.

Schon Wochen vor der Prüfung begleitete mich ein stetiges Angstgefühl. Den anderen Prüfungskandidaten ging es nicht besser. Alles, was wir unter Aufbietung all unserer Reserven in den vergangenen drei Jahren gelernt hatten, würde abgefragt und getestet werden. Man hatte uns erzählt, daß in der Regel nur etwa ein Drittel der Prüflinge bestand. So konnte die Partei sich die Besten als ihre Agenten sichern.

Der erste Prüfungstag war kalt und grau. Es war September, und als Vorbote des nahenden Winters hatte bereits Rauhreif den Boden bedeckt. Wie vorgeschrieben, stand ich um sechs Uhr früh auf – mein Magen in hellem Aufruhr. Ich zog eine Sportleruniform an und versuchte zu frühstücken, war aber derart nervös, daß meine Hände zitterten und ich das Essen kaum zum Mund führen konnte. Zu allem Überfluß war mir die Kehle vor Anspannung wie zugeschnürt, und ich konnte nur mit größten Schwierigkeiten schlucken.

Sook Hee mußte ebenfalls die Prüfung ablegen und litt genauso wie ich. Während des Frühstücks sprachen wir kaum miteinander. Jede von uns versuchte, ihre Ängste auf die eine oder andere Weise zu verdrängen. Ich erinnerte mich an einige Stunden über transzendentale Meditation und versuchte im stillen, das *Om Mantra* zu wiederholen. Es dauerte jedoch nur einige Augenblicke, bis meine Gedanken wieder abschweiften und ich mich erneut nervös zitternd wiederfand und mich um keinen Deut besser fühlte.

Um halb sieben hörten wir draußen ein Pfeifen, das den Beginn signalisierte, woraufhin wir uns im Hof sammelten. Insgesamt waren wir etwa fünfzehn Prüflinge, ein Drittel davon Frauen. Etwas abseits standen zwei Ausbilder, ein Mann und eine Frau, in Kampfanzügen mit grünen Baretten. Als wir komplett angetreten waren, klatschte der männliche Ausbilder, ein hochgewachsener muskulöser Mann namens Rae Hong, in die Hände, um unsere Aufmerksamkeit zu wecken.

»Genossen und Genossinnen!« rief er, wobei in der kalten Morgenluft kleine Atemwölkchen aus seinem Mund entwichen. »Wir können nun mit dem ersten Teil der Prüfung beginnen. Dieser besteht aus einem fünfzehn Kilometer langen Lauf um das Lager herum, wobei ein paar der Bergpfade entlang des östlichen Tales zu benutzen sind. Die Strecke ist mit orangen Fähnchen abgesteckt, und sowohl ich als auch Genossin Myung« – er wies auf die Ausbilderin – »werden mitlaufen und euch überwachen. An der Ziellinie auf der anderen Seite des Lagers werden weitere Ausbilder auf euch warten und eure Zeit stoppen. Je schneller ihr die Strecke abgelaufen seid, desto mehr Punkte bekommt ihr. Jeder, der das Ziel nicht erreicht, erhält keinen Punkt und wird auch von der restlichen Prüfung ausgeschlossen. Habe ich mich klar genug ausgedrückt?«

»Ja, sehr klar!« erwiderten wir im Chor.

»Auf die Plätze«, rief er und drehte sich zur Straße hin. Als wir alle bereit waren, blies er auf der Pfeife und rannte los, die Straße entlang, wir alle möglichst schnell hinter ihm her.

Sein Tempo war mir zu schnell, aber ich machte mir nicht soviel Gedanken darum, nicht mit ihm mithalten zu können, sondern versuchte, mein eigenes Tempo zu finden und konzentrierte mich darauf, gleichmäßig zu laufen. Wie bei jedem Rennen rannten einige der anderen gleich in einem Tempo davon, das sie nie und nimmer über längere Zeit aufrechterhalten konnten. Ich versuchte, sie zu ignorieren und konzentrierte mich auf meinen eigenen Lauf. Ich durfte unter keinen Umständen anhalten und dachte mir, daß nur ein völliger Zusammenbruch mich stoppen würde.

Die ersten Kilometer waren eine reine Qual. Mir kam alles Mögliche in den Sinn, ja selbst das ganze Rennen zu vergessen und mich hinzusetzen und auszuruhen. Ich schob diese Gedanken beiseite und versuchte, an irgend etwas anderes zu denken, eine Unterhaltung, die ich am Abend zuvor mit Sook Hee gehabt hatte, oder an etwas, das ich vor kurzem gelesen hatte. Das half mir, den ersten Kilometer zu bewältigen, und danach hatte ich mein Tempo und meinen Laufrhythmus gefunden.

Bald ging es weiter in die Berge, die Strecke wurde noch mörderischer. Das unter uns liegende Tal war zu Beginn des Herbstes wunderschön. Hier und da konnte man sogar schon die ersten Farbtupfen erkennen. Die Berge um uns herum waren friedlich und still, und in der Ferne sangen ein paar Vögel. Es wurde langsam wärmer, und schon bald rann mein Schweiß in Strömen.

Je länger wir liefen, desto mehr zog sich unsere ursprüngliche Gruppe auseinander. Einige Läufer fielen weit ab, wohingegen andere schon ziemlich viel Vorsprung hatten. Sook Hee und ich blieben während des gesamten Laufes relativ nahe beieinander und murmelten uns gelegentlich ein paar ermunternde Worte zu.

Nach zwei Dritteln der Strecke ging es wieder bergab, so daß ich mein Tempo leichter halten konnte, doch nun, nachdem ich bereits zehn Kilometer hinter mir hatte, machten sich meine Beine langsam schmerzhaft bemerkbar. Aber selbst dies war nicht meine Hauptsorge. Ich setzte alles daran, meinen Atemrhythmus beizubehalten und einmal alle vier Schritte zu atmen. Mir war klar, daß ich den Lauf wahrscheinlich nicht beenden würde, wenn ich mit dem Atem aus dem Takt käme.

Als wir uns dem Ziel näherten, sahen wir ein paar Gescheiterte, einen Mann und eine Frau, die an verschiedenen Punkten entlang der Strecke zusammengebrochen waren und nun hilflos im Gras saßen und schluchzten. Als ich an ihnen vorbeizog, spürte ich vor lauter Mitgefühl für die beiden einen richtigen Stich, doch konnte ich nichts für sie tun. Im stillen betete ich, daß sie es das nächste Mal schaffen würden.

Während der letzten beiden Kilometer begannen meine Lungen zu brennen, so daß ich gezwungen war, zunächst alle drei Schritte und dann alle zwei Schritte zu atmen. Sook Hee taumelte neben mir her und blickte voll düsterer Entschlossenheit in Erwartung der Ziellinie mit starren Augen nach vorne. Sie konnte nur noch mit Mühe keuchen, und irgendwann rief ich ihr zu: »Komm schon, Sook Hee, es ist nicht mehr weit! Wir haben es fast geschafft!« Als Erwiderung verdrehte sie nur die Augen, aber ich wußte, daß ich sie noch einmal angespornt hatte.

Keiner von uns wußte genau, wo die Ziellinie sein würde, was die geistigen Qualen bei dem Rennen nur vergrößerte, da wir keinen Fixpunkt hatten, den wir anstreben konnten. Aber endlich, gerade als ich schon dachte, ich würde mich keinen Schritt weiter fortbewegen können, erblickte ich eine Gruppe Läufer, die bereits am Ziel angekommen waren und sich mit dem Ausbilder Rae Hong unterhielten, während andere Ausbilder mit Stoppuhren warteten. Ich kämpfte mich noch über die Ziellinie und brach dann prompt zusammen, Sook Hee neben mir.

»Zwei Stunden, vier Minuten und siebenundzwanzig Sekunden für die Genossinnen Ok Hwa und Sook Hee!« rief eine der Frauen, die die Zeit gestoppt hatten und vermerkte sie auf ihrer Liste. »Glückwunsch Genossinnen, dafür gibt es 93,5 Punkte!«

»Eins sag ich dir«, keuchte Sook Hee, »wenn du nicht gewesen wärest, Ok Hwa, hätte ich das nie geschafft. Ich bin halb tot.«

»Ich auch«, entgegnete ich ihr, noch immer nach Luft ringend. Ich drehte mich auf den Rücken und schaute in den Himmel, der nun aufgeklart hatte und in tiefem Blau auf mich herabblickte. In meinem Kopf hämmerte es und mir war schwindlig. Einen Augenblick lang dachte ich, ich würde ohnmächtig, als Rae Hong zu mir herüberkam und mich wieder hochzog.

»Du solltest ein wenig herumlaufen«, sagte er. »Das Schlimmste, was du tun kannst, ist, dich hinzulegen, das ist schlecht fürs Herz. Es wird dir gleich wieder besser gehen.«

Ich nickte und lief im Hof herum. Etwa sechs Läufer waren bereits am Ziel angekommen – fünf Männer und eine Frau –, so daß wir mit Sook Hee und mir nun zu acht waren. Im Laufe der nächsten halben Stunde kamen nacheinander noch ein paar weitere Läufer ins Ziel, und schließlich hatten nur drei von uns vorzeitig aufgeben müssen. Es war gerade einmal neun Uhr, und der Tag sollte noch viel für uns bereithalten.

Rae Hong wies uns an, zu duschen und unsere Uniformen zu wechseln, bevor wir uns um zehn Uhr im Sportzentrum melden sollten, um mit der Prüfung fortzufahren. Ich schaute ihm staunend hinterher: Wir waren gerade fünfzehn Kilometer gelaufen, und er atmete nicht einmal schwer.

Sook Hee und ich schleppten uns in unser Haus und zogen uns aus. Ich überließ ihr die Dusche und nahm statt dessen ein langes heißes Bad, das mich zwar einerseits erfrischte, aber andererseits auch auslaugte. Nachdem ich eine andere Trainingsuniform angezogen hatte, trank ich ein großes Glas Orangensaft und ging dann hinüber zum Sportzentrum.

In dem langen schmalen Gebäude befanden sich zwei Sporthallen, ein Kraftraum, ein Schwimmbad sowie ein großer quadratischer Saal mit Spiegeln und der Ausrüstung für Kampfsportarten. Die Ausbilder warteten im Kraftraum. Da wir bis zehn Uhr noch ein paar Minuten Zeit hatten, machte ich mit den anderen Studenten ein paar Dehnungsübungen, bevor die Prüfung weiterging.

»Gut«, sagte Rae Hong pünktlich um Schlag zehn. »Fahren wir fort. Wir beginnen im Kraftraum, wo jeder von euch an der Bank das für ihn größtmögliche Gewicht stemmen soll. Anschließend macht ihr an der Stange so viele Klimmzüge, wie ihr nur schaffen könnt. Genossin Ok Hwa fängt an.«

Ich ging nervös zur Bank hinüber, wo zwei Muskelpakete von Assistenten schon auf mich warteten. Ich versuchte, mich daran zu erinnern, mit welchem Gewicht ich normalerweise trainierte, es waren 50 Kilo.

»Ich versuche 75 Kilo«, sagte ich, als ich schon auf der Bank saß. Die Assistenten bestückten die Hantel mit den Gewichten und hängten sie in das Gestell, unter dem ich lag. 150 Pfund sind für eine Frau meiner Statur schon ein ziemlicher Happen, und hinzu kam, daß ich noch nie zuvor ein derartiges Gewicht gestemmt hatte. Meine Bestleistung hatte bis dahin bei 70 Kilo gelegen, nur kam jetzt erschwerend hinzu, daß mich bereits der Lauf einiges an Kraft gekostet hatte. Nun gut, wenn ich das nicht schaffte, hatte ich noch einen weiteren Versuch, also konnte ich meine Meßlatte ruhig erst einmal hoch anlegen.

Ich atmete mehrmals schnell, aber tief ein, um soviel Sauerstoff wie möglich in den Blutkreislauf zu bekommen. Ich ergriff die eiserne Hantel und nahm alle Kraft zusammen, um sie aus dem Gestell zu heben.

Ich stieß einen Schrei aus und drückte gegen die Gewichte, die sich schwerfällig in Richtung Decke bewegten. Die Hantel schaukelte ein wenig, und ich mußte sehr kämpfen, um sie wieder unter Kontrolle zu bekommen. Anschließend senkte ich die Hantel, bis sie, wie erforderlich, meinen Brustkorb berührte. Unter Aufbringung auch noch des letzten Quentchens an Kraft atmete ich aus und stieß die Hantel wieder von mir weg in Richtung Decke. Etwa auf halbem Wege ging es nicht mehr weiter. Ich stieß einen Schrei aus, mein Gesicht verzerrte sich, und ich drückte noch stärker gegen die Gewichte. Wie durch ein Wunder konnte ich dann doch noch meine Arme vollends ausstrecken und die Übung beenden. Die Assistenten nahmen mir das Gewicht aus den Händen und hängten es zurück in das Gestell.

Die anderen jubelten mir zu. Etwas benommen stand ich von der Bank auf und setzte mich. »Hervorragend!« dröhnte Rae Hong. »Das gibt 96 Punkte, Ok Hwa! Möchtest du noch einen weiteren Versuch?«

»Nein«, entgegnete ich ihm.

»Nun gut. Der nächste!«

Als Sook Hee an die Reihe kam, gelang es ihr, gute 65 Kilo zu stemmen, was ihr 92 Punkte eintrug. Die beste Bewertung erhielt ein untersetzter, muskulöser Mann namens Kim Bong, der in einem Anfall wütender Ekstase über 200 Kilo stemmte und dafür noch zehn Bonuspunkte erhielt, so daß er insgesamt für seinen Kampfgeist 110 Punkte notiert bekam.

Als nächstes kamen die Klimmzüge. Die hatte ich in den letzten drei Jahren täglich trainiert und konnte in der Regel 15 schaffen. Am Prüfungstag gelangen mir 17, und ich bekam dafür 94 Punkte. Sook Hee schaffte 16, und wieder war es Kim Bong, der mit 46 Klimmzügen die meisten Punkte erhielt.

»In die zweite Sporthalle!« rief Myung, nachdem wir nun alle unsere Übungen im Kraftraum absolviert hatten.

Im nächsten Test sollte festgestellt werden, wie schnell wir waren. Die Sporthalle war vielleicht 50 Meter lang, und jeder von uns mußte von einer Wand bis zur anderen und wieder zurück laufen. Wir hatten insgesamt drei Versuche.

Dieser Test machte mir nicht soviel angst, denn für eine Frau meiner Größe war ich relativ schnell und hatte nach drei Jahren intensivsten Trainings kein Gramm Fett an mir. Meine Bestzeit betrug 19,4 Sekunden, was gar nicht so schlecht war, wenn man bedenkt, daß wir bei dem Anschlag an der gegenüberliegenden Wand erst einmal abbremsen mußten, bevor wir zurückrennen konnten. Sook Hee schnitt mit 19,1 Sekunden sogar noch besser ab und bekam 95 Punkte für diese Übung, wohingegen ich 94,8 erhielt.

Es war Mittag geworden, und man entließ uns in die Mittagspause. Die meisten von uns waren völlig erschöpft. An diesem Tag erhielten wir von allem die doppelte Ration, und ich war sogar noch hungrig, nachdem ich bereits alles aufgegessen hatte. Da es erst um 13 Uhr weitergehen sollte, ließen Sook Hee und ich uns auf unsere Betten fallen, wo wir versuchten, während der zwanzig verbleibenden Minuten unsere Kräfte wiederzuerlangen.

»Ich kann kaum glauben, was sie uns alles abverlangen«, sagte sie, während sie ihre Beine massierte.

»Wir haben es noch nicht geschafft«, erwiderte ich. »Aber in jedem Falle haben wir seit unserem achtzehnten Lebensjahr, als wir mit dem Training in der Armee begonnen haben, schon einiges erreicht. Damals konnte ich kaum zwei Kilometer rennen.«

»Die konnte ich damals noch nicht einmal *gehen*.« Sie lachte.

Um 13 Uhr fanden wir uns wieder im Sportzentrum ein, diesmal im *Dojung*, dem Saal für die Kampfsportarten. Wir hatten unsere *ghis*, die bei den Kampfsportlern üblichen, wie Schlafanzüge anmutenden Anzüge anziehen müssen.

Unsere Ausbildung in den Kampfsportarten leitete sich aus verschiedenen koreanischen Stilrichtungen ab, zu denen auch Taekwondo, Tung Soo Do und Hapkido gehörten. Diese ähnlichen und dennoch unterschiedlichen Stile waren zu einer Kampfsportmischung verschmolzen worden, die bei der Ausbildung der Agenten eingesetzt wurde. Die Farben unserer Gürtel waren: Weiß für die Anfänger, gefolgt von den Schülergraden Gelb, Orange, Grün, Blau, Braun und zehn Meistergraden mit der Gürtelfarbe Schwarz. Es gab nur wenige lebende Kampfsportler, die auf rechtmäßige Weise einen der höheren Meistergrade des schwarzen Gürtels erreicht hatten. Doch unser Ausbilder, Kai Cheon, hatte in jeder der drei koreanischen Kampfsportarten den fünften Grad inne. Nach drei Jahren Training trugen wir alle mindestens den schwarzen Gürtel ersten Grades, aber danach dauerte es in der Regel Jahre, bevor der nächsthöhere Grad verliehen wurde.

Kai hatte zwei Assistenten, die beide den schwarzen Gürtel dritten Grades trugen und Yung Lui und Kang Khil hießen. Nachdem wir einige Aufwärmübungen gemacht hatten, setzte er sich an die Stirnseite des Raumes mit Kang Khil neben und der Bewertungstabelle vor sich. Neben ihm stand Yung Lui; Rae Hong und Myung, die beide Träger des schwarzen Gürtels zweiten Grades waren, saßen an seiner Seite.

»Wir beginnen mit der unbewaffneten Auseinandersetzung«, begann Rae Hong. »Jeder von euch Genossen und Genossinnen wird fünf Minuten lang mit Yung Lui kämpfen. Angesichts der während dieser Prüfung erforderlichen Genauigkeit werdet ihr auf vollen Kontakt gehen – ohne Polster. Die Männer bekommen lediglich einen Unterleibsschutz – sonst nichts. Die meisten Techniken werden erlaubt sein – ihr dürft gegen Beine und Kopf treten, Yung Lui werfen und Hebel anwenden, aber wir werden eure Fertigkeiten wie auch eure Zurückhaltung bewerten. Eine solide ausgeführte Technik, die gut genug kontrolliert wird, um wenig zu schaden, wird die höchste Punktzahl bekommen. Absichtlich gebrochene Knochen führen zur sofortigen Disqualifizierung des Studenten. Ist das klar? Gut, dann fangen wir jetzt an.«

Ich war froh, nicht als erste antreten zu müssen. Da ich noch nie gegen Yung Lui gekämpft hatte, bekam ich so glücklicherweise die Gelegenheit, seinen Kampfstil zu beobachten. Er war ein großer, drahtiger Mann mit sehr schnellen Hand- und Fußbewegungen und war in der Lage, die kompliziertesten Tritte auszuführen, die man sich nur vorstellen konnte. Ich hatte einmal gesehen, wie er eine Betonplatte zerbrochen hatte, die in ungefähr 2,50 Meter Höhe vertikal aufgehängt war. Er war hochgesprungen, hatte sich mitten in der Luft gedreht, sein Bein in einem perfekt ausgeführten Halbkreistritt rückwärts nachgeführt und die Platte zerschmettert.

Es gibt zwar Gegner, die zunächst einen Angriff abwarten, aber Yung Lui kämpfte aggressiver und mit seinem eigenen Rhythmus. Er führte wunderbare Finten durch und versetzte dem ersten Studenten die Schläge mit einer solchen Leichtigkeit und Gewandtheit, daß ich schon daran zu zweifeln begann, überhaupt etwas gegen ihn ausrichten zu können. Gegen Ende der fünf Minuten war der Student, ein junger Mann, ziemlich übel zugerichtet und blutig, aber er erhielt dennoch 90 Punkte, weil er sich so lange gegen den Meister behauptet hatte.

Nach drei weiteren Studenten kam ich an die Reihe. Ich stand auf, lief zur Mitte der Kampffläche, verneigte mich vor Yung Lui, und danach verneigten wir uns beide vor den Ausbildern. Kai nickte und bedeutete uns zu beginnen.

Yung Lui griff mich sofort an. Daß ich eine Frau war, zählte in diesem Umfeld überhaupt nichts, und ich hatte gesehen, daß Frauen genauso häufig mit gebrochenen Nasen oder angeknacksten Rippen aus einem Kampf hervorgingen wie Männer. Er lancierte eine Serie von Tritten in meine Richtung, denen ich nur mit Mühe ausweichen konnte. Ich hatte mir keine Illusionen gemacht, schnell einen Gegenangriff starten zu können und versuchte, auf den Beinen zu bleiben.

Schließlich zog er sich zurück und wartete auf mich. Als der niederrangige Schüler mußte ich ihn in dieser Situation rasch angreifen, wenn ich für mein Zögern keine Strafpunkte bekommen wollte. Mit dem linken Fuß nach vorne zielte ich mit ein paar schnellen Schlägen auf sein Gesicht. Er hob die Arme, um abzublokken. Gleichzeitig verhakte ich meinen linken Fuß hinter seinem Fußgelenk und fegte ihn perfekt zu Boden, indem ich sein Bein unter ihm wegzog. Er zog sofort das andere Bein an und trat mir voll in den Magen, so daß ich nach hinten taumelte. Er sprang wieder auf und ließ seinem Tritt einen harten Schlag in meine Rippen und einen weiteren gegen mein Kinn folgen. Verängstigt, wütend und verzweifelt ignorierte ich den Schmerz, ergriff seine Führungshand und zog ihn näher zu mir heran, um einen Halbkreistritt in seinen Unterbauch auszuführen. Einen Augenblick lang war er völlig verblüfft, und ich ergriff seine Schultern, trat hinter ihn und warf ihn zu Boden. Wie erwartet, versuchte er wieder, mit dem Fuß zu treten, aber diesmal war ich darauf vorbereitet. Ich fing sein Bein mitten in der Luft ab und führte einen gezielten Tritt in seine Leistengegend aus.

»Unterbrechung!« rief Kai. »Trage eine frühe Runde für Ok Hwa ein!«

Yung Lui stand wieder auf. Jetzt war er wütend, und seine nächsten Angriffe waren schärfer und schneller. Einige schnelle Schläge auf meine Körpermitte konnte ich nicht abblocken, und es sah aus, als würde er mich bald kriegen. Ich schaffte es einige Male, mich rechtzeitig unter seine Deckung zu ducken und ihm meinen Ellenbogen gegen sein Brustbein zu stoßen, bevor ich sein Bein ergriff und ihn zu Boden warf. Er reagierte professionell, indem er sein anderes Bein überschlug, bis er meine Beine in einer Schere gefangen hatte und mich gleichfalls zu Boden warf. Mit seinen Beinen eng um meine geschlungen, saß er bereits wieder und versuchte, einen Schlag in Richtung meines Gesichts auszuführen. Ich schnappte ihn am Handgelenk und bog die Hand zurück in einen Hebel. Automatisch lockerte sich die Scherenumklammerung.

»Abbruch!« rief Rae Hong.

Wir standen beide auf, verbeugten uns vor Kai und dann voreinander. Es dauerte eine Weile, bis die Ausbilder ihre Punkte zusammengezählt und das Mittel errechnet hatten. Ich nahm Platz und wartete.

»Genossin Ok Hwa erhält ... 98!«

Ich bekam einen kleinen Anerkennungsapplaus, war aber selbst sehr erstaunt. Ich hatte mich gegen einen hochdekorierten und erfahrenen Kämpfer behauptet, wenngleich ich wußte, daß er mir in einem echten Kampf haushoch überlegen gewesen wäre. Dennoch hatte ich Yung Lui diesmal ausgetrickst und senkte meinen Blick, da ich es nicht wagte, ihn anzuschauen.

Durch die Niederlage angespornt, fuhr Yung Lui voller Wut über seine schlechte Leistung nun fort, gnadenlos auf alle nachfolgenden Studenten einzuschlagen, sie in schmerzhaften Hebelgriffen gefangenzuhalten, sie durch die Luft zu schleudern und mit hervorragend ausgeführten Tritten zu treffen. Als wir alle durch waren, setzte sich Yung Lui und Kang Khil stand auf.

»Jetzt beginnen wir mit der zweiten Übung«, sagte Kai. »Jeder von euch wird gegen den Genossen Kang Khil antreten, der euch mit einer 25 Zentimeter langen Messerattrappe gegenübertreten wird. Ihr habt drei Versuche, ihn zu entwaffnen und ihn anschließend irgendwie mit dem Messer zu überwältigen. Noch Fragen? Nein? Also los!«

Ich war als Dritte an der Reihe. Nachdem wir uns voreinander verneigt hatten, bewegten wir uns langsam und vorsichtig einander zugewandt im Kreis herum. Die Kunststoffklinge des Messers war so gefertigt, daß sie bei einem Kontakt in den Griff zurückglitt, um zu zeigen, wie tief das Messer im Ernstfall in den Körper eingedrungen wäre. Kang Khil versuchte einige Täuschungsmanöver mit mir, wobei er mich mit seinen schwarzen Augen fest anblickte. Ein starrer Blick kann bei guten Kampfsportlern eine sehr effektive Waffe sein, und ich zwang mich, mich auf die Hand zu konzentrieren, in der er das Messer hielt. Plötzlich machte er einen Satz nach vorne, schnell wie eine Katze, und zielte mit dem Messer in meine

Magengegend. Ich war so überrascht, daß ich nicht einmal seinen Arm abblocken konnte. Er stieß mir das Messer in den Unterleib, und die Klinge verschwand vollständig im Griff.

»Die erste Runde geht an Kang Khil!« rief Kai. »Komm schon, Ok Hwa, konzentriere dich!«

Verärgert nahm ich wieder die Kampfhaltung ein und kreiste mit Kang Khil auf der Fläche. Diesmal blickte ich ihm in die Augen in der Hoffnung, sie würden seine Absichten verraten. Er wechselte ständig die Hand und hielt das Messer mal in der einen, mal in der anderen, wobei er leicht grinste und versuchte, den rechten Augenblick abzupassen. Einem Impuls folgend, drehte ich mich auf dem Fußballen und zielte mit einem gedrehten Rückwärtstritt auf sein Gesicht. Zu meiner Überraschung hatte ich genau getroffen. Kang Khil trat mit einem Schrei zurück und hielt sich das Gesicht mit einer Hand. Ich landete anschließend zwei harte Schläge auf seinem Brustbein und hätte ihn, wenn ich überlegt gehandelt hätte, dann leicht außer Gefecht setzen können. Aber anstelle ihm mit dem Knie in die Leistengegend zu treten und einen kontrollierten Handkantenschlag auf seine Kehle auszuführen, woraufhin die Juroren die Runde abgebrochen hätten, ergriff ich die Hand, in der er das Messer hielt und klemmte meinen anderen Arm hinter seinen Ellenbogen. Durch den ausgeübten Druck ließ er das Messer fallen, das ich sofort aufnahm. Doch Kang Khil hatte sich von meinem Angriff bereits erholt und trat, als ich mich nach vorne beugte, frontal gegen meinen Brustkorb. Der Tritt erwischte mich mit voller Wucht, so daß ich erst einmal drei Meter nach hinten taumelte, bevor ich schändlicherweise auf meinem Hinterteil landete. Er kam mir sofort nach, aber wenigstens hatte ich das Messer noch in der Hand. Ich kam schwerfällig wieder auf die Beine und versuchte auf ihn einzustechen. Er hielt inne, wich den Hieben aus und nahm dann wieder die Kampfstellung ein. Wieder umkreisten wir einander, doch nun war ich es, die im Vorteil war.

Er kam näher und drängte mich zurück, behielt aber seinen Vorderfuß immer in Trittbereitschaft. Kang Khil war ein wahrlich eindrucksvoller und ernstzunehmender Gegner, gebaut wie ein Fels, und ich hatte meine Zweifel, ob ich durch seine Deckung kommen würde. Ich entschloß mich, eine andere Taktik zu verfolgen. Ich warf ihm das Messer entgegen, und einen kleinen Moment lang blickte er nach oben. In diesem kurzen Augenblick trat ich mit dem Fußspann in seine Leistengegend und ließ noch einen soliden Schlag gegen sein Knie folgen. Kang Khil schaute völlig überrascht drein und fiel nach hinten – auf sein eigenes Hinterteil!

»Pause!« schrie Kai. »Ok Hwa hat gewonnen!«

Ich half dem verdutzten Kang Khil auf die Beine. Nach unserer Verbeugung setzte ich mich und wartete auf die Bewertung.

»94!« rief Rae Hong.

Darüber war es später Nachmittag geworden, und für diesen Tag waren keine weiteren Prüfungen mehr anberaumt. Sook Hee und ich kehrten in unser Haus zurück und schliefen bereits um sieben Uhr tief und fest. Ich war über mich selbst erstaunt – vielleicht hatte ich ja doch das Zeug zu einer Spezialagentin.

Der nächste Tag war nicht ganz so anstrengend wie der erste, da es hauptsächlich um den Test an der Waffe ging.

Bei der ersten Übung mußten wir mit Hochleistungsgewehren auf 100 Meter entfernte Zielscheiben schießen. Wir hatten 50 Schuß, und ich traf siebenundvierzigmal ins Schwarze. Sook Hee schoß sogar so perfekt, daß sie – wie auch viele andere Studenten – fünfzigmal traf, und wir bekamen alle eine gute Wertung.

Die nächste Disziplin war das Pistolenschießen, mit dem einzigen Unterschied, daß das Ziel jetzt nur noch 25 Meter weit weg war. Wieder traf ich sechsundvierzigmal, was nur von Sook Hee, die erneut 50 Treffer landete, übertroffen wurde.

»Ich glaube, du hast deine Disziplin gefunden«, sagte ich während des Mittagessens zu ihr.

»Ich bin froh, daß ich wenigstens etwas richtig mache«, erwiderte sie. »Nachdem mich Yung Lui gestern derart vermöbelt hat, hielt ich nicht mehr allzu große Stücke auf mich, und eines kann ich dir sagen, meine Beine tun höllisch weh!«

»Meine auch«, sagte ich und schmunzelte ein wenig. Eigentlich war das noch stark untertrieben gewesen, denn mir tat alles so weh, daß ich am Morgen kaum aus dem Bett aufstehen konnte, von den vielen blauen Flecken, die ich mir während der Kampfsportübungen am Vortag eingehandelt hatte, ganz zu schweigen.

Den restlichen Tag verbrachten wir in ähnlicher Manier mit Prüfungen in den Disziplinen Bogenschießen, Messerwerfen und Granatenwerfen. Mit Ausnahme des Bogenschießens, wo ich nur auf 82 Punkte kam, schnitt ich auch hier ganz gut ab. Mein Gesamtdurchschnitt für den sportlichen Teil der Prüfung lag weit über 90, so daß ich mir keine Gedanken machen mußte.

Auch unsere Fahrzeugbeherrschung wurde auf die

Probe gestellt. Wir mußten einen Mercedes bei hoher Geschwindigkeit durch eine Hindernisstrecke fahren. Es galt, aufgestellte Stangen zu umfahren, auf vereister Fläche die Kontrolle über das Fahrzeug zu behalten und Haarnadelkurven zu bewältigen.

Jeder hatte zwei Versuche, bei denen sehr sorgfältig die Zeit gestoppt wurde. Das Autofahren war für mich immer etwas Besonderes gewesen, vielleicht, weil es so gar nichts mit dem alltäglichen Leben in Nordkorea zu tun hatte. In westlichen Ländern fährt man überall Auto, für mich waren sie aber noch immer etwas Neues. Die drei Jahre Spezial-Fahrausbildung hatten sich jedoch ausgezahlt, und ich erzielte mit 96 Punkten das zweitbeste Ergebnis der Klasse.

Als die Sportprüfungen abgeschlossen waren, hatte ich einen Durchschnitt von 94,63 Punkten. Von den ursprünglich fünfzehn Studenten hatten nur zwei einen besseren Durchschnitt als ich, und nur elf von uns konnten mit der schriftlichen Prüfung fortfahren.

In mehrfacher Hinsicht war die schriftliche Prüfung noch viel schwieriger als der sportliche Teil. Der Test wurde in zwei jeweils vierstündige Prüfungen unterteilt, die an zwei aufeinanderfolgenden Tagen abgenommen wurden und äußerst unterschiedliche Themen umfaßten.

Der gesamte erste Tag wurde auf die Philosophie und Geschichte Kim Il Sungs verwandt. Es gab keine Multiple-Choice-Fragen. Zunächst mußten wir 200 reine Wissensfragen mit einem Wort oder einem Satz beantworten und dann drei Aufsätze schreiben, welche die sozialistische nordkoreanische Ideologie zum Kernthema hatten. Besonders mit Hilfe der Aufsätze ließ sich hervorragend feststellen, wie gut wir unsere Propaganda verinnerlicht hatten. So lautete die Aufgabenstellung zum Beispiel: »Erklären Sie auf nicht mehr als zehn Seiten kurz die verschiedenen Bereiche, in denen die nordkoreanische Regierung den kapitalistischen Regimen überlegen ist.«

Am zweiten Tag wurde unser Wissen in vielen verschiedenen Fachgebieten wie Mathematik, Fremdsprachen usw. getestet. Dann gab es noch eine ganze Prüfungseinheit zum Thema Waffenkunde, wo wir Fragen beantworten mußten wie: »Welche ist die vom KGB bevorzugte Handfeuerwaffe, und wieviel Schuß hat sie?« und »Nennen Sie jeden von der nordkoreanischen Armee benutzten Flugzeugtyp und seine Spezifikation.«

Ich war während der gesamten Prüfung nervös, und es gab viele Fragen, auf die ich keine Antwort wußte. Darüber hinaus hatte ich keine Vorstellung davon, wieviel Fragen zu beantworten waren, um die Mindestwertung von neunzig Punkten zu erhalten, da es unmöglich auszumachen war, wie die Ausbilder die einzelnen Prüfungsteile gewichten würden. Nach dem zweiten Tag der theoretischen Prüfung – und dem vierten Prüfungsteil insgesamt – war ich geistig und körperlich völlig ausgelaugt. Wir waren für die Prüfungswoche von allen anderen Pflichten entbunden, und ich schlief jede Nacht zehn Stunden. Sook Hee ging es ebenso.

Da wir nun bloß noch elf Prüflinge waren, ließen sich die Prüfungen schneller auswerten. Drei Studenten wurden disqualifiziert, und von den verbliebenen acht erhielt ich die zweithöchste Bewertung – 93 Punkte. Sook Hee bekam 92,18. Wir sandten Stoßgebete zum Himmel – zwei Prüfungsteile waren geschafft – jetzt blieb nur noch einer.

Der letzte Teil der Abschlußprüfung war vielleicht der schwerste von allen. Es hieß, in diesem Teil seien die Prüfungen speziell auf die einzelnen Studenten zugeschnitten, entsprechend der Funktion, die sie später innerhalb des Geheimdienstes bekleiden sollten. Alle Tests wurden individuell durchgeführt und fanden an vielen verschiedenen Orten statt.

Diese Tests wurden mit »praktischer Prüfungsteil« bezeichnet, weil sie danach ausgerichtet waren, ein Szenario, wie es uns später bei unserer Agententätigkeit begegnen könnte, so originalgetreu wie möglich nachzustellen. Meine eigene praktische Prüfung sollte am Freitagabend stattfinden, und Rae Hong klärte mich während des ganzen Vormittags darüber auf, was von mir erwartet würde.

»Deine Mission wird kurz vor Sonnenuntergang beginnen«, erklärte er. »Etwa 10 Kilometer nördlich des Lagers, gerade hinter dem Keumsung-Berg, wenn man aus dem Kiefernwald kommt, hat die Partei eine zweigeschossige Villa gebaut, die so angelegt ist, daß sie einer ausländischen Botschaft ähnelt, deshalb nennen wir sie auch die Botschaft. Du bekommst einen Lageplan des Geländes sowie einen Grundriß der einzelnen Stockwerke. Das Gebäude ist von einer Mauer umgeben, und auf dem Gelände patrouillieren Wachen. Beim Studieren des Grundrisses wirst du feststellen, daß ein Raum mit einem Safe ausgestattet ist. Darin befinden sich einige japanische Dokumente. Deine Aufgabe besteht darin, in die Botschaft einzudringen, die Dokumente zu sichten, sie dir fest einzuprägen, dir alles zu merken und – ohne gefaßt zu werden – wieder zurückzukehren – übrigens bis morgen früh sechs Uhr.

Fast alles wird perfekt nachgestellt sein. In den

Schlafzimmern der Botschaft werden Agenten sein, die Mitarbeiter des diplomatischen Dienstes darstellen. Die Wachen werden nicht wissen, wann du kommst. Die Agenten, welche die Rollen der Wachen und des Botschaftspersonals übernehmen, werden deine Leistung später bewerten. Alles wird so authentisch wie möglich sein – du wirst dich vor Stolperdrähten in acht nehmen müssen, die die Alarmanlage auslösen – darüber hinaus gibt es noch versteckte Überwachungskameras und Mikrophone – einfach alles, was man sich denken kann.

Du wirst für diese Prüfung mit zwei Pistolen, einem Selbstladegewehr Typ AK 47, drei Messern, Schaumspray, einem Seil mit Greiferhaken, einer Taschenlampe, einem Stethoskop, Glasschneidern, einem Kompaß und einem Dietrich ausgestattet.

Die Messer werden aus Kunststoff sein, die Feuerwaffen schießen mit Farbpatronen, die zwar ein wenig weh tun werden, aber keine bleibenden Verletzungen verursachen. Die Wachen werden ähnliche Waffen tragen, so daß man auch an dir deutlich sehen wird, wenn du getroffen wurdest. Solltest du an lebensgefährlichen Stellen getroffen werden, wird deine Wertung entsprechend schlechter ausfallen. Das Gewehr und die Pistolen sind mit Schalldämpfern versehen, du bekommst insgesamt acht Patronenrahmen für die Pistolen und zwei Ladestreifen für das Gewehr. Da dies auch als Test für unsere Wachleute dienen soll, ist es zulässig, daß du sie bewußtlos schlägst, wenn du dazu gezwungen sein solltest und sie sich nicht vorher ergeben. Wir möchten, daß alles so realitätsgetreu wie möglich wird.

Sobald du die Dokumente in Händen hältst, mußt du sie lesen und dir alles ganz genau einprägen, bevor du sie wieder zurücklegst. Nach deiner Rückkehr wirst du in einem Verhör den Inhalt dieser Dokumente wiedergeben müssen. Gibt es dazu noch Fragen?«

Eigentlich hätte ich viele Fragen gehabt, aber ich starrte ihn nur völlig verblüfft an. Ich konnte kaum glauben, daß man mir eine solche Aufgabe stellte, und die Gründlichkeit meiner Ausbilder erstaunte mich. Schließlich fand ich doch meine Stimme wieder.

»Ich gehe davon aus, daß andere Studenten bereits die gleiche Aufgabe gestellt bekommen haben.«

»Natürlich«, erwiderte er, »oder zumindest eine sehr ähnliche. Als aktiver Agent muß man auf alle Eventualitäten vorbereitet sein, und wir können nur durch diese Art Prüfung feststellen, wer sich wirklich zum Geheimagenten eignet. Deshalb scheuen wir auch weder Kosten noch Mühen, um dieses ansonsten nutzlose Gebäude zu unterhalten.«

»Und was« – ich versuchte meine Frage so beiläufig wie möglich zu formulieren – »muß ich tun, um die Prüfung zu bestehen? Alles?«

Er lachte in sich hinein. »Das kann ich dir wirklich nicht sagen. Am besten, du konzentrierst dich auf die Erfüllung deiner Aufgabe. Beim Praxistest gibt es keine ›Mindestanforderungen‹, Ok Hwa. Entweder führst du deine Mission aus oder nicht.«

Ich nickte, um ihm zu zeigen, daß ich verstanden hatte. Ich wollte vor ihm nicht unsicher wirken, aber beim Gedanken an diese »Prüfung« drehte sich mir der Magen um. Ich fragte mich, wo in aller Welt ich das Selbstbewußtsein hernehmen sollte, um sie erfolgreich bestehen zu können. Aber was war die Alternative? Sich zu weigern und somit samt und sonders aus der Partei ausgeschlossen zu werden? Nein, ich würde die Zähne zusammenbeißen und gegen alle Zweifel ankämpfen müssen. Ich würde einfach mein Bestes geben.

Rae Hong erhob sich. »Nun, wenn du keine weiteren Fragen hast, lasse ich dich für den Nachmittag alleine. Ich werde dafür sorgen, daß alles, was du brauchst, also Ausrüstung, Kleidung und alles andere, in den nächsten Stunden zu dir gebracht wird. Ich werde gegen sechs Uhr heute abend wieder herkommen und dich offiziell auf den Weg schicken. Ich schlage vor, daß du dich inzwischen etwas ausruhst. Ach, und noch etwas – sprich mit niemandem auch nur ein Wort darüber. Verstanden?«

Ich nickte, und Rae Hong verließ den Raum. Ich ging auf mein Zimmer und warf mich auf das Bett. Schlafen stand völlig außer Frage. Ich war so nervös, daß ich am ganzen Körper zitterte und mit den Zähnen klapperte. Ich mummelte mich in meine Decken ein und blieb mehrere Stunden zusammengekauert, mich elend fühlend, dort liegen, jede Minute hassend, die verstrich und mich dem Abend näherbrachte. Wenn im Laufe der vorangegangenen Tage in mir so etwas wie Selbstvertrauen gewachsen war, inzwischen war nichts mehr davon übrig. Meine gesamte Zukunft in der Partei hing von dieser einen Nacht ab, und ich hatte fürchterliche Angst zu versagen.

Sook Hee war den ganzen Nachmittag außer Haus, was vielleicht gar nicht so schlecht war. Ich glaube nicht, daß ich all meine Ängste hätte für mich behalten können, und vermutlich hätte ich ihr alles erzählt. Vielleicht hatte sie ja gerade zu dieser Zeit ihre eigene Prüfung. Ich hoffte sehr, daß sie alles schaffen würde.

Es wurde immer später, und ich schaffte es sogar, ein klein wenig zu schlafen, bis ich schließlich gegen

17.30 Uhr aufstand. Ich ging ins Wohnzimmer und fand dort einen großen Koffer vor, der irgendwann dorthin gestellt worden war. Darin befand sich alles, was ich eventuell brauchen würde – Schußwaffen, Kleidung, Hilfsmittel. Mit einem Seufzer nahm ich die Kleider mit auf mein Zimmer und zog mich um.

Man hatte mir einen schwarzen Overall, schwarze Schuhe und eine schwarze Strumpfmaske gegeben, die, wie bei einem alten Ninja, nur die Augen freiließ. Ich fand auch ein Schulterhalfter für eine und ein Hüfthalfter für die andere Pistole. An einem Gürtel konnte ich die Messer, die Taschenlampe, Magazine und ein paar Ladestreifen Munition tragen.

Für das Seil, das Stethoskop und die restliche Munition, nicht zu vergessen für den Schaum, den ich auf die Linsen der versteckten Kameras sprühen sollte, hatte ich einen Rucksack.

Um 18.00 Uhr, als Rae Hong kam, um mich abzuholen, war ich gestiefelt und gespornt. Voll Anerkennung schaute er sich an, wie ich ausstaffiert war und sagte, er wünschte, er hätte einen Fotoapparat dabei.

Mir stand der Sinn überhaupt nicht nach irgendwelchen witzigen Bemerkungen. Die Kleidung war zwar bequem, doch ich kam mir mit der Maske und dem AK 47 um meine Schulter ziemlich lächerlich vor.

»Also, Genossin Ok Hwa«, sagte Rae Hong und blickte auf seine Armbanduhr. »Du hast zwölf Stunden Zeit, um deine Aufgabe zu erfüllen. Viel Glück!«

»Danke«, murmelte ich durch meine Maske hindurch und verließ das Gebäude.

Es war ein sternklarer Abend, an dem kein Mond zu sehen war, und die Schatten wurden bereits länger. Ich machte mich auf den Weg in Richtung der Villa und schlug die Route über den Keumsung-Berg in den

Kiefernwald ein. Ich kannte den Weg zur Botschaft auswendig, hatte aber für alle Fälle auch beide Karten eingesteckt. Den Safe hatte ich auf dem Lageplan ausgemacht – er befand sich in der Bibliothek.

Im Wald war es erheblich dunkler, und ich konnte mich nur mit Hilfe des Kompasses orientieren. Ich hörte auf die bekannten Geräusche des Waldes bei Sonnenuntergang – das langsam verstummende Zwitschern der Amseln, das Rascheln der kleineren Tiere, die aus ihren Bauten hervorkamen, um ihre Beute zu jagen. Ich horchte sogar nach den dumpfen Geräuschen herumschleichender Tiger, auf die man in dieser Gegend durchaus auch stoßen konnte.

Bald war es vollkommen dunkel. Ich ging so geräuschlos, wie ich nur konnte, mit einem leisen Gefühl, daß Rae Hongs Späher im Wald auf mich lauerten und feststellten, wie weit ich kam. Ich nahm die Taschenlampe, deckte aber den Lichtstrahl ab, außer wenn es nicht anders ging. Im Wald kehrte die nächtliche Ruhe ein.

Ich lief weiter, und es kam mir wie eine Ewigkeit vor. Die gespenstische Stille des Waldes, die nur durch das gelegentlich vom Wind verursachte Rauschen der Baumwipfel gebrochen wurde, war sehr beunruhigend. Mir war klar, daß die psychologische Komponente Teil der ganzen Prüfung war, und daß es schon eine Leistung war, in der Nacht etliche Kilometer alleine durch den Wald zu laufen. Mehrere Male fühlte ich das dringende Bedürfnis, loszurennen, aber wohin hätte ich laufen sollen? Es gab keinen Unterschlupf in der Nähe, und die einzige Alternative wäre gewesen, umzukehren; soweit war ich aber noch nicht.

Plötzlich sah ich ein Licht in der Ferne durch die Bäume schimmern. Ich machte die Taschenlampe aus und steckte sie in meinen Gürtel. Nachdem ich auch den Kompaß verstaut hatte, schlich ich leise weiter, von einem Baumstamm in die Deckung des nächsten. Nach weiteren zehn Minuten hatte ich den Waldrand erreicht und befand mich gegenüber dem Hauptportal des Botschaftsgeländes.

Auf beiden Seiten des Tores waren Lampen in das Mauerwerk eingelassen, neben denen jeweils ein Wachposten Stellung bezogen hatte. Aus dem kleinen Wachhaus drang ein wenig Licht. Die Mauer war weiß getüncht und etwa viereinhalb Meter hoch. Wenn ich den Lageplan recht in Erinnerung hatte, befanden sich auf der anderen Seite der Mauer eine Anzahl Blumenbeete und eine lange, leicht abschüssige Rasenfläche, die bis zum eigentlichen Gebäude führte und von weitem durch das Tor sichtbar war.

Ich beobachtete die Wachposten eine Weile. Neben den beiden Wachhabenden schien noch ein weiterer Posten im Wachhaus zu sein, das mit Sicherheit eine direkte Telefonverbindung zur Botschaft hatte. Nach einiger Zeit kam eine Patrouille vorbei, bestehend aus drei Männern, die sich miteinander unterhielten und im Vorbeigehen den Wachposten zuwinkten.

Im Schutz der Bäume bewegte ich mich rechts vom Portal am Rande des Geländes entlang. Als ich die Ecke erreicht hatte, folgte ich der nächsten Mauer, die direkt auf das Haus zuführte. Eine weitere Patrouille machte die Runde, und ich zog mich noch weiter in den Schatten zurück, bis sie außer Sichtweite waren. Ich brachte den Greiferhaken am Ende des Seiles an, trat aus dem Wald heraus und warf das Seil über die Mauer. Der Haken hatte gegriffen, und ich zog mich nach oben, bis ich den Mauerrand erreicht hatte, wo ich kurz anhielt, um das Seil nachzuziehen, bevor ich auf der anderen Seite heruntersprang.

Ich war auf dem Rasen vor der Botschaft gelandet, ungefähr 30 Meter vom Haus und 60 Meter von der Einfahrt entfernt. Ich ließ mich zu Boden sinken. In regelmäßigen Abständen entlang der Kiesauffahrt, die von der Einfahrt zum Haus führte, waren Außenlampen plaziert. Aus dem Gebäude selbst drang ebenfalls Licht.

Ich bemerkte eine weitere Patrouille, die sich entlang des Hauses von mir weg bewegte. Dicht an die Mauer gedrückt, pirschte ich vorwärts, bis ich auf einer Höhe mit dem Haus war.

Das Haus war im neoklassizistischen Stil gebaut mit griechischen Säulen und einer ausladenden Terrasse an der Vorderseite. Zwischen mir und der Villa lagen vielleicht knapp 20 Meter freie Rasenfläche. Durch die Fenster sah ich in einen hell erleuchteten Raum – die Bibliothek. Nun mußte ich meinen Grundriß nochmals zu Rate ziehen und ihn im Schutze des Schattens zusammengekauert studieren. Über der Bibliothek lag ein Balkon mit Steinbrüstung, der von einem der größeren Gästezimmer zugänglich war. Bei einem Blick nach oben stellte ich fest, daß alle Schlafzimmer dunkel waren. In Anbetracht der Tatsache, daß sich der Safe in der Bibliothek befand, schien mir dies der beste Zugang zu sein.

Ich wagte einen weiteren Blick in die Bibliothek. Inzwischen war ein Hausdiener eingetreten und servierte einer oder mehreren Personen, die außerhalb meines Blickfeldes waren, Tee. Sollte ich warten, bis alle die Bibliothek verlassen hatten, oder bereits jetzt in das Haus eindringen und mich darin versteckt halten? Ich entschied mich für die zweite Möglichkeit. Es wurde bereits kalt, und später würden die Gästeschlafzimmer sowieso belegt sein. Außerdem wäre es wohl kaum ratsam, von außen in die Bibliothek einzudringen, da innen mit ziemlicher Sicherheit eine Überwachungskamera installiert war.

Aber wie sollte ich auf den Balkon kommen? Ich ging etwas weiter, sorgsam nach Stolperdrähten Ausschau haltend, und erspähte in der hinteren Ecke des Hauses ein Fallrohr. Nachdem ich mich umgeblickt und vergewissert hatte, daß niemand in der Nähe war, lief ich schnell in gebückter Haltung quer über den Rasen zur Hauswand. Ich drückte mich dicht an sie und suchte meine Umgebung erneut mit den Augen nach Wachen ab. Eine Patrouille schien sich von der mir gegenüberliegenden vorderen Ecke des Hauses zu nähern. Ich konnte Schritte und leise Stimmen hören. Ohne zu zögern, umklammerte ich das Fallrohr und zog mich Stück für Stück nach oben, bis ich am Ende angekommen war. Gerade als die Wachen erschienen ließ ich mich über die Steinbrüstung fallen. Mit klopfendem Herzen sank ich gegen die reichverzierte Balustrade und wartete, bis sie vorbeigezogen waren. Nur einen Augenblick später, und sie hätten mich gesehen.

Nun schaute ich in Richtung Schlafzimmerfenster. Da sie noch immer dunkel waren, kroch ich über den Balkon auf sie zu, vorsichtig darauf achtend, daß ich nicht in der darunterliegenden Bibliothek gehört werden konnte. Beim ersten Fenster angekommen, versuchte ich es zu öffnen, aber es war entweder verschlossen oder klemmte, so schlich ich hinüber zur anderen Seite der Balkontür und versuchte es beim zweiten. Dieses war aber ebenfalls verschlossen.

Schließlich versuchte ich es auch noch an der Tür,

aber nicht nur, daß diese verschlossen war, ich bemerkte auch noch die verräterischen Kontaktstreifen der Alarmanlage an den Scheiben – die Tür wäre also sicher keine gute Idee gewesen.

Ich ging zurück zum ersten Fenster, das zur Rückseite des Hauses zeigte. Mit den Glasschneidern aus meinem Rucksack schnitt ich gerade oberhalb der Stelle, an der ich das Schloß vermutete, ein Loch. Nachdem ich das Glas entfernt hatte, griff ich durch die Öffnung und fand einen Riegel, den ich umlegen konnte. Das Fenster ließ sich leicht nach oben schieben. Ich hatte mir Zugang zum Haus verschafft.

Nachdem ich in das Zimmer eingestiegen war und das Fenster wieder verschlossen hatte, setzte ich das fehlende Stück Glas mit äußerstem Fingerspitzengefühl wieder in die Öffnung ein. Dann machte ich eine Bestandsaufnahme all dessen, was sich in meiner Umgebung befand.

Sehen konnte ich eigentlich nicht viel, außer daß niemand in dem Schlafzimmer war. An einer Wand stand ein üppiges Himmelbett neben einem Kamin mit reichverziertem Sims. Von der Decke hingen samtene Stoffbahnen herab, und ich konnte nicht erkennen, ob das Schlafzimmer benutzt wurde oder nicht. Die drei Türen führten zu einem Einbauschrank, dem Badezimmer und dem Hauptkorridor im zweiten Stock. Die letzte Tür war nur angelehnt, so daß ich durch den Schlitz schauen konnte. Der hell erleuchtete Flur erstreckte sich über gut 20 Meter bis zur anderen Seite des Hauses. Auf halber Höhe mündete der Treppenaufgang ein. Ich öffnete den Spalt ein kleines Stück weiter und versuchte, mir den Grundriß wieder ins Gedächtnis zu rufen. Auf beiden Seiten des Flures waren in unmittelbarer Nähe zwei weitere

Schlafzimmertüren, und etwa sieben Meter weiter befanden sich noch zwei. Danach kam die Treppe und dahinter lagen wiederum fünf Türen, jeweils zwei auf jeder Seite und eine genau mir gegenüber am Ende des Flures.

Ich schloß die Tür und blickte auf meine Uhr. Es war gerade zehn. Das Botschaftspersonal würde wohl gegen Mitternacht im Bett sein, bis dahin mußte ich einfach warten.

Ich öffnete die Tür zum Einbauschrank und leuchtete mit der Taschenlampe hinein. Er war riesig und quoll über von Abendkleidern, Anzügen und Kostümen westlicher Machart. Ich drückte mich in die hinterste Ecke des Schrankes und verkroch mich hinter einem Vorhang aus teurem Stoff, wo ich schließlich meine Taschenlampe ausschaltete. Sollte das Zimmer wirklich bewohnt sein, würde ich warten müssen, bis die hier untergebrachten Gäste schliefen, bevor ich nach unten gehen konnte. Fürs erste konnte ich kein besseres Versteck finden, da es zu gefährlich gewesen wäre, den Flur zu durchqueren.

Eine Stunde war vergangen, und langsam kam mir die Absurdität der ganzen Situation zu Bewußtsein. Hier war ich nun als erwachsene Frau Anfang 20 und schlich durch eine zum Schein errichtete Botschaft, um einen Geheimdienst-Eignungstest zu bestehen. Das schien so weit entfernt von jenem normalen Leben zu sein, das ich einst gekannt hatte, von meiner Mutter und den von ihr gekochten Mahlzeiten, von meinem Vater, der es sich nach dem Essen gerne in seinem Lehnstuhl bequem machte, und von meinen mitteilungsbedürftigen Geschwistern. Was sie wohl im Augenblick taten? Dachten sie vielleicht gar auch gerade an mich?

Als sich die Schlafzimmertür öffnete und das Licht anging, wurde ich plötzlich aus meinen Gedanken gerissen. Ich hörte Schritte und Stimmen – die eines Mannes und einer Frau. Sie sprachen Japanisch, aber ich konnte nicht im einzelnen verstehen, wovon sie sprachen. Ich verkrampfte mich, mein Herz fing wie wild zu pochen an, und ich versuchte, mich noch weiter in den Schrank zu verkriechen, wobei mein AK 47 gegen die Wand schlug. Die Frauenstimme wurde lauter, und auf einmal wurde die Schranktür geöffnet und das Licht angeknipst. Obwohl die vor mir hängenden Kleider das Licht dämpften, brannte es mir in den Augen. Die Frau lachte, und ich glaube, sie erzählte etwas darüber, wie schlimm es war, ein halbes Jahr in Kairo leben zu müssen. Die Kleiderbügel wurden in meine Richtung geschoben, so daß die Kleider gegen mich drückten. Ich vernahm ein Rascheln, als die Frau ihr Kleid auszog, das sie dann in den Schrank hängte. Dann nahm sie wohl etwas von einem anderen Bügel herunter. Nachdem das Licht ausgeschaltet wurde, war alles um mich herum wieder stockfinster. Ihre Stimme entfernte sich. Ich fragte mich, ob der Mann wohl auch noch zum Schrank gehen würde, aber nachdem weitere Minuten vergangen waren, sah es nicht mehr danach aus. Ganz entfernt konnte ich mitbekommen, daß das Schlafzimmerlicht ausgemacht wurde, und bald darauf war es still.

Mein Puls raste noch immer. Ich würde noch eine weitere halbe Stunde warten müssen, um sicherzugehen, daß das Paar auch fest schlief, bevor ich mich irgendwohin wagen konnte. Ich schloß die Augen und lehnte meinen Kopf gegen die Wand. Es sah so aus, als erledigte ich meine Aufgabe höchstens sehr mittelmäßig, aber was konnte ich in Anbetracht der mir zur

Verfügung stehenden Zeit sonst tun? Sehr viel mehr Zeit zum Nachdenken hatte ich auch nicht, bevor ich dringend etwas unternehmen mußte.

Als, wie ich glaubte, eine angemessene Zeit verstrichen war, schob ich vorsichtig die Kleider auseinander und erhob mich. Die Schranktür war nur angelehnt, und nachdem ich einen Augenblick gelauscht hatte, öffnete ich sie langsam. Meine Augen hatten sich bereits an die Dunkelheit gewöhnt, so daß ich das in ungefähr fünf Meter Entfernung stehende Bett gut ausmachen konnte. Die beiden Personen konnte ich nur als grob verschwommene Schatten im Dunkel wahrnehmen. Der Mann schnarchte sehr laut, während ich über den Teppich zur Schlafzimmertür kroch. Plötzlich hörte ich ein Keuchen. Als ich mich umdrehte, sah ich, daß die Frau aufrecht im Bett saß. Kurz danach ging die Nachttischlampe an, so daß ich wegen der ungewohnten Helligkeit vor Schmerz die Augen zusammenkneifen mußte.

»Kein Wort!« schnauzte ich sie auf japanisch an und bewegte mich mit gezogener Pistole auf sie zu. Es handelte sich um eine Asiatin mittleren Alters mit einer extravaganten westlichen Dauerwelle. Sie trug ein apricotfarbenes Nachthemd, dem man von weitem ansah, daß es sehr teuer gewesen sein mußte. Ihr Mund stand offen, und sie preßte die Hände gegen ihr Gesicht. Als ich nur wenige Schritte entfernt war, lächelte sie auf einmal und nahm die Hände herunter.

»Ist schon gut«, sagte sie auf koreanisch. »Jetzt wären wir entweder tot oder bewußtlos gewesen. Du kannst uns als ausgeschaltet betrachten.«

Ich hielt verunsichert inne. »Mach dir keine Sorgen, Ok Hwa«, fuhr sie beschwichtigend fort. »Wir haben dich früher oder später sowieso hier erwartet. Ich bin schon beeindruckt, daß du mich nicht erschossen hast.«

Unter meiner Maske mußte nun auch ich schmunzeln . »Ich hoffe, Sie werden wenigstens das Licht wieder ausmachen und ruhig bleiben!«

»Selbstverständlich«, erwiderte sie. »Viel Glück!«

Der Mann hatte die ganze Zeit weitergeschnarcht und erweckte nicht den Anschein, irgend etwas von diesem Gespräch mitbekommen zu haben. Ich nahm meine Pistole wieder herunter und ging zur Tür. Das Licht war ausgeschaltet.

Ich schlüpfte durch die Tür in den Flur, wo nur noch die Nachtbeleuchtung brannte. Ich stahl mich hinüber zur Treppe, die in einem weiten Bogen zum Erdgeschoß führte. Die Stufen waren aus Marmor, aber die weichen Sohlen meiner Schuhe sorgten dafür, daß ich mich sehr leise fortbewegen konnte. Mit gezogener Pistole tastete ich mich nach unten vor in eine große Empfangshalle, geradewegs auf einen Wachmann zu, der an einem Schreibtisch nahe der Eingangstür saß.

Wir bemerkten einander im gleichen Augenblick, doch noch bevor er sich bewegen konnte, hatte ich die Pistole hochgenommen und ein paar Schüsse auf ihn abgegeben. Die Spuren der Farbpatronen waren auf der gesamten Vorderseite seines Hemdes und auf seiner linken Wange zu sehen. Im nächsten Moment grinste der Wachmann mich an und kippte nach vorne.

Unten an der Treppe angekommen, schaute ich mich um. Der schwach beleuchtete Flur zweigte zur Rechten wie zur Linken ab und war beidseitig von Türen gesäumt. Am Ende des linken Flures lag die Bibliothek, deren Tür geschlossen war. Unter der Tür schien kein Licht hindurch, so daß ich annahm, daß sich niemand mehr dort aufhielt. Ich schaute nach oben und entdeckte eine Überwachungskamera, die in meine Richtung schwenkte. Noch im selben Augenblick tauchte ich unter ihrem Sichtwinkel durch und rollte mich gegen die Wand, wo mir, als ich dort liegenblieb, etwa 50 Zentimeter oberhalb in der Wand ein magisches Auge auffiel. Mein Herz fing wieder an zu klopfen. Ich ging nicht methodisch genug vor, und mein nächster Fehler könnte mein letzter sein. Als die Kamera in die andere Richtung geschwenkt war, stand ich wieder auf und stürzte in den Flur in Richtung Bibliothek. Die Tür war verschlossen, und ich versuchte sie mit dem Dietrich zu öffnen. Eine lange Minute verging, bevor ich die Tür aufgestemmt hatte, in die Bibliothek geschlüpft war und die Tür wieder hinter mir schließen konnte.

Ich machte die Taschenlampe an. Der Safe sollte eigentlich hinter einem Bild nahe der Tür sein. Ich tastete mit dem Lichtstrahl die Wände ab, bis ich ein Landschaftsaquarell entdeckt hatte, das an einer entsprechenden Stelle hing. Nachdem ich das Bild abgehängt hatte, fand ich auch tatsächlich den Safe vor.

Ich setzte mein Bündel ab und entnahm ihm das Stethoskop, das ich an die Safetür anlegte. Ich drehte die Skala, horchte auf das Geräusch der Zähne und drehte, sobald ich das verräterische Klicken vernahm, in die andere Richtung. Nach einer Minute hatte ich den Safe geöffnet.

In seinem Inneren fand ich ein einziges Blatt Papier, das ich hastig aufnahm und überflog.

»Ok Hwa«, war dort auf japanisch zu lesen, »die Hälfte der Aufgabe hast du bereits geschafft! Wenn du heute früh Ausbilder Rae Hong wiedertriffst, sollst du ihm diesen Text möglichst im genauen Wortlaut so gut du kannst wiedergeben. Alles Gute!«

Ein Gefühl der Hochstimmung überkam mich, als ich das Blatt in den Safe zurücklegte und ihn wieder ordnungsgemäß verschloß. Ich hängte auch das Bild wieder an seinen Platz. Vielleicht würde ich diese verrückte Prüfung ja doch bestehen!

In diesem Moment hörte ich, wie der Kies auf der Auffahrt knirschte, blickte auf und sah einen mit hoher Geschwindigkeit auf die Botschaft zufahrenden Militärjeep. Völlig entsetzt machte ich sofort die Taschenlampe wieder aus und lief zum Fenster.

Woher wußten sie bloß?

Und dann fiel es mir wie Schuppen von den Augen: Ich war zwar dem Auge der Kamera entgangen, aber sicherlich nicht der leblose Körper des Wachmannes. Die Bremsen quietschten, als der Jeep vor dem Gebäude hielt und zwei Männer heraussprangen. Ich hörte, wie die Eingangstür aufging. Jetzt mußte ich handeln. Ich mußte sofort hier raus.

Ich versuchte es durch die Fenster. Sie waren alle verschlossen, ja offensichtlich sogar zugeklebt, und ich konnte die Holzrahmen nicht durchbrechen. Die einzige Möglichkeit war der Weg, den ich gekommen war, durch den Flur.

Ich hörte bereits die Schritte, die durch den Flur hallten. Einen Augenblick später wurde die Tür aufgestoßen. Ich kauerte mich nieder und wartete, noch konnten sie mich in dem dunklen Raum nicht erblikken. Ich hielt die Pistole auf sie gerichtet.

Plötzlich ging das Licht an. Ich feuerte sofort ein paar Schuß ab und traf die beiden draußen postierten Wächter. Sie ließen ihre Gewehre fallen und sanken, über und über von roter Farbe bedeckt, zu Boden. Ich schoß hoch, rannte an ihnen vorbei und lud im Laufen meine Pistole nach.

Ich dachte noch an das magische Auge im Vorraum und rollte darunter hindurch. Die Mühe hätte ich mir allerdings sparen können, denn die beiden Wachen hatten offensichtlich bereits alle alarmiert: Ich hörte schon Schritte aus dem oberen Stockwerk und Rufe von draußen. Ich lief aus der Vordertür heraus und sprintete quer über die Terrasse in Richtung Rasen. Sicher würde das Tor noch bewacht sein, so daß meine einzige Hoffnung darin bestand, das Gelände auf dem gleichen Weg wieder zu verlassen, auf dem ich es betreten hatte, indem ich mir eine andere Stelle der Mauer aussuchte. Ich war jedoch nur ein paar Meter weit gekommen, als die dreiköpfige Patrouille um die Ecke des Hauses bog. Die Wachen ließen sich sofort zu Boden fallen und hielten bäuchlings ihre Maschinengewehre im Anschlag. Ich konnte gerade noch hinter einer dorischen Säule Deckung finden, als eine Salve Farbpatronen im Stein neben mir einschlug. Ich löste mit einer Hand das AK 47 aus dem Halfter und feuerte, noch immer die Pistole in der anderen Hand haltend, eine Salve in ihre Richtung. Anschließend raste ich über die Terrasse und gab dabei sporadisch Schüsse auf sie ab. Ich hörte einen überraschten Schrei und eine schmerzverzerrte Stimme – einen hatte ich wohl erwischt! Am Ende der Terrasse angekommen, sprang ich über die Brüstung und lief sofort auf dem Rasen weiter, verfolgt von zwei Wachmännern, die weiterhin ihre Maschinengewehre auf mich abfeuerten. Ein paar Schüsse schlugen nahe meinen Füßen am Boden ein. Ich drehte mich um und feuerte im Weiterlaufen die restliche Munition aus dem Gewehr auf sie ab. Ich hatte sie zwar nicht getroffen, aber sie waren gezwungen, sich zu Boden fallen zu lassen, so daß ich ein wenig Zeit gewann. Ich erreichte die Mauer, die einen großen Schatten auf den Rasen warf und rannte im Vertrauen darauf, daß mir die Dunkelheit Schutz geben würde, ein Stück an ihr entlang.

Schließlich stoppte ich und lud das AK 47 neu. Ich nahm das Seil, warf es über die Mauer, zog es zurück, bis der Haken gegriffen hatte, und warf sowohl den Rucksack als auch das AK 47 über die Schulter. In diesem Augenblick hörte ich etwas, das mir das Blut in den Adern gefrieren ließ: wildes, ununterbrochenes Bellen, das von sehr wütenden Hunden zu kommen schien.

Sie waren am Haus losgelassen worden und kamen immer näher.

Zu Tode erschrocken begann ich mich an der Wand hochzuziehen. Vor lauter Angst fühlten sich meine Arme kraftlos und butterweich an, und meine Füße rutschten an der Mauer ab. Ein Rufen – ich war entdeckt worden. Die Hunde waren bereits in unmittelbarer Nähe. In schierer Verzweiflung zog ich mich keuchend auf die Mauer herauf und warf mich darüber. Ich konnte nur noch eine schwerfällige Landung auf der anderen Seite bewerkstelligen, als ich auch schon die Hunde an der Stelle bellen hörte, an der ich noch einen Augenblick zuvor gestanden hatte.

Ich holte einen Moment tief Luft, bevor ich entlang der Mauer in Richtung Kiefernwald losrannte. In der rechten Hand hielt ich eine Pistole und wartete auf das erste Anzeichen für eine Wache. Es kam auch prompt, als ich keine zehn Meter mehr von der südöstlichen Ecke des Grundstücks entfernt war, eine weitere Patrouille in Sicht. Mit einem Schrei gab ich sieben oder acht Schüsse auf sie ab, ohne daß ich dabei langsamer lief. Sie versuchten noch zurückzuweichen, aber ich schoß die ganze Pistole leer, bis die Wachen auf einem Haufen lagen und vollständig mit Farbe bedeckt waren.

»Gut gemacht!« hörte ich einen von ihnen rufen, als ich an den beiden vorbeirannte.

Ich lief weiter in den Wald, angelte mit meiner freien Hand nach der Taschenlampe und machte sie an. Ich hatte das Gefühl, mein Herz würde zerspringen und wußte, daß ich eigentlich unbedingt eine Pause einlegen mußte, aber zunächst wollte ich erst einmal etwas Land gewinnen. Es widerstrebte mir zwar, die Taschenlampe zu benutzen, aber mir blieb keine andere Wahl, wenn ich nicht innerhalb der nächsten Sekunden gegen einen Baum laufen wollte. Nach ungefähr dreißig Metern blieb ich stehen, ließ mich gegen einen Baum sinken und machte meine Taschenlampe aus. Nie zuvor in meinem Leben war ich so außer Atem gewesen, und ich hatte das Gefühl, als schlüge ein Preßlufthammer in meiner Brust und meinem Hals.

Völlig benommen lud ich die Pistole wieder neu und fragte mich, wann ich wohl wieder würde weiterlaufen können.

Ich hatte nicht mehr viel Zeit, noch länger darüber nachzudenken, da ich aus der Ferne ein Bellen vernahm, woraus ich sofort schloß, daß sie die Hunde wieder auf meine Fährte gesetzt hatten.

Wankend stand ich auf und lief weiter. Da die Hunde an der Leine gehalten wurden, konnten sie selbst nur so schnell vorankommen wie meine Verfolger. Ich machte die Taschenlampe wieder an und rannte weiter, indem ich immer wieder zwischen den Bäumen Deckung suchte. Es würde noch ein paar Minuten dauern, bis sie meine Fährte aufgenommen hätten – Zeit genug, sie abzuhängen, vorausgesetzt, daß ich keine Fehler machte.

400 Meter weiter kam ich an einen Bach, der nur etwa einen Meter breit war. Ich stieg hinein und watete bachaufwärts, wobei meine Füße das eiskalte Wasser kaum aushielten. Nachdem ich so ein ganzes Stück weit gelaufen war, sprang ich auf die andere Seite des Ufers und setzte meinen Weg durch den Wald fort. Nun suchte ich nach einem Baum, auf den ich klettern konnte, was in einem Kiefernwald glücklicherweise kein Problem ist.

Fünf Minuten später thronte ich ziemlich weit oben auf einem riesigen Baum und konnte noch immer das entfernte Bellen der Hunde hören und sogar die flakkernden Taschenlampen sehen. Aber meine Verfolger hatten tatsächlich meine Fährte, wenn sie sie überhaupt aufgenommen hatten, spätestens am Bach verloren. Während ich wartete und verschnaufte, sah ich, wie sie wieder in Richtung Botschaft zogen. Sie hatten die Suche abgebrochen.

Ein Seufzer der Erleichterung durchfuhr mich, und sogar ein paar Tränen rannen mir das Gesicht herunter. Ich war durch und durch erschöpft und geistig völlig ausgelaugt. Ein Blick auf meine Armbanduhr verriet mir, daß es 2.20 Uhr war. Ich hatte noch immer einige Kilometer vor mir und weniger als vier Stunden Zeit für meine Rückkehr. Ich stieg vom Baum herunter und nahm Kompaß und Taschenlampe zur Hand. Es war Zeit weiterzugehen.

Wie aus Macht der Gewohnheit setzte ich ganz mechanisch einen Fuß vor den anderen. Ich war schweißgebadet gewesen und in der kühlen Nachtluft war mir jetzt sehr kalt und klamm. Ich dachte an nichts Besonderes und spürte auch keine Eile mehr. Mein Kopf war zu nichts mehr fähig. Ich konnte nur weiterlaufen im Vertrauen darauf, daß ich irgendwann im Lager landen würde.

Es war 5.00 Uhr morgens, als ich am Bergpfad von Keumsung ankam. Meine Beine, besonders meine Knie und Fußgelenke, taten unglaublich weh, und ich begann, mich fiebrig zu fühlen. Ich schleppte mich weiter den Pfad hinunter, bis ich im Hof angekommen war. An diesem Punkt weinte ich fast vor Erleichterung und hatte nur noch das Bedürfnis, mich in mein Bett zu legen und mindestens ein oder zwei Tage hindurch nur zu schlafen.

Ich öffnete die Tür zu unserem Haus und taumelte hinein. Rae Hong und Myung hatten auf mich gewartet und waren auf dem Sofa eingenickt. Als ich eintrat, schreckten sie auf und blickten mich mit vor Erwartung weit geöffneten Augen an.

Einen Tag später, wenn alle Berichte ausgewertet sein würden, sollte ich erfahren, daß ich für die praktische Prüfung 98 Punkte erhielt, eine der höchsten Punktzahlen, die jemals vergeben worden waren. Weil ich gezwungen gewesen war, soviel Wachposten zu erschießen und darüber hinaus soviel Durcheinander verursacht hatte, bekam ich nicht die volle Punktzahl.

In diesem Augenblick konnte ich jedoch nur wie ein Roboter die Worte wiederholen, die sich mir ein paar Stunden zuvor irgendwie ins Gedächtnis gebrannt hatten: »Ok Hwa, die Hälfte der Aufgabe hast du bereits geschafft! Wenn du heute früh Ausbilder Rae Hong wiedertriffst, sollst du ihm diesen Text möglichst im genauen Wortlaut so gut du kannst wiedergeben. Alles Gute!«

Das letzte, woran ich mich noch erinnern konnte, bevor ich zu Boden glitt und bewußtlos wurde, war Rae Hongs Lächeln.

FÜNFTES KAPITEL

In den Jahren vor meiner Rekrutierung als Geheimagentin und vor dem Attentat auf den Flug 858 bekam ich zwei wichtige Aufträge, die als Vortest für meine Eignung als internationale Agentin gedacht waren.

Im Juli 1984, als ich bereits Expertin im bewaffneten wie auch im unbewaffneten Kampf geworden war, besuchte mich eines Tages Spezialagent Chung, der am frühen Morgen in seinem schwarzen Mercedes vorfuhr. Da es Sonntag war, hatte ich den Tag frei und entspannte mich in der Bibliothek mit der Lektüre von Band 26 der *Ausgewählten Schriften Kim Il Sungs*. Als Wul Chi Agent Chung hereinführte, war ich so verblüfft über sein plötzliches Erscheinen, daß ich richtig von meinem Stuhl hochsprang.

»Genossin Ok Hwa«, begrüßte er mich freundlich und streckte mir seine Hand entgegen. »Wie schön, Sie wiederzusehen. Ich habe gehört, Sie haben hier recht große Fortschritte gemacht.«

»Vielen Dank«, antwortete ich und schüttelte seine Hand.

»Ich möchte, daß Sie in einer Viertelstunde gepackt haben«, fuhr er fort. »Nur ein paar Kleider, mehr brauchen Sie nicht. Wenn Sie fertig sind, treffen wir uns vor der Tür.«

»Sehr wohl«, erwiderte ich und versuchte vergeblich meine Überraschung und meine Besorgnis zu verbergen. »Ich brauche nicht lange.«

Kurze Zeit später bahnte sich der Mercedes seinen Weg entlang der Bergstraße. Chung stellte ein paar höfliche Fragen über meine Tätigkeiten, machte aber von sich aus keine Angaben darüber, wo wir hinfuhren und weshalb. So fragte ich mich schließlich, ob ich aus dem Lager entlassen und deportiert wurde – was für eine Nordkoreanerin, die aus heiterem Himmel von einem Parteifunktionär besucht wurde, kein allzu abwegiger Gedanke war. Trotz seiner Zurückhaltung schien Chung jedoch gutgelaunt zu sein, so daß ich es nicht mehr für ganz so wahrscheinlich hielt, verhaftet zu werden.

Als wir die Geheimdienstzentrale erreicht hatten, wurde ich in das Büro des Abteilungsleiters Kwang geführt. Kwang war ein großgewachsener, junger Mann, der etwas vorzeitig eine Glatze bekam und trotz der Tatsache, daß wir uns im Inneren eines Gebäudes befanden, eine Sonnenbrille trug. In seinem Büro war ebenfalls ein kleiner, älterer Mann zugegen, mit längerem, schlohweißem Haar und einem Gesicht, das wie zerknülltes Butterbrotpapier aussah. Sie erhoben sich beide, als wir eintraten, was dem alten Mann offensichtlich recht schwerfiel.

Abteilungsleiter Kwang stellte ihn mir als Kim Seung Il vor, »einen der hervorragendsten Spezialagenten in der Geschichte des Geheimdienstes. Behandeln Sie ihn wie Ihren eigenen Großvater, Ok Hwa. Sie werden viel Zeit miteinander verbringen.«

Nachdem wir alle Platz genommen hatten, hob Kwang an, den Grund für diese Zusammenkunft zu erläutern.

»Sie beide werden für ungefähr einen Monat ins Ausland reisen. Für Sie, Ok Hwa, besteht der Zweck der Übung darin, praktische Erfahrung zu sammeln. Sie werden in viele europäische und asiatische Städte kommen, und ich möchte, daß Sie sich daran gewöhnen, inkognito von Land zu Land zu reisen. Es ist auch an der Zeit, daß Sie mit anderen Kulturen konfrontiert werden, und ich möchte, daß Sie sich während

Ihrer Reise genaue Aufzeichnungen machen. Das wird Ihnen die beste Gelegenheit geben, uns zu beweisen, daß wir Ihnen in den kommenden Jahren höchst geheime Missionen anvertrauen können.«

»Sie werden als japanischer Vater mit seiner Tochter reisen. Da sie beide die japanische Sprache bestens beherrschen, werden sie als Touristen auf einer Reise durch Europa eine ideale Tarnung haben. Sie werden nach Moskau, Budapest, Wien, Kopenhagen, Frankfurt, Zürich, Genf, Paris, Macau, Gwangjou und Peking reisen. In den kommunistischen Ländern werden Sie nordkoreanische Diplomatenpässe benutzen, aber in Europa verwenden Sie auf die Namen Shinichi und Mayumi Hachiya lautende, gefälschte japanische Pässe. Shinichi wird sich als Vizepräsident von Ohoi Transportation ausgeben, und Mayumi als Absolventin des Yaoyama Women's Colleges mit einem Abschluß im Fach Hauswirtschaft. Die vollständigen Angaben können Sie aus den Informationsmappen entnehmen, die wir Ihnen beiden noch überreichen werden, aber für den Moment wissen Sie nun erst einmal, worum es gehen wird.«

»Ok Hwa, ich sollte vielleicht noch erwähnen, daß Sie auf dem letzten Teil der Reise alleine unterwegs sein werden. Wenn Sie Europa in Richtung China verlassen, wird Seung Il noch einen Tag länger bleiben und anschließend alleine nach Seoul fliegen, wo er einen eigenen Auftrag ausführen wird. Ihre Reise nach China dient sowohl als Ablenkungsmanöver für jeden, der sich eventuell für Sie beide als Paar interessieren könnte, als auch als Test, ob wir Sie alleine reisen lassen können.«

Ich hörte ihm aufmerksam zu und wurde langsam, aber sicher immer aufgeregter. Endlich, nach endlosen Jahren der Ausbildung – zumindest waren sie mir so vorgekommen – sollte ich praktische Erfahrungen machen. In Keumsung gab es auch Agenten in Ausbildung, die bereits seit zehn oder fünfzehn Jahren auf ihren ersten richtigen Einsatz warteten, und ich hatte nur vier Jahre warten müssen. Natürlich war ich auch völlig überwältigt und eingeschüchtert vor lauter Sorge in Anbetracht der großen Verantwortung, die mir übertragen wurde. Meine letzte und einzige Auslandsreise hatte mich nach Kuba geführt, aber die meisten Nordkoreaner kamen niemals aus dem Land heraus. Jede einzelne Anforderung, die eine solche Reise mit sich bringen würde – Flughäfen, Hotels, Geldwechseln –, lag vor mir wie ein großer Berg, von dem ich nicht sicher war, ob ich ihn erklimmen konnte, ganz zu schweigen davon, daß wir die westlichen Länder illegal als feindliche Spione bereisen würden.

Tatsächlich dauerte es noch einige Wochen, bis alle Reisevorbereitungen getroffen waren, und ich verbrachte meine Zeit damit, japanische Modezeitschriften und Filme zu studieren, damit die Art, wie ich mich kleidete, schminkte und benahm, auch glaubwürdig und authentisch wirkte. Ich mußte auch eine Reihe internationaler Reiseführer lesen. Durch all diese Informationen fühlte ich mich sicherer und kultiviert. Ich spürte, daß ich auf dem besten Weg war, eine Meisterspionin zu werden, die es den legendären Agenten des KGB und des nordkoreanischen Geheimdienstes, über die wir so viele Filme gesehen hatten, gleichtun könnte. Mich erfüllte richtiger Stolz.

Während die meisten Frauen meines Alters sich nur darauf freuen konnten, Hausfrau und Mutter zu werden, würde ich in der Welt umherreisen. Wie wenig ahnte ich doch, daß ich Jahre später ganz anders darüber denken würde.

An den europäischen Teil der Reise kann ich mich heute nur noch sehr verschwommen erinnern. Was waren wohl meine ersten Eindrücke von kapitalistischen Ländern? Sehr beeindruckt war ich davon, daß die Städte in der Regel sehr sauber waren, und wir überall gut bedient wurden. Am meisten verblüffte mich natürlich die unvorstellbare Vielfalt der in den Geschäften erhältlichen Waren. Wenngleich mir Luxusgüter wie Schmuck völlig fremd waren, beeindruckte mich am allermeisten, daß in den Geschäften so viele verschiedene Lebensmittel angeboten wurden. Und es gab *so viel* von allem!

Aber voller Überzeugung hielt ich trotz alledem an dem in mir tief verwurzelten Glauben fest, daß die europäischen Städte korrupt, dekadent und minderwertig waren. In Kopenhagen und Paris stießen mich die Unmengen von Pornoläden und die allgegenwärtigen Prostituierten förmlich ab. In der Schweiz war ich entsetzt von dem, was ich als Auswuchs eines geradezu grotesken Reichtums empfand – Nerzmäntel, Daimler-Limousinen, Diamantohrringe. Zweiundzwanzig Jahre lang war ich in dem Glauben aufgewachsen, daß alles, was den Westen betraf, böse sei, folglich sah ich auch diese neue Welt durch eine ideologisch verdunkelte Brille.

Darüber hinaus verhinderte auch unsere Verkleidung, daß ich an diesen Städten Gefallen fand. Ins Ausland zu reisen war an sich schon fremd und verwirrend, ja sogar einschüchternd, ich jedoch mußte mich zu alledem auch noch ständig darauf konzentrieren, die Rolle einer Person zu spielen, die ich nicht war. Seung Il und ich besuchten zwar die wichtigsten

Sehenswürdigkeiten, wie es auch von uns verlangt wurde, um unsere Tarnung aufrechtzuerhalten, doch beschlich mich jedesmal, wenn wir einen Polizisten sahen, ein sehr ungutes Gefühl. Als besonders bedrohlich empfand ich die allgegenwärtigen japanischen Touristen, von denen einige versuchten, uns in ein Gespräch zu verwickeln. So konnte ich mich während der ganzen Reise nie völlig entspannt fühlen.

Dennoch mußte selbst ich mir eingestehen, daß ich von der Schönheit Europas beeindruckt war. Ganz besonders die Schweiz empfand ich als atemberaubend schön. Ich verliebte mich vom ersten Augenblick an in die Alpen, und unser Hotel am Genfer See schien unmittelbar von einer Postkarte zu stammen. Ich erinnere mich noch an eine Gruppe indischer Touristen, die voller Verzückung den Schnee berührten, den sie nie zuvor gesehen hatten.

Zur Deckung unserer Spesen hatten wir zehntausend Dollar erhalten, und es wurde erwartet daß wir sowohl für unsere Vorgesetzten in der Abteilung als auch für unseren Präsidenten Geschenke mit zurück nach Nordkorea brachten. Wie ich hörte, war es allgemein unter Agenten üblich, es auch entsprechend zu würdigen, wenn man ins Ausland geschickt wurde. Gemessen an westlichen Standards waren unsere Geschenke eher bescheiden – in der Regel handelte es sich um praktische Dinge wie Kugelschreiber und Feuerzeuge, die es in Nordkorea kaum einmal zu kaufen gab. Eigentlich durften wir für uns selbst kein Geld ausgeben, sofern dies nicht für die Ausführung eines Auftrages notwendig war, aber mein Kollege Kim kaufte sich dennoch eine teure vergoldete Armbanduhr. Armbanduhren waren in Nordkorea ein kostbares Vermögen, und eine zu besitzen, flößte anderen Nordkoreanern viel Respekt ein. Später erzählte er mir, daß seine Familie diesen Kauf als den besten erachtet hatte, den er je getätigt habe.

Ich selbst hätte furchtbar gerne in Genf die Figur einer kleinen Nixe gekauft, da sie allerdings einen nackten Oberkörper hatte, wußte ich, daß ich sie niemals nach Pjöngjang würde mitnehmen können. Statt dessen kaufte ich eine Halskette mit einem goldenen Kreuz als Anhänger. Das Symbol des Kreuzes bedeutete mir nichts, aber Seung Il schaute mich mit großen Augen an, als ich es trug, enthielt sich aber eines Kommentars. Interessanterweise gratulierte mir Abteilungsleiter Kwang bei meiner Rückkehr zu diesem Kreuz, da er es als perfekten Beitrag zu meiner Tarnung wertete. Ich erwähnte natürlich nicht, daß ich es aus reinem Vergnügen gekauft hatte.

Zugegebenermaßen erlahmte ein Teil meines »Professionalismus« als Agentin, wenn ich denn überhaupt einen besessen haben sollte, in der Schweiz etwas. Die Landschaft war so märchenhaft schön, daß ich überhaupt nicht mehr weg wollte.

In Paris mußten Kim und ich getrennte Wege gehen, aber wir verbrachten ein paar Tage zusammen als Touristen verkleidet. Bestimmte Dinge in Paris beeindruckten mich sehr, ganz besonders der Chic der Pariserinnen. Voller Erstaunen registrierte ich, daß sich Frauen mittleren Alters hier genauso gewagt kleideten wie Zwanzigjährige. Ich bewunderte auch die prächtigen alten Gebäude. Diese positiven Eindrücke wurden jedoch reichlich getrübt, als ein Motorradfahrer mir beim Überqueren der Straße meine Handtasche entriß und mit ihr davonfuhr. Ganz zu schweigen von dem Taxifahrer, der unsere Unkenntnis der Stadt schamlos ausnutzte und so lange kreuz und quer durch alle Straßen fuhr, bis wir hundert Dollar bezahlen mußten.

Die ganze Reise über war Seung Il ein perfekter Gentleman. Obwohl wir uns ein Hotelzimmer teilten, machte er keinen einzigen Annäherungsversuch oder auch nur eine anzügliche Bemerkung. Vor Antritt unserer Reise hatte ich mir diesbezüglich einige Gedanken gemacht und mir vorgenommen, mich meiner Kampfsportkenntnisse zu bedienen und ihn bei der ersten Unkorrektheit eines Besseren zu belehren. Seung Il war ein gestandener Agent, aber er war alt, und ich zweifelte nicht daran, daß ich zur Not mit ihm fertig werden könnte. Entgegen all meinen Befürchtungen verhielt er sich mir gegenüber wie ein richtiger Vater. Es war sehr beruhigend, meinen ersten Auftrag in Begleitung eines so berühmten und erfahrenen Agenten ausführen zu können, der meine Zweifel zerstreuen konnte, wenn ich mir soviel Sorgen um die Glaubwürdigkeit unserer Tarnung machte. Er war schon einige Male in Europa gewesen und verfügte über jene Art von Selbstvertrauen, wie sie nur durch langjährige Erfahrung entsteht.

Wir waren zwar angewiesen worden, uns nichts Persönliches zu erzählen, aber es ließ sich nicht umgehen, daß wir doch ein wenig über das Leben des anderen erfuhren. Seung Il war verheiratet und hatte bereits erwachsene Kinder. Er war schon so lange im Geheimdienst, daß er sich nicht mehr daran erinnern konnte, wann er eingetreten war. Durch seine Aufträge war er bereits überall auf der Welt gewesen, selbst in Amerika. Ich spürte, daß hinter seiner rauhen, aber zerbrechlichen Schale ein sehr liebenswürdiger Mensch steckte, wenngleich er natürlich mit ziemlicher Sicherheit in seinem lebenslangen Kampf für den Kommunismus bereits mehrere Menschen getötet haben mußte. Er war etwa Ende 60 und hatte Probleme mit dem Magen. Ich glaube, mit der Zeit waren wir einander mehr ans Herz gewachsen, als es zwischen Berufskollegen üblich ist. Wir machten uns sogar Gedanken über das persönliche Wohlergehen des anderen, als wären wir wirklich miteinander verwandt.

Als ich Paris verlassen mußte, begleitete mich Kim noch zum Flughafen Charles de Gaulle, von wo aus ich nach Macau fliegen sollte. Ich hatte zwar etwas Angst davor, nun auf mich selbst gestellt zu sein, versuchte aber, mir nichts anmerken zu lassen. Ich wollte vermeiden, daß in Kims Bericht nach unserer Rückkehr etwas über eine verheulte junge Frau zu lesen sein würde.

»Paß auf dich auf, Ok Hwa«, sagte er, als wir an der Sicherheitskontrolle angekommen waren, von wo aus ich alleine weitergehen mußte. »Agent Chung wird dich in Macau abholen und dir helfen, nach Gwangjou zu kommen. Bitte richte ihm aus, daß ich ihn am 26. September treffen werde.«

»Alles Gute, Seung Il«, antwortete ich und umarmte ihn. »Werden wir uns wiedersehen?«

Er lachte. »Eigentlich bin ich ja im Ruhestand«, erwiderte er. »Ich hoffe es aber sehr.«

Wir sollten uns natürlich wiedertreffen, allerdings bei einer Mission mit viel fataleren Folgen.

Jahre später erfuhr ich, daß Kim Seung Il, nachdem wir uns getrennt hatten, gerade noch mit dem Leben aus Südkorea davongekommen war. Seine Kontaktperson in Seoul war Minuten vor dem geplanten Treffen mit ihm aufgeflogen. Dem Kontaktmann gelang es, sich in einen Schönheitssalon zu flüchten und sich zu erschießen, bevor die ihn verfolgenden südkoreanischen Agenten und Polizisten ihn fassen konnten. Seung Il mußte natürlich sofort aus Seoul fliehen und schaffte es gerade noch, bevor alle Hauptstraßen, die aus der Stadt herausführten, abgesperrt wurden. Die Südkoreaner hatten offensichtlich Informationen über ihn erhalten, was in Pjöngjang für einigen Aufruhr sorgte, da in unserem Geheimdienst ein Verräter vermutet wurde.

In Macau wußte ich natürlich nichts von alledem und kümmerte mich nur um die Ausführung meines Auftrages. Agent Chung holte mich am Flughafen ab und zeigte mir ein paar Tage lang alles, was auf der Insel zu sehen war. Er erwähnte, ich könne, wenn alles gut ginge, später einmal einen Auftrag in Macau erhalten und sollte mir alles gut merken. Macau war ein Mekka des Kapitalismus wie Hongkong, voller Spielkasinos und teuren Hotels. Da es aber eine asiatische Stadt war, fühlte ich mich nicht so fremd wie zuvor in Europa.

Wirklich Angst bekam ich erst, als Chung mich in den Zug nach Gwangjou gesetzt hatte. Für die nächste Woche würde ich vollkommen auf mich alleine gestellt sein.

Glücklicherweise kam mir China jedoch nicht so fremd vor, wie ich befürchtet hatte. Schließlich handelte es sich um ein Nachbarland Nordkoreas, ein kommunistisches noch dazu. Mich interessierte, wie die normalen Chinesen lebten. Es ermutigte und bedrückte mich zugleich festzustellen, daß sie ein besseres Leben führten als wir Nordkoreaner. Nordkorea kam mir wie das ärmste Land der Welt vor. In China waren wenigstens die Ladenregale voll, die Restaurants preiswert und der Service gut.

Ich blieb zwei Tage in Gwangjou, bevor ich nach Peking weiterreiste. Peking war voller Menschen, die sich hauptsächlich mit dem Fahrrad fortbewegten. Es schienen Millionen von Fahrrädern zu sein. Auch hier beobachtete ich genau, wie die Menschen lebten. Der Lebensstandard war zwar bei weitem nicht so hoch wie in Europa, lag aber immer noch erheblich über dem Pjöngjangs. Lebensmittel schienen in größeren Mengen vorhanden zu sein, ja selbst kleinere Luxusartikel waren auf dem Schwarzmarkt zu kaufen. Ich schämte mich für mein Land.

Vor meiner Abreise aus Peking kaufte ich im Duty-free-Shop am Bahnhof noch ein paar Geschenke für die Funktionäre in Pjöngjang: fünf Schachteln mit Kräutermedizinfläschchen, zwei Flaschen Cognac und eine Schachtel mit Bleistiften. So langsam wuchs in mir das Gefühl, daß ich wirklich in einem seltsamen Land lebte.

Das Aufschlußreichste an meiner Europareise war vielleicht meine eigene Bewertung, die ich meinen Vorgesetzten einreichen mußte, und die mir im nachhinein absurd vorkommt:

> Meine Reise in die kapitalistischen Länder Europas hat nur noch bestätigt, was ich bereits über sie gelernt hatte. Es ist absolut wahr, daß nur einige wenige ein gutes Leben führen können und daß normale Bürger ein schreckliches Dasein fristen. Es war die reine Hölle.
> Den Gegensatz zu den grell erleuchteten Straßen mit ihren Neonlichtern bilden dunkle Gassen, in denen Menschen wie Tiere hausen.
> Ich habe Gourmetrestaurants gesehen, die nur von Kapitalistenschweinen frequentiert werden,

die sich vom Blut und Schweiß der Massen ernähren. Der bloße Anblick ihrer Hunde, die besser zurechtgemacht sind als die normalen Menschen, spiegelt auf sehr traurige und ekelhafte Weise ihre mißratene Gesellschaft wider.
Ich bin stolz darauf, daß die Bürger Nordkoreas gemeinsam leben, arbeiten und studieren und es ihnen an nichts mangelt. Ich bin mehr denn je entschlossen, mein Leben unserem sozialistischen Idealstaat zu widmen und ihn vor unseren Feinden zu schützen.
Es ist mir eine Ehre und ein Privileg, dem Großen Führer in der mir zugedachten Rolle dienen zu dürfen. Ich empfinde ewige Dankbarkeit dafür, das Glück gehabt zu haben, in Nordkorea geboren zu sein.

Darüber hinaus mußte ich auch noch eine Bewertung meiner eigenen Leistung und der Kim Seung Ils geben. Von Agenten wurde erwartet, daß sie einander genauso streng beobachteten wie ihre Umgebung, und es wäre undenkbar gewesen, nicht reichlich Selbstkritik und Kritik an Seung Il zu üben.

Ich muß wohl nicht erwähnen, daß ich nur schwer Worte finden konnte.

SECHSTES KAPITEL

Nach jeder Auslandsreise muß ein Spezialagent einen dreimonatigen Ideologiekurs besuchen, um wieder im eigenen Engagement für die sozialistischen Ideale bestärkt zu werden. Zumindest für mich war es jedoch überraschend, daß ich die wohlhabenden und sorglosen Gesellschaften, die ich in Europa zurückgelassen hatte, nicht völlig diskreditieren oder vergessen konnte. Immer wieder kamen Erinnerungen an die Geschäfte, in denen es alles zu kaufen gab, und an die gutgekleideten Menschen in mir hoch.

Sook Hee hatte mich zwar um meinen Auftrag beneidet, freute sich aber, mich wiederzusehen. Bald sprachen wir wie alte Freunde miteinander, und auch ich war froh, wieder bei ihr zu sein. Eigentlich hätte ich mit niemandem über meine Reise sprechen dürfen, aber ihr mußte ich wenigstens erzählen, wo ich gewesen war.

Da eine neue Anordnung besagte, daß jeder Agent drei Fremdsprachen sprechen sollte, mußte ich nun auch noch Chinesisch lernen. Einige Monate später erfuhren Sook Hee und ich, daß wir in Gwangjou stationiert werden sollten, um die Sprache noch besser zu lernen und anschließend für ein halbes Jahr nach Macau gehen würden. Wir waren völlig begeistert, ins Ausland gehen zu dürfen, noch dazu zusammen.

In Gwangjou wohnten wir im Haus des Agenten Park Chang Rae, der uns mit den Tücken des kantonesischen Dialekts vertraut machte und uns bei der Eingliederung in die chinesische Gesellschaft half. Es war unglaublich heiß, ungefähr 38 °C, und die Straßen waren voller Leute. Samstags fragte Chang Rae den

Stoff der gesamten Woche ab, um sicherzugehen, daß wir auch gut vorankamen.

Es war ein sehr glückliches Jahr. Wir hatten ziemlich viel persönliche Freiheit, unser Gastgeber war freundlich und rücksichtsvoll, und es gab viele Gelegenheiten, interessante Menschen kennenzulernen. Wir waren zum ersten Mal wirklich ohne Aufsicht. Die Freundschaft zwischen Sook Hee und mir wurde noch enger, und wir sprachen viel vertraulicher über unsere Kindheit, als unseren Vorgesetzten recht gewesen sein konnte.

Sook Hee wollte später einmal heiraten; ich dagegen wußte nicht so ganz, was ich davon zu halten hatte. Ich hatte auch noch nicht soviel darüber nachgedacht, da die Partei bei mir immer an erster Stelle stand. Aber schließlich schien ich ja auch auf meiner beruflichen Laufbahn schneller voranzukommen als sie. Sook Hee war gescheit, aber nicht überdurchschnittlich intelligent. Ihr auffallend gutes Aussehen war vermutlich der Hauptgrund für ihre Rekrutierung zum Geheimdienst gewesen. Sie war auch sehr viel häuslicher veranlagt als ich und träumte davon, Hausfrau und Mutter zu sein. Zuweilen hielt sie auch mit ihrer Kritik an Nordkorea nicht allzusehr hinter dem Berg.

»Selbst in China geht es den Leuten so viel besser als bei uns«, beschwerte sie sich eines Abends bei mir, als wir wegen der schwülen Hitze noch wach auf unseren Betten lagen. »Wie war es in Europa, Ok Hwa? Bitte erzähl' es mir.«

»Du weißt, daß ich das nicht darf.«

»Ach, komm schon, es erfährt doch niemand!«

Ich dachte eine Weile darüber nach und fühlte mich hin und her gerissen. »Also gut. Im Westen ist nicht alles perfekt, weit gefehlt! Da gibt es Sachen, die es in Nordkorea niemals gäbe: Prostituierte, Mörder, Bettler auf den Straßen. Und dennoch fehlt es mir in gewisser Weise. Aber was hilft es, darüber zu sprechen? Wir sitzen hier fest.«

»Wenn ich jemals nach Europa geschickt werde, werde ich überlaufen«, sagte sie.

Ich war schockiert. »Sook Hee!«

»Nein, wirklich. Ich habe gehört, daß es dort zehnmal soviel Lebensmittel gibt wie hier, daß dort jeder ein Auto hat, und man jeden Beruf wählen kann, den man sich wünscht, Ok Hwa.«

Ich war verwirrt und auch ein wenig ärgerlich auf sie. Ich wußte nicht, was ich erwidern sollte. Was sie sagte stimmte, aber ich wollte sie nicht auch noch ermutigen.

»Ich möchte einen Europäer heiraten, am liebsten einen blonden. Ich möchte in meinem eigenen Haus wohnen. Ich muß nicht reich sein. Ich möchte nur ... *frei sein*.«

Ihr Ausbruch führte dazu, daß ich mir Sorgen um sie machte. »Sook Hee, wir leben nun einmal in einem Land, das sich noch entwickelt. Eines Tages wird es in Nordkorea den gleichen Luxus geben, nur daß jeder ihn genießen kann und nicht nur die Reichen. Und außerdem paßt du besser auf, was du sagst. Wenn dich jemals ein Parteifunktionär so reden hört, bekommst du Ärger.«

Nichts von dem, was sie oder ich während unserer Ausbildung oder in China erlebt hatten, hätte uns für Macau vorbereiten können.

Wir lebten tatsächlich auf uns alleine gestellt in einer kapitalistischen Gesellschaft. Wir hatten eine

Wohnung und ein Bankkonto. Wir zahlten Rechnungen und kauften Lebensmittel ein. Wir besuchten Nachtclubs, um die Kultur Macaus in uns aufzunehmen. Alles war so schwindelerregend neu für uns – und machte obendrein viel Spaß.

Bei meinem ersten Besuch hatte ich fast nichts über Macau erfahren, aber ich gewöhnte mich bald an das tägliche Leben. Wir freundeten uns mit niemandem an, da wir Order erhalten hatten, unter uns zu bleiben. Wir waren nicht als Touristen gekommen, sondern sollten Kantonesisch üben und lernen, um in die Rolle von Chinesen zu schlüpfen. Es war nicht auszuschließen, daß wir von nordkoreanischen Agenten beobachtet wurden. Entsprechend waren wir immer auf der Hut.

Hierzu bedurfte es aber enormer Selbstdisziplin, an der es uns zuweilen mangelte. In den Nachtclubs verbrachte Sook Hee die meiste Zeit mit Geschäftsleuten aus Macau auf der Tanzfläche, so daß ich sie manches Mal richtig wegzerren mußte. Immer und immer wieder kam es vor, daß mir unsittliche Anträge gemacht wurden, auf die ich, weil ich so extrem schüchtern war, nie eine Antwort wußte.

Eines Abends tanzte ich mit einem wohlhabenden Finanzier aus Hongkong, der mich ganz eindeutig näher kennenlernen wollte. Er war Ende Dreißig, trug einen teuren Anzug und stellte mir die üblichen höflichen Fragen – wo ich herkam, was ich tat und so weiter. Langsam, aber sicher wurde ich sehr nervös. Ich wußte nicht, was ich antworten sollte. Einem Impuls folgend, schnappte ich mir Sook Hee, die sehr aufreizend mit einem Weißen tanzte, und zog sie aus dem Nachtclub.

»Was tust du?« fuhr sie mich an und befreite ihre

Hand aus meiner Umklammerung, als wir nach draußen traten.

»Sook Hee, ich halte das nicht mehr aus! Wie können wir jemals als Einheimische gelten, wenn wir nie ... mit ihnen *zusammen* sein können?!«

»Ok Hwa!« sagte sie mit gespielter Entrüstung. »Das sind ja ganz neue Töne von dir, wo du doch sonst immer das brave Mädchen bist!«

»Hier ist einfach alles so anders. Ich weiß nicht, was ich den Männern sagen soll!«

»Du solltest sagen: ›Heirate mich, Liebling, und bringe mich weg von alledem hier.‹ Noch ein bißchen mehr Zeit mit dem Österreicher, und ich hätte genau das gesagt.«

Ich starrte sie völlig schockiert an, um so mehr, da ich geneigt war, ihr zuzustimmen. »Ist das dein Ernst?«

Sook Hee suchte nach einer Zigarette. Sie hatte sich in den letzten Wochen das Rauchen angewöhnt und machte einen langen genüßlichen Zug. »Und ob das mein Ernst ist.«

Natürlich führten solche Gespräche nie weiter, wenngleich ich mich auch immer mehr zu dieser dynamischen kapitalistischen Kultur hingezogen fühlte. Es war vermutlich zu meinem eigenen Besten, daß wir bald nach Pjöngjang zurückberufen wurden.

Nach unserer Rückkehr durfte ich meine Eltern und Geschwister besuchen. Meinem kleinen Bruder Bum Soo hatte ich ein Kofferradio gekauft und auch ein paar Geschenke für die restliche Familie. Als ich jedoch in unserer Wohnung ankam, war die Stimmung sehr gedrückt.

Bum Soo war gestorben.

Als meine Mutter es mir erzählte, ließ ich das Radio fallen und begann zu weinen. Ich lief zu ihr, um sie in den Arm zu nehmen. Der arme Bum Soo! Er war so ein lieber kleiner Bruder gewesen, immer fröhlich und mit einem Lachen auf den Lippen. Im Alter von fünfzehn war er an Hautkrebs gestorben. Meine Eltern hatten schon eine Zeitlang damit gerechnet, waren aber trotzdem am Boden zerstört. Aus irgendeinem Grund mied mich mein Vater während dieses Aufenthalts. Wie ich bald erfahren sollte aber nicht, weil er wütend auf mich war.

Seit meinem letzten Besuch zu Hause waren fast zwei Jahre vergangen. Während dieser Zeit hatte meine Schwester, Hyun Ok, einen Reisebegleiter beim Fremdenverkehrsamt geheiratet. Ich spürte, daß meine Mutter enttäuscht war, daß ich nicht als erste geheiratet hatte. Ich spürte auch, daß ich meiner Familie fremder wurde. Da es mir untersagt war, über meine Ausbildung oder meine Missionen zu sprechen, lag eine gewisse Spannung in der Luft, und niemand wußte, was er sagen sollte. Dabei gab es so vieles, das wir einander erzählen wollten! Statt dessen entfremdeten wir uns immer mehr.

Dennoch war ich nicht im mindesten auf die Reaktion meines Vaters vorbereitet, als mich Agent Chung ein paar Tage später abholen kam. Als meine Mutter die Tür öffnete, um ihn hereinzubitten, schoß mein Vater quer durch den Raum, packte Chung beim Kragen und drückte ihn gegen die Wand.

»Wann geben Sie mir verdammt noch mal endlich meine Tochter zurück?« schrie er ihn an. Tränen strömten über sein Gesicht. »Wann?«

»Vater«, sagte ich voller Besorgnis und Angst. Ich hatte das Gefühl, ihn unter allen Umständen bremsen zu müssen. »Laß ihn los!« Ein solcher Ausbruch konnte uns allen das Schießkommando auf den Hals hetzen!

Mein Vater lockerte seinen Griff. Chung schien etwas verlegen und sagte, er würde im Auto auf mich warten.

»Vater – ?« sagte ich.

»Raus!« schrie er, indem er mich zur Tür schob. »Du bist nicht mehr meine Tochter. Du gehörst ihnen, also geh schon! Geh zurück zu ihnen!«

SIEBTES KAPITEL

Die ganze nächste Woche konnte ich mich nicht auf meine Ausbildung konzentrieren. Ich bewegte mich nur noch mechanisch. Während der langen Märsche ertappte ich mich häufig dabei, daß ich aus dem Tritt gekommen war. Ich mußte immerzu an meine Familie denken.

Natürlich hatte mich der Tod Bum Soos sehr betrübt, aber jetzt dachte ich mehr über meine Eltern nach. Wegen seines Verhaltens gegenüber Spezialagent Chung war ich wütend auf meinen Vater, aber tief in meinem Inneren fühlte ich mit ihm und spürte, daß er recht hatte. Unsere Familie war entzweit worden – vermutlich für immer. Weil er mich liebte, konnte er mich so schwer loslassen.

An diesem Samstag traf ich eine Entscheidung. An Sonntagen hatten wir frei, und wir konnten tun und lassen, was wir wollten. Es gab keine Übungen, keinen Unterricht, keinen Appell. Wenn ich Wul Chi überreden könnte, mich nicht zu melden, würde man mich für einen Tag nicht vermissen.

Als unser Samstagstraining beendet war und die Dämmerung bereits über das Lager hereinbrach, suchte ich Wul Chi in der Küche auf. Sie begrüßte mich so herzlich wie immer. Von allen Mitarbeiterinnen im Lager war sie mit Abstand die liebenswerteste.

»Wul Chi, ich muß zu meiner Familie«, fiel ich gleich mit der Tür ins Haus. »Ich möchte heute abend gleich los, sobald es dunkel ist. Ich werde morgen abend zurück sein. Ich bitte dich, mich nicht zu melden, wenn ich morgen nicht beim Frühstück erscheine.«

Sie schaute mich entgeistert an. »Ok Hwa, ich behalte dein Geheimnis gerne für mich, aber die Aufseher können es trotzdem bemerken. Du weißt, was dann passiert.«

Natürlich wußte ich es. Uns war strengstens untersagt, das Lager zu verlassen, egal zu welcher Zeit. Wenn meine Abwesenheit bemerkt und gemeldet würde, käme ich sofort für den Rest meines Lebens in ein Arbeitslager weit im Norden. Vielleicht würde man mich auch erschießen. Meine Familie würde mit ziemlicher Sicherheit das gleiche Schicksal ereilen. Und dennoch konnte ich nicht stillsitzen. Es könnten Jahre vergehen, bevor man mir wieder einen Besuch zu Hause erlauben würde. Der bloße Gedanke, daß meine Eltern so lange warten müßten, bis diese schmerzliche Angelegenheit zwischen uns bereinigt würde, war unerträglich. Ich hatte lange gebraucht, es endlich zu begreifen, aber jetzt wußte ich, daß mir meine Familie wichtiger war als die Partei oder die Regierung. Als ich von der Partei auserwählt worden war, war ich über und über erfüllt mit Stolz – und dennoch, wenn ich an meine Kindheit dachte, an die Jahre in Kuba und Pjöngjang, wußte ich, daß mir nichts mehr bedeutete als meine Familie. Ich war zwar immer noch stolz, von der Partei auserwählt worden zu sein, ich würde auch nach wie vor alles tun, um für die Wiedervereinigung von Nord- und Südkorea einzutreten, aber ich würde die Menschen, die ich liebte, nicht mehr vernachlässigen.

»Mir bleibt keine andere Wahl«, erklärte ich Wul Chi. »Mein Bruder ist tot, und mein Vater ist sehr deprimiert. Ich muß ihn sehen.«

Sie seufzte, und ihr Gesicht war voll Sorge. Sie konnte mich nur bis zu einem gewissen Grade decken, der Rest war ein Wagnis. »Wenn du glaubst, daß es das Beste ist, dann geh«, sagte sie, mich bei der Hand nehmend. »Aber bitte, Ok Hwa, paß auf, ich möchte nicht, daß dir etwas Schlimmes passiert.«

Ich drückte ihre Hand und ging auf mein Zimmer. Als ich Sook Hee von meinem Plan erzählte, äußerte sie die gleichen Bedenken wie Wul Chi.

»Paß auf«, sagte ich. »Der Kommandant kommt fast nie am Sonntag hier vorbei. Und wenn doch, sagst du ihm einfach, daß ich schon weg gewesen sei, als du aufwachtest, und daß du nicht weißt, wo ich bin.«

Sie nickte, aber ich konnte ihr ansehen, daß sie noch nicht beruhigt war. Mit Sicherheit hatte sie daran gedacht, daß auch sie in Teufels Küche kommen konnte, wenn ich meinen Plan wahrmachte. Ich setzte mich auf ihr Bett und legte eine Hand auf ihr Knie. »Sie werden dir nichts tun«, sagte ich in der Hoffnung, daß meine Worte einiges Gewicht hatten. »Du mußt nur sagen, daß du keine Ahnung hast.«

Sie wandte sich einen Moment ab und seufzte. Als sie sich wieder zu mir herumdrehte, lächelte sie und sagte: »Mach' dir keine Sorgen, ich schweige wie ein Grab.«

»Danke.« Ich beugte mich zu ihr herüber, umarmte sie und stand dann auf, um meine Siebensachen für die Reise zu packen. Kleider würde ich nicht brauchen, und ein Rucksack war sowieso nur hinderlich. Ich zog die dunkelsten Sachen an, die ich hatte, und steckte etwas Geld sowie meinen Ausweis ein. Ich kämmte mir das Haar aus dem Gesicht und setzte eine schwarze Schirmmütze auf, die ich mir tief in die Stirn zog.

Ich ging zum Fenster und schaute hinaus. Jetzt war es völlig dunkel. Es hatte keinen Sinn, noch länger zu warten.

Sook Hee stand auf, und wir umarmten uns noch einmal. »Viel Glück!« sagte sie mir zum Abschied. »Gib auf dich acht.«

»Das werde ich tun, danke.« Ich lachte, schlüpfte in den Flur und dann hinaus in die Nacht.

An der Einfahrt zum Lager befand sich ein Sicherheitsposten, den ich meiden mußte, indem ich mich durch den Wald stahl und später wieder irgendwie zur Straße fand. Dort mußte ich damit rechnen, daß mit Maschinengewehren bewaffnete Infanteristen in Begleitung großer schwarzer Hunde um das Lager patrouillierten. Das Herz schlug mir bis zum Halse, als ich leise in den Kiefernwald schlich, der das Tal umgab, und in die vermutlich richtige Richtung aufbrach.

Zum Glück gab es im Wald kaum Unterholz, der Boden war lediglich von Kiefernadeln bedeckt. Von dem Halbmond, der in dieser lauen, klaren Nacht am Himmel stand, drang nur wenig Licht durch die Bäume. Es war fast stockfinster, und ich mußte meinen Weg von Baum zu Baum ertasten. Etwas sarkastisch dachte ich, daß die vielen Jahre meiner Ausbildung sich in dieser Situation als sehr nützlich erwiesen.

Stück für Stück kämpfte ich mich weiter, bis ich an die Lagerumzäunung gelangte. Es muß etwa 400 Meter westlich der Einfahrt gewesen sein, also weit genug entfernt, um nicht bemerkt zu werden. Ich mußte aber noch über den Zaun gelangen, der schließlich oben von Stacheldraht gesäumt war.

Ich schaute hoch, meinc Augen hatten sich inzwischen an die Dunkelheit gewöhnt. Die Kiefernzweige setzten sich schwarz vor dem sternklaren Himmel ab. Der Baum, der mir am nächsten stand, hatte einige niedrig hängende Zweige, die ich hinaufklettern konnte, bis ich oberhalb des Zaunes war. Dort angekommen, kletterte ich einen Ast entlang, der zwar nicht über den Stacheldrahtzaun hinausragte, aber nahe genug an ihn heranzureichen schien, daß ich eine Chance hatte, mit einem Sprung auf der anderen Seite des Zaunes zu landen.

Als ich an diesem Hauptast so weit es nur irgend ging entlanggekrochen war, ergriff ich den Ast über mir und zog mich hoch, so daß ich zum Stehen kam. Ich war etwa einen Meter oberhalb des Stacheldrahtes, einen Meter vom Zaun entfernt und ungefähr 4,50 Meter über dem Boden. Es würde ein weiter Sprung für jemand meiner Statur, aber soviel Angst ich auch hatte, ich war dennoch entschlossen, es zu versuchen.

Ich atmete tief durch und sprang.

Ich war nur wenige Zentimeter am Stacheldraht vorbeigekommen und landete hart auf dem Boden. Ich zwang mich, den Schmerz in meinen Beinen zu ignorieren, rollte mich auf dem Boden zusammen und schaute mich um. In diesem Moment vernahm ich Schritte und erstarrte.

Das Gelände auf der anderen Seite des Zaunes erstreckte sich in ein weites Feld mit hohem, dichtem Gras und einigem Gestrüpp. Ich versteckte mich in den Zweigen eines großen Strauches und wartete. Ich traute mich kaum zu atmen.

Einen Augenblick später erschien jemand, der mit einer Taschenlampe den Boden absuchte, gefolgt von einem großen schwarzen Hund. Er mußte meinen Sprung gehört haben, denn er richtete den Strahl der Taschenlampe in das mich umgebende hohe Gras. Als er nur noch wenige Meter von mir entfernt war, blieb er stehen und beschrieb mit der Taschenlampe weitere Bögen. Ich drückte mich fest gegen den Boden und konnte spüren, daß der Strahl der Taschenlampe nur wenige Zentimeter über mir vorbeigeführt wurde. Mit einem Herzen, das wahre Paukenschläge von sich gab, betete ich, daß der Hund meine Witterung nicht aufnehmen würde.

Der Mann blieb lange stehen, und ich wußte, daß ich gegen ihn kämpfen mußte, wenn er mich entdeckte, ja ihn vielleicht sogar töten mußte, wenn er mein Gesicht sah. Somit hätte ich wenigstens ins Lager zurück gekonnt, um einer unmittelbaren Bestrafung zu entgehen. Der Kommandeur hätte dann möglicherweise geglaubt, der Tod des Soldaten wäre von einem fremden Angreifer verursacht worden.

Vor lauter Nervosität wurde ich ganz starr, hielt den Atem an und schaute vorsichtig in Richtung der kaum drei Meter von mir entfernt stehenden großen Gestalt. Sein Gesicht war schwach beleuchtet von dem weit eingestellten Strahl seiner Taschenlampe, aber ich erkannte ihn nicht. Ich war bereit, ihn sofort anzuspringen, in der Hoffnung, ihn bewußtlos zu schlagen, bevor er mich erkennen konnte. Dann bliebe natürlich noch immer der Hund, und ich hatte keine Ahnung, wie ich mich gegen einen Hund wehren konnte.

Aber die Streife ging plötzlich weiter, zurück in Richtung Einfahrt. Ich wartete, bis er außer Sichtweite war, bevor ich mir einen tiefen Seufzer der Erleichterung leistete. Als ich sicher sein konnte, daß er weit genug entfernt war, stand ich auf und bahnte mir meinen Weg durch das Feld. Ich zog in nordöstlicher Richtung weiter, in einem Winkel von fünfundvierzig Grad zum Zaun, in der Erwartung, bald auf die Straße zu stoßen. Ich versuchte, so leise wie möglich zu sein und war dankbar, eine so gründliche Ausbildung erhalten zu haben. Im Vergleich zu den vielen Tagen, an denen wir unter freiem Himmel leben und in Fuchsbauten schlafen mußten, war dies eine leichte Übung.

Eine Viertelstunde später kam ich zur Straße. Aus dem Schutz der Sträucher schaute ich in beide Richtungen, konnte aber niemanden erkennen. Ich schlüpfte aus dem Gestrüpp und begann meinen Weg zur Straße nach Pjöngjang, die, wie ich wußte, in etwa 16 Kilometern kommen mußte.

Durch das intensive Konditionstraining konnte ich ein gutes Schrittempo beibehalten. Die Nacht wurde langsam kälter, und um mich herum war tiefe Stille. Die dunklen Umrisse der Berge ließen sich im Mondlicht ausmachen, und ich hoffte nur inständig, daß ich keinem Tiger begegnen würde. Während all der Jahre in den verschiedenen Ausbildungslagern hatte ich nie selbst einen gesehen, doch manchmal hatten wir auf unseren langen Märschen entlang der Bergpfade ihre Spuren entdeckt. Es ging das Gerücht, daß jemand aus dem Dorf eines Abends bei einem Waldlauf von einem Tiger gerissen worden sei.

Stunden vergingen; ich blieb nicht stehen. Einmal hörte ich das Motorengeräusch eines sich nähernden Autos und ging sofort in Deckung. Augenblicke später fuhr ein Mercedes vorbei, eine Staubfahne hinter sich herziehend. Ich wartete, bis die roten Rücklichter verschwunden waren, bevor ich weiterlief.

Ich erreichte die Straße nach Pjöngjang kurz vor dem Morgengrauen, als der Himmel sich in einen leicht violetten Schleier gehüllt hatte und die Luft plötzlich kalt war. Da ich schwitzte, begann ich zu frösteln. Sobald ich an der Hauptstraße angekommen war, zog ich nach Süden auf meinem Weg weiter und erreichte zwei Stunden später die Ausläufer einer Stadt.

Inzwischen war es hell, und es regte sich langsam Leben in dem Ort. Ich holte meine Sonnenbrille aus einer Jackentasche, denn jetzt, da ich keine Deckung mehr hatte, mußte ich vorsichtiger sein.

In der Innenstadt gab es einen Busbahnhof, von wo aus innerhalb der nächsten Stunde ein einziger Bus nach Pjöngjang fahren sollte, der dann am späten Vormittag ankam. Zurück fuhr dann auch nur ein Bus am späten Nachmittag.

Ich war froh, mich endlich setzen zu können, und döste ein wenig vor mich hin, als ich auf den Bus wartete. Ein paar Leute aus der Stadt wollten denselben Bus nehmen.

Schließlich traf er ein, und wir waren auf dem Weg in die Hauptstadt. Die mir inzwischen so wohlbekannte Landschaft streifte vorbei, die bestellten Felder, die Kiefernwälder, die Berge.

Der Bus hielt nur wenige Wohnblocks entfernt von

der neuen Wohnung meiner Eltern. Es war erst zehn Uhr früh, ich hatte aber bloß noch vier Stunden Zeit. Die Straßen waren um diese Uhrzeit noch relativ leer, und ich war froh, daß mich niemand erkannte. Am Wohnhaus angekommen, stieg ich die Treppe hinauf, die zur Wohneinheit meiner Eltern führte. Ich klopfte an die Tür und wartete. Meine Mutter öffnete und war sehr erschrocken, als sie mich sah. Sie faßte sich aber schnell und riß mich in ihre Arme. »Hyun Hee«, sagte sie ganz leise und hielt mich fest. »Was tust du hier? Wo ist Herr Chung?« Ohne meine Antwort abzuwarten, ließ sie mich los, stürmte in die Wohnung und rief nach meinem Vater und meinem Bruder. »Unsere Hyun Hee ist zurück!«

Mein Vater kam aus dem Elternschlafzimmer. Sein müdes, abgespanntes Gesicht fing aber sofort an zu strahlen, als er mich sah.

Als ob seit unserem letzten Treffen gar keine Zeit vergangen wäre, rief ich die ersten Worte, die mir in den Sinn kamen: »Was habe ich falsch gemacht?«

Er schien überrascht von meiner Wut, konnte meinem Blick nicht standhalten und schlurfte hinüber zu einem Stuhl. Nachdem er sich gesetzt hatte, antwortete er: »Du hast nichts falsch gemacht, Hyun Hee. Es fällt mir nur so schwer, deine neue Position zu akzeptieren und meine Gefühle für dich im Zaum zu halten.«

Seine Stimme war voller Trauer, und ich spürte, wie mein Ärger sich auflöste.

»Wie meinst du das?«

»Du gehörst jetzt der Partei«, erwiderte er und schaute mir endlich in die Augen. »Biologisch bist du natürlich noch unsere Tochter, in unseren Herzen wirst du das auch immer bleiben, aber es wäre dumm, nicht anzuerkennen, daß du praktisch gesehen jetzt eine Tochter der Partei bist und nicht mehr unser Kind.« Er versuchte ein müdes Lächeln, als handele es sich um einen kleinen, persönlichen Witz. »Selbstverständlich fühlen deine Mutter und ich uns geehrt, daß du von der Partei auserwählt wurdest, aber ich fürchte, daß uns das die Sache gefühlsmäßig nicht unbedingt leichter macht. Wir lieben dich, Hyun Hee, und nun dürfen wir dich für den Rest unseres Lebens nur noch ganz selten sehen. Als wir noch jünger waren, träumten deine Mutter und ich davon, daß du einen guten Mann heiraten und in unserer Nähe wohnen würdest, damit wir uns an unseren Enkelkindern erfreuen könnten. Das wird nun nicht passieren. Und jetzt, da Hyun Ok verwitwet ist und« – er seufzte – »es ist eben schwer.«

Ich spürte, wie mir die Tränen das Gesicht herunterliefen und schämte mich, daß ich so wütend auf ihn gewesen war. Einmal mehr hatte ich das Gefühl, durch den Eintritt in die Partei meine Familie betrogen zu haben. Zurückblickend kann ich für die nordkoreanische Regierung nur tiefen Haß empfinden. Für sie zählten wir als Individuen überhaupt nicht; jedes Gefühl der Menschlichkeit wurde solch abstrakten Konzepten wie »dem Sozialismus«, »der Partei«, »dem Gemeinwohl« geopfert. Warum sonst redeten wir uns wie die ersten Marxisten-Leninisten mit »Genosse« und »Genossin« an, wodurch jegliches persönliche Gefühl füreinander unterdrückt wurde?

Dies war der Preis, den ich zu zahlen hatte. Ich war nun eine privilegierte Angehörige der Elite, ein vollwertiges Parteimitglied, der Traum eines jeden Nordkoreaners. Es hatte ein wenig vom Priesterstand – es mochte zwar eine hohe Berufung sein, aber es galt dafür einen schrecklichen Preis zu entrichten.

Die nächsten paar Stunden verbrachte ich mit meiner Familie. Wir schauten uns die alten Fotoalben an und sprachen über die Zukunft. Zumindest für den Augenblick stand es ganz außer Frage, daß ich die Parteimitgliedschaft niederlegen würde; es hätte zwar nur Schande über meine Familie gebracht, aber ich wußte auch, daß ich hoffnungslos verkümmern würde, wenn ich den Rest meines Lebens in einem Ausbildungslager fristen sollte. Es kam schließlich auch vor, daß einige Agenten, nachdem sie eine ganz besonders gefährliche Mission erfüllt hatten, zu ihren Familien zurückkehren durften.

Meine Mutter kochte wie immer ein riesiges Essen für mich. Die Stimmung zu Hause wurde etwas lockerer, und mein Vater schien wieder der alte zu sein, nur im Gesicht meiner Mutter waren nach wie vor strenge Züge zu erkennen, und ich wußte, daß es ihr noch viel schwerer fiel, mich wieder ziehen zu lassen, als meinem Vater.

Nach einem tränenreichen Abschied lief ich die Straße hinunter zur Bushaltestelle. Ich fühlte mich emotional vollkommen ausgelaugt, aber auch erleichtert. Ich war froh, daß ich nach Hause zurückgekehrt war. Unter den gegebenen Umständen hatten wir zumindest fürs erste das Beste aus der Situation gemacht.

Ich schlief im Bus. Die Anstrengung der vorangegangenen Nacht machte sich doch langsam bemerkbar. Als wir schließlich die in der Nähe des Lagers gelegene Stadt erreicht hatten, wachte ich gerade noch rechtzeitig auf, um auszusteigen. Meine Beine und

Füße taten weh, aber ich hatte keine andere Wahl, ich mußte weitergehen.

Als ich so lief, fragte ich mich, ob ich wohl im Lager vermißt worden war. Wenn ja, wären sie mir doch bestimmt nachgefahren und hätten mich festgenommen? Es könnte natürlich auch sein, daß sie abwarteten, bis ich zurück war, und mich festnehmen würden, wenn es ihnen paßte. Etwas verbittert lief ich weiter, den Schmerz in meinen Beinen ignorierend. Der klare Himmel am Morgen war inzwischen einer grauen Wolkenbank gewichen.

Als die Dämmerung nahte, begann es zu regnen. Es dauerte nicht lange, bis ich völlig durchweicht war. Zweimal hörte ich, wie sich Autos näherten, so daß ich gezwungen war, mich schnell in die Büsche zu schlagen. Eine riesige Blase an meinem linken Fuß war aufgegangen, und jeder Schritt bedeutete einen höllischen Schmerz. Was sich zunächst nur wie ein gewaltiger Wolkenbruch ausgenommen hatte, war zu Dauerregen geworden und würde bestimmt nicht so bald aufhören.

Etwa gegen acht Uhr konnte ich in der Ferne die Sicherheitspforte ausmachen und schlug mich von der Straße ins Feld. Da der Himmel voller grauer Wolken hing, war es nicht ganz so dunkel, so daß ich zuweilen durch das Feld robben mußte, um meine Deckung nicht zu verlieren. Der Boden war zu einem einzigen Sumpf geworden, meine Kleider verdreckten völlig. Ich war inzwischen so müde, daß ich mich lediglich aus schierer Macht der Gewohnheit bewegte und wie ein Roboter einen Fuß vor den anderen setzte. Ich sehnte mich nur noch nach meinem Zimmer und einem langen, heißen Bad.

Als ich den Zaun erreicht hatte, hielt ich wieder

inne und schaute mich nach allen Richtungen um. Es schienen keine Wachposten in der Nähe zu sein, also brauchte ich mich nicht mehr zusammenzukauern und begann, den Zaun hochzuklettern. Ich hatte überhaupt nicht darüber nachgedacht, daß auf dieser Seite keine Bäume standen, die mir über den Zaun helfen konnten und daß ich mein Glück mit dem Stacheldraht versuchen mußte. Oben angelangt, ergriff ich den Zaunpfahl, der mir am nächsten stand und der sich nach innen zum Lager hin neigte. Ich kletterte weiter, bis meine Füßc die oberen Maschen des Zaunes erreicht hatten. Mit einem tiefen Atemzug nahm ich die Füße nach oben, machte auf dem Zaunpfahl einen Handstand, warf die Beine in Richtung des Lagers und drückte mich gleichzeitig mit den Händen ab. Ich überschlug mich in der Luft, kam aber nicht mit dem Stacheldraht in Berührung. Ich hatte allerdings etwas zuviel Schwung und landete auf meinen Händen und Füßen mitten in einer Pfütze. Wie durch ein Wunder war ich nicht verletzt, aber es dauerte einen Moment, bevor ich wieder genug Kraft hatte weiterzugehen.

Ich kroch durch den Kiefernwald auf die Lichter zu, die ich durch die Bäume erkennen konnte. Bald hatte ich die ersten Gebäude des Lagers erreicht. Gott sei Dank war niemand in der Nähe, so daß ich schnell zur Eingangstür unseres Hauses laufen konnte und hineinschlich. Ich war so erleichtert, daß ich am liebsten laut aufgeschrien hätte.

Sook Hee, die sich in unserem Schlafzimmer in ein Buch vertieft hatte, blickte auf, als ich hereinkam. Sie brach sofort in lautes Gelächter aus und klatschte in die Hände.

»Verdammt noch mal, was ist denn so komisch?«

knurrte ich, während ich mir die Kleider vom Leibe riß.

Sie hielt sich jetzt zwar eine Hand vor den Mund, mußte aber nur noch mehr lachen. »Du müßtest dich nur einmal anschauen«, keuchte sie.

Etwas verwirrt schlich ich zum Spiegel an der Türinnenseite und mußte selbst losglucksen. Mein Gesicht war total mit Schlamm verschmiert, und mein Haar hatte sich zum Teil aus der Mütze befreit und hing in Strähnen um mein Gesicht herum. Während ich die restlichen Kleider auszog und mich in ein Handtuch wickelte, fragte ich sie: »Sag mal, ist es jemandem aufgefallen, daß ich nicht da war?«

Sie hörte auf zu lachen, lächelte aber immer noch. »Mach dir keine Sorgen, hier war den ganzen Tag nichts los. Also erzähl schon, wie war's?«

»Oh, Sook Hee, ich kann es gar nicht erklären. Es ist ... schwierig. Manchmal frage ich mich wirklich, was ich hier soll.«

Ich nahm ein langes Bad und genoß es, wie das Wasser langsam in meine Poren eindrang. Meine Erschöpfung und der wohltuende Dampf ließen mich fast wieder einschlafen. Schließlich erhob ich mich aus der Wanne, trocknete mich ab und ging etwas benebelt ins Schlafzimmer zurück. Dort fand ich Sook Hee vor, die aufgeregt im Zimmer hin und her lief und einen recht eindringlichen Gesichtsausdruck hatte.

»Du hättest keinen Augenblick später zurückkommen dürfen, Ok Hwa«, überfiel sie mich, als ich eintrat. »Spezialagent Chung ist gerade eingetroffen und erwartet dich im Wohnzimmer.«

»Chung?« fragte ich mit Panik in der Stimme. »Er hat doch wohl nichts gemerkt, oder?«

»Nein, nichts von alledem«, sagte sie. »Zumindest

glaube ich das nicht. Ich glaube, es geht um eine Mission. Er ist in Begleitung eines alten Mannes, eines gewissen Kim Seung Il.«

»Kim Seung Il?«

Sie nickte. »Komm schon, zieh dich an. Ich habe gesagt, du kommst gleich.«

Die Gedanken rasten mir durch den Kopf, als ich mir schnell frische Kleider anzog, mir mit einem Kamm durch die Haare fuhr und die Treppe zum Wohnzimmer halbwegs herunterrannte. Herr Chung saß hinten am Tisch und sprach mit Kim Seung Il. Als ich hereinkam, erhoben sie sich.

»Ok Hwa«, sagte Chung mit einem Lachen. »Erinnern Sie sich an Herrn Kim?«

Ich verbeugte mich kurz. »Natürlich. Schön, Sie wiederzusehen. Bitte nehmen Sie doch Platz.«

Wir setzten uns. Chung fingerte in seinen Taschen nach einer Zigarette, bot Kim eine an und gab Feuer.

»Nun, Sie fragen sich bestimmt«, sagte Chung und inhalierte, »warum wir an einem solchen Abend hier sind. Ich darf dazu zwar im Moment noch nichts sagen, möchte Sie aber fragen, ob Sie in fünfzehn Minuten abreisebereit sein können?«

»Abreisen?« fragte ich erstaunt. »Selbstverständlich, aber wohin? Für wie lange?«

»Lassen Sie mich die zweite Frage zuerst beantworten«, erwiderte Chung. »Sie sollten alles zusammenpacken, was ihnen gehört, denn Sie werden wahrscheinlich nicht wieder hierher zurückkommen.« Einen Augenblick lang spürte ich, wie mir das Blut in den Adern gefror. Ich glaubte, er hätte von meiner »Freiübung«, wie wir das unerlaubte Entfernen vom Lager unter uns nannten, erfahren und wollte mich nun auf die höfliche Art festnehmen. Aber meine

Ängste verflogen, als er fortfuhr. »Was Ihre erste Frage betrifft, muß es für den Augenblick reichen, wenn ich Ihnen sage, daß wir nach Pjöngjang in die Geheimdienstzentrale fahren. Ihnen wurde ein Auftrag zugeteilt.«

ACHTES KAPITEL

Der Mercedes glitt sanft durch die leeren Straßen Pjöngjangs. Der Regen hatte noch nicht aufgehört und trommelte leise auf das Autodach. Um diese Zeit schlief der größte Teil der Stadt bereits, und auf den Straßen war keine Menschenseele zu sehen.

Wir sprachen nicht viel. Chung saß vorne beim Fahrer, einem stämmigen Mann mit gräulicher Gesichtsfarbe und kleinen, schwarzen Augen, der immer schwieg, und dessen Gesichtszüge sich zu einem permanent finsteren Blick verhärtet hatten. Der alte Kim Seung Il und ich saßen im Fond, aber Kim starrte nur aus dem Fenster und war in seine eigenen Gedanken versunken.

Schließlich fuhren wir dann in die unterirdische Parketage des Auslandsgeheimdienstgebäudes. Es gab nichts, wodurch sich dieses Gebäude von anderen in seiner Umgebung unterschied, doch um den Vordereingang zu benutzen, mußte man zunächst durch einen kleinen Hof gehen, der von Kameras überwacht wurde, und an zwei bewaffneten Wachposten im vorderen Eingangsbereich vorbei.

An diesem Abend lernte ich aber einen Treppenaufgang kennen, der von der Garage aus in das Gebäude führte. Selbst zu dieser Stunde waren noch überraschend viele Menschen im Haus; Geheimdienstmitarbeiter kennen eben keine geregelten Bürozeiten. Chung führte uns zu einem Aufzug. Als wir eingestiegen waren, drückte er auf die Sechs und trat zurück, als sich der Lift langsam in Bewegung setzte. »Sie werden gleich einen äußerst wichtigen Mann kennenlernen«, sagte er, den Blick noch immer auf die elektronische Fahrstuhlanzeige gerichtet. »Herr Kim hatte schon verschiedentlich mit ihm zu tun, aber für Sie wird es das erste Mal sein. Ich gehe davon aus, daß Sie einen guten Eindruck hinterlassen werden.«

»Jawohl, Herr Chung«, antwortete ich, inzwischen ziemlich gespannt darauf, zu erfahren, wie mein neuer Auftrag wohl aussehen sollte. Im sechsten Stockwerk angekommen, verließen wir den Lift. Chung führte uns einen schmucklos weißen Flur entlang zu einem ganz am Ende gelegenen Büro, wo ein Wachposten hinter einem Schreibtisch saß. Die Tür hinter dem Schreibtisch war geschlossen. Als wir herankamen, stand der Wachmann auf, und Chung zeigte sofort seinen Ausweis vor. Die Wache nickte, öffnete die Tür und bedeutete uns einzutreten.

Es eröffnete sich uns ein geräumiges Büro, an dessen einem Ende ein Schreibtisch und an dessen anderem Ende ein Couchtisch stand. Es gab keine Fenster, aber der Raum war wie ein Labor ganz hell mit Neonlampen beleuchtet. Wir wurden von einem großen Mann mittleren Alters begrüßt, der sich sehr katzenhaft bewegte. Ich hatte das Gefühl, er mußte Jahre im Außendienst gewesen sein.

»Ok Hwa, Seung Il«, sagte Chung, »darf ich Ihnen den Direktor vorstellen. Sie sind auf seinen Wunsch hierher bestellt worden.«

Ich verbeugte mich vor dem Direktor. Er wechselte

ein paar Worte mit Seung Il, den er gut zu kennen schien, und bat uns anschließend, am Couchtisch Platz zu nehmen. Agent Chung ging jedoch wieder zur Tür. »Alles Gute, Genossen. Das ist alles streng geheim, und ich muß nichts darüber wissen. Also viel Glück«, sagte er, bevor er den Raum verließ.

Wir setzten uns um den Tisch herum. Der Direktor zog mit langsamen und bedächtigen Bewegungen eine Schachtel Zigaretten aus seiner Brusttasche und bot Seung Il eine an. Nachdem Kim sie angenommen hatte, bot er auch mir eine an, aber ich lehnte ab. Ich hatte nie geraucht, und außerdem war ich so nervös, daß ich mich am liebsten auf meine Hände gesetzt hätte. Ich hoffte, diese Situation würde so schnell wie möglich vorübergehen.

Der Direktor zündete seine und Seung Ils Zigarette an und lehnte sich in seinem Stuhl zurück. »Genossen«, sagte er. »Ich werde das Pferd einmal von hinten aufzäumen: Ihr Auftrag besteht darin, ein südkoreanisches Flugzeug zu zerstören.« Er hielt inne und ließ seine Worte erst einmal wirken. Ich spürte ein flaues Gefühl in der Magengegend und starrte ihn an.

»Wie Sie vielleicht interessieren wird, geht der Befehl direkt von Unserem Großen Führer Kim Jong Il aus. Er hat ihn *handschriftlich* erteilt.« Er wartete wieder ab, um sicherzustellen, daß wir verstanden hatten, welches Gewicht dieser Information zukam. Ich saß inzwischen auf dem Stuhlrand. Die Tatsache, daß Kim Jong Il den Befehl eigenhändig geschrieben hatte, zeigte, daß es sich wirklich um einen Auftrag höchster Bedeutung handelte.

»Der gesamte Auftrag ist sogar eigentlich die Idee Unseres Großen Führers gewesen«, fuhr der Direktor fort. »Wenn ich so sagen darf, ist dies sogar das wichtigste Projekt, das der Auslandsgeheimdienst jemals in Angriff genommen hat. Unser gesamtes nationales Schicksal wird davon abhängen.

Sie müssen also ein südkoreanisches Flugzeug zerstören. In diesem Land hat es, wie sie wissen, in der letzten Zeit viele Unruhen gegeben. Das politische Klima ist so unbeständig wie nie zuvor seit dem Befreiungskrieg. Ihre Verfassung wird gerade umgeschrieben, und gegen Ende des Jahres sollen Wahlen abgehalten werden. Durch die Zerstörung des Flugzeuges beabsichtigen wir, dieses allgemeine Chaos noch zu verstärken. Letztendlich wollen wir verhindern, daß die Olympischen Spiele in Seoul stattfinden. Aus Angst, daß ihre Flugzeuge in die Luft gesprengt werden, oder aber ihre Sportler nicht ausreichend vor Terroraktionen geschützt werden können, werden andere Nationen das Leben ihrer Athleten nicht aufs Spiel setzen wollen.

Aber das ist erst der Anfang. Wenn es uns gelingt, die Olympischen Spiele zu verhindern und das politische Durcheinander noch zu verschlimmern, könnten gute Chancen für eine Vereinigung unserer beiden koreanischen Staaten bestehen. Wie Sie wissen, ist dies das große Bestreben unserer Generation. Wenn Ihr, Genossen, diesen Auftrag erfolgreich abschließt, werdet Ihr zu Nationalhelden.«

Ich traute meinen Ohren kaum. In mir setzte sich ein Gefühl zwischen Ehrfurcht und Angst fest. Mir war völlig schleierhaft, weshalb ausgerechnet ich mit einem solchen Auftrag betraut wurde. Ich muß zugeben, daß ich keinen Moment lang an die moralische Seite dachte oder mir überlegte, welche Konsequenzen sich sowohl persönlich als auch in einem weiteren ethischen Sinne aus der Ermordung eventuell Hunderter von Menschen ergaben. Ein solcher Sabotageakt war eine rein technische Operation, nicht mehr und nicht weniger als ein Schritt in Richtung des großen Ziels der koreanischen Wiedervereinigung. Wie hätte ich in Anbetracht der Ausbildung, die ich im Laufe meines Lebens erhalten hatte, anderes denken können? Doch frage ich mich heute immer und immer wieder, ob wir wirklich weniger für unsere Taten verantwortlich sind, bloß weil wir sie so unkritisch ausgeführt haben.

»Derzeit brauchen Sie noch keine Einzelheiten zu wissen«, fuhr der Direktor fort, »ich kann Ihnen aber schon einmal grob umreißen, wie der Plan aussieht. Von Pjöngjang aus werden Sie nach Moskau und anschließend weiter nach Budapest und Wien reisen, wo Sie wiederum einige Tage als japanischer Vater mit seiner Tochter auf Urlaubsreise auftreten werden. Im Anschluß daran werden Sie nach Belgrad fahren, wo Sie sich als Touristen ausgeben. Ihre Pässe, die in so vielen Städten abgestempelt werden, können Ihre Tarnung nur unterstützen.

Von Belgrad aus werden Sie nach Bagdad fliegen, von wo aus das Flugzeug starten wird. Sie werden am Flughafen von zwei Außendienstmitarbeitern in Empfang genommen, von denen Sie den Sprengstoff erhalten, mit dem das Flugzeug in die Luft gesprengt werden soll. Vor dem Start in Bagdad werden Sie die Bombe im Gepäckfach der Kabine verstauen und den Zeitzünder auf neun Stunden nach dem Start einstellen. Der Flug geht nach Seoul, mit Zwischenlandung in Abu Dhabi und Bangkok. Sie werden in Abu Dhabi von Bord gehen, die Bombe im Flugzeug lassen und selbst über Amman nach Rom weiterfliegen. In Rom angekommen, werden Sie nach Wien weiterreisen, wo

Sie ein paar Tage in der koreanischen Botschaft bleiben, bevor Sie nach Pjöngjang zurückkehren.«

Ich holte tief Luft, und Kim Seung Il und ich schauten uns gegenseitig an. Ich glaube, in seinen Augen spiegelte sich jenes Wissen wider, das nur durch die Erfahrung vieler Aufträge und jene Weisheit, die erst im Alter entsteht, erlangt werden kann. Zu wissen, daß er mein Partner sein würde, gab mir ein etwas besseres Gefühl. Im Augenblick sah es so aus, als könnten wir beide alles erreichen.

»Noch cincs«, sagtc der Direktor. »Aufgrund der hohen Geheimhaltungsstufe und ungeheuren Bedeutung dieser Mission wird dies für jeden von Ihnen der letzte Auftrag im Außendienst sein. Damit werden Sie Ihrem Land den größtmöglichen Dienst getan haben. Sie werden sich als Helden zur Ruhe setzen und jeden Luxus genießen können, den die Partei Ihnen bieten kann. Und Sie, Ok Hwa, können zu Ihrer Familie zurückkehren.« Er wartete einen Moment ab und warf mir einen so seltsamen Blick zu, daß ich ihn nicht zu interpretieren vermochte. »Das ist es doch, was Sie sich wünschen, oder nicht?«

Ich hielt seinem Blick stand. Ich wäre am liebsten vor lauter Begeisterung von meinem Stuhl aufgesprungen, wenngleich mich seine Menschenkenntnis doch etwas verunsicherte. Dies bedeutete, daß an diesen Auftrag nicht nur die größten Hoffnungen meines Landes, sondern auch meine eigenen größten Hoffnungen geknüpft waren. So fühlte ich mich in diesem Moment stark genug, alles tun zu können. Ich fühlte mich unbeschreiblich stolz und geehrt, von Unserem Lieben Führer für eine solche Mission ausgewählt worden zu sein. Obwohl ich nur eine sehr schwache Vorstellung davon hatte, wie die Ausführung dieses Auftrages tatsächlich zur Wiedervereinigung der beiden koreanischen Staaten führen konnte – selbst heute fällt es mir noch schwer, Politik zu verstehen –, glaubte ich ihm unbeirrt. Mit einem Streich konnte ich sowohl meinem Land dienen als auch meine Familie wieder kitten. »Sie können uns vertrauen, Herr Direktor«, sprach ich mit fester Stimme und schaute ihn direkt an. »Wir werden Sie nicht enttäuschen.«

NEUNTES KAPITEL

Die Tage danach schienen damals nur im Schneckentempo zu vergehen, und ich kann mich heute nur sehr verschwommen an sie erinnern. Ich war beunruhigt und konnte mich in meiner Ungeduld nur sehr schwer auf etwas konzentrieren. Auf dem Flug nach Moskau studierte ich den Plan für den Auftrag immer und immer wieder, ich hatte ja auch nichts Besseres zu tun. Bis wir schließlich landeten, kannte ich jeden einzelnen Punkt unseres langen Einsatzplanes auswendig.

- **Ziel:** Zerstörung des Korean-Air-Fluges 858 mit Abflug von Bagdad am 29. November nach Seoul über Abu Dhabi und Bangkok.
- **Operationsteam:** Leitung: Spezialagent Kim Seung Il; Assistent: Agentin Kim Ok Hwa.
- **Unterstützungsteam:** Leitung: Spezialagent Choi Jung Soo; Assistent: Agent Choi Hong-Nark.
- **Einzelheiten zum Einsatz:** Abflug Flughafen Soonan, Pjöngjang am 12. November 1987, 8.30 Uhr mit Ziel Moskau. In Moskau zwei Übernachtungen in der nordkoreanischen Botschaft zur

Erlangung eines Aeroflot-Tickets von Moskau nach Budapest für den 15. November, 9.00 Uhr.

- **15. November:** Abflug von Moskau nach Budapest, Ankunft 11.04 Uhr. Vier Übernachtungen in Budapest in der konspirativen Wohnung des Auslandsgeheimdienstes, anschließend Weiterreise nach Wien. Einreise nach Österreich ohne Pässe mit Hilfe von Agenten vor Ort. In Wien wird das Operationsteam im Ampak-Hotel absteigen und unter dem Codewort *Nakayama* kontaktiert. In Wien wird das Operationsteam sich mit japanischen Pässen ausweisen und zwei verschiedene Sätze Tickets kaufen:

1. Die ersten Tickets werden ausgestellt auf die Strecke Wien – Belgrad – Bagdad – Abu Dhabi – Bangkok – Seoul.
2. Der zweite Satz Tickets lautet auf die Strecke Wien – Belgrad – Bagdad – Abu Dhabi – Bahrain und wird nur im Notfall verwendet.

Rückflugtickets nach Rom über Amman werden gesondert in Abu Dhabi gekauft. Nach dem Kauf der ersten beiden Tickets wird das Operationsteam sich telefonisch mit Spezialagent Choi in Bagdad in Verbindung setzen. Während des restlichen Aufenthaltes in Wien wird das Operationsteam sich als japanische Touristen ausgeben.

- **24. November:** Abflug Wien 11.00 Uhr, Ankunft Belgrad 14.00 Uhr. Vier Übernachtungen im Metropolitan-Hotel. Das Operationsteam gibt sich erneut als Touristen aus.

- **28. November:** Abflug Belgrad 14.30 Uhr, Ankunft Bagdad 20.30 Uhr. Das Operationsteam wird auf den Korean-Air-Flug 858 warten. Währenddessen trifft sich das Operationsteam mit dem Unterstützungsteam zur Übernahme des Sprengstoffes. Nach dem Treffen wird die Bombe scharf gemacht und der Zeitzünder auf neun Stunden später eingestellt. Dies kann sich unter Umständen noch ändern. Das Schärfen und Einstellen der Bombe wird von Kim Seung Il übernommen; sollte er aus irgendeinem Grunde hierzu nicht in der Lage sein, übernimmt Kim Ok Hwa diese Aufgabe.

Um 23.45 Uhr ist die Bombe an Bord des Fluges 858 im Gepäckfach über den Sitzen zu verstauen. Das Operationsteam wird in Abu Dhabi von Bord gehen und den Sprengstoff im Flugzeug zurücklassen. Sollte die Bombe entdeckt werden, bevor das Operationsteam ausgestiegen ist, behaupten sie, das Gepäck sei nicht ihres.

- **29. November:** Um 2.50 Uhr nehmen Sie nach der Ankunft in Abu Dhabi den nächsten Flug nach Rom über Amman. In Rom angekommen, chekken Sie für ein paar Tage in einem Hotel ein und geben sich wieder als Japaner auf Touristenreise aus.
- **1. Dezember:** Abfahrt von Rom nach Wien. Dort halten Sie sich einige Tage in der nordkoreanischen Botschaft auf, bevor Sie nach Unterweisung durch unser Personal vor Ort nach Pjöngjang zurückkehren.

Nachdem ich den gesamten Zeitplan im Kopf hatte, ging ich die Anweisungen für das Schärfen und Einstellen der Bombe durch:

Sprenganweisung für das Radio Modell Panasonic Nr. RF-082

- Einstellen der Bombe für die Explosion nach neun Stunden:
  1. Betätigen Sie die vier Schalter unterhalb der Digitaluhr auf der rechten Seite der Radiobombe.
  2. Stellen Sie den Weckschalter so ein, daß er in der Mitte des Wortes *Radio* steht, dann wird die Bombe neun Stunden, nachdem sie scharf gemacht wurde, explodieren.

- Einstellen einer anderen Explosionszeit der Bombe:
  1. Führen Sie Schritt 1 wie oben beschrieben aus.
  2. Stellen Sie mit Hilfe der drei Schalter unterhalb der Digitaluhr die aktuelle Ortszeit ein.
  3. Drücken Sie auf den Schalter *Display* rechts von der Digitaluhr.
  4. Stellen Sie durch Betätigung der drei Schalter auf der rechten Seite der Digitaluhr die gewünschte Explosionszeit ein.
  5. Führen Sie Schritt 2 wie oben beschrieben aus.

Auf dem Flug befand sich noch ein weiterer Agent des Auslandsgeheimdienstes, der Seung Il und mich einmal nach vorn in die Kabine bat, um den Auftrag noch ausführlicher zu besprechen. Da wir uns auf einem Privatflug befanden, war das Flugzeug fast leer, und hinter der Kanzel war ein gut ausgestatteter Aufenthaltsraum eingerichtet mit einer Bar und einem Video-Playback-System.

Der Name des Agenten war Cheon. Er war in den Fünfzigern, untersetzt und übergewichtig. Sein Haar lichtete sich, und ein reichlich komisches Muskelzukken im Gesicht erweckte den Eindruck, daß er ständig lächelte. Wir sprachen ein paar Minuten lang den Zeitplan durch, den ich gerade gelesen hatte. Doch dann kam er auf einen sehr beunruhigenden Punkt des Auftrages zu sprechen, der zuvor nie erwähnt worden war.

»Die Regierung hat vollstes Vertrauen in Ihre Fähigkeiten«, sagte Cheon. »Dennoch dürfen wir, auch wenn es noch so unwahrscheinlich ist, die Möglichkeit nicht gänzlich außer acht lassen, daß etwas schiefgeht.« Er holte zwei Packungen Marlboro hervor und gab jedem von uns eine. »Sie werden feststellen, daß in jeder Packung eine Zigarette leicht mit schwarzer Tinte markiert ist. In den Filterstücken dieser Zigaretten befinden sich Zyankaliampullen. Beißt man darauf, wird das Gift freigesetzt, das sich verflüchtigt und von ihrem Blutkreislauf aufgenommen wird. Der Tod tritt dann so gut wie sofort ein.« Er schaute jeden von uns an, und durch das Zucken in seinem Gesicht erschien das alles wie eine besondere Art von Witz. »Wird einer von Ihnen gefaßt, müssen Sie das Gift nehmen, bevor Sie verhört werden können. Letztendlich gilt es, diese Mission unter allen Umständen geheimzuhalten. Verstehen Sie das?«

Ich verspürte einen plötzlichen Anflug von Übelkeit beim Blick auf die markierte Zigarette und dem Gedanken an den sofortigen Tod, den sie bedeutete. Kim Seung Il nickte Agent Cheon zu, der kühl mit den Instruktionen fortfuhr.

»Ich gebe Ihnen beiden zehntausend amerikanische Dollars zur Deckung Ihrer Spesen. Gehen Sie besonnen mit dem Geld um. Die Verwaltung des Geldes für diesen Auftrag überlasse ich Ihnen, Ok Hwa. Bewahren Sie das Geld sicher auf, und tauschen Sie es wenn nötig in andere Währungen um.« Er griff in eine Aktentasche, die die ganze Zeit bereits geöffnet auf dem Tisch gelegen hatte, und entnahm ihr ein dickes Paket mit Hundertdollarscheinen. Ich nahm das Paket vorsichtig in Empfang und steckte es in meine Handtasche.

»Zum Schluß«, sagte Cheon, »möchte ich Ok Hwa noch damit beauftragen, dafür zu sorgen, daß Kim Seung Il seine Arznei nimmt.« Diesmal stand ein echtes Lachen in seinem Gesicht, als er den alten Krieger anschaute. »Ich weiß, du kannst sie auf den Tod nicht ausstehen, Seung Il, und im allgemeinen glaube ich schon, daß du sie auch ohne Aufpasser nimmst, aber wir brauchen dich gesund.«

Kim zuckte mit den Schultern und machte nicht den Eindruck, dies witzig zu finden. Er wandte sich mir zu und sagte: »Ok Hwa, könntest du uns vielleicht einen Augenblick alleine lassen?«

»Selbstverständlich«, erwiderte ich, stand auf und ging zurück zu meinem Platz. Aus dem Aufenthaltsraum konnte ich einige Wortfetzen eines Streitgespräches aufschnappen. Aus dem wenigen, das ich hören konnte, schloß ich, daß Seung Il mit dem Plan nicht einverstanden war.

»So ein Quatsch!« hörte ich ihn rufen. »Wir werden uns mitten in einem verdammten Kriegsgebiet aufhalten! Der Iran und der Irak befinden sich noch immer im Krieg, und es wird absolut unmöglich sein, Sprengstoff durch den Flughafen in Bagdad zu schmuggeln.

Wenn etwas schiefgeht, werden nicht nur Ok Hwa und ich in Schwierigkeiten sein, sondern unsere ganze Nation wird sich lächerlich machen. Versteht ihr das denn nicht?«

»Jetzt paß einmal auf«, schnauzte Cheon ihn an, »ich habe meine Befehle. Wenn du damit ein Problem hast, schlage ich vor, daß du dich mit dem Direktor in Verbindung setzt.«

»Idioten«, sagte Kim fast unhörbar. »Ich habe das schon in der Zentrale zur Sprache gebracht, aber ihr seid ja alle wie besessen von dem Projekt.« Einen Augenblick später kam er zurück in die Kabine. Vor unserer Abreise hatte er sich einer Magenoperation unterziehen müssen, es wurde gemunkelt, daß er Krebs habe. Sein Gesicht sah blaß und ungesund aus, und er schien noch etwas wacklig auf den Beinen. Er lief zum hinteren Teil des Flugzeuges, ging zur Toilette und warf die Tür hinter sich zu.

Dann erschien Cheon und setzte sich auf den Sitz neben mich. »Von größter Bedeutung ist es jetzt erst einmal«, sagte er leise, »daß Sie sich um seine Gesundheit kümmern. Sollte irgend etwas geschehen, werden Sie den Auftrag selbst übernehmen müssen.«

»Er sieht jetzt schon aus, als sei er einem Zusammenbruch nahe«, erwiderte ich kaum lauter als ein Flüstern.

»Das liegt zum Teil an den Medikamenten«, erklärte er. »Genosse Kim kann noch viele lange Jahre leben, aber der Streß dieses Auftrages hat bereits seine Auswirkungen. Sein Gesundheitszustand wird sich dadurch nur verschlechtern. Kümmern Sie sich um ihn, Ok Hwa. Er wird Sie brauchen.«

Ich nickte. »Machen Sie sich keine Gedanken. Das werde ich schon schaffen.« Doch meine Stimme drückte viel mehr Selbstvertrauen aus, als ich empfand.

Er musterte mich von der Seite, und sein Gesicht zuckte, bevor er wieder aufstand und zurück in den Aufenthaltsraum ging. Wenige Minuten später war auch Kim wieder da, schaute noch blasser aus als sonst und sank in den Sitz auf der anderen Seite des Ganges. »Verdammte Idioten«, murmelte er, als er den Sitz zurückstellte und die Augen zumachte. Obgleich ich es versuchte, konnte ich für den Rest des Fluges nicht schlafen. Ich dachte zurück an Pjöngjang, wo Kim und ich vor unserer Abreise als formellen Beginn unserer Mission den Treueeid geschworen hatten:

> Die gesamte Nation ist erfüllt vom hohen Geist des Sozialismus. Die sozialistische Revolution in Südkorea steht kurz bevor, und unsere Feinde haben keinen Ausweg mehr. Zum Antritt unserer Mission schwören wir wie folgt:
> Im Zuge unserer Mission werden wir nie vergessen, welches Vertrauen die Partei in uns gesetzt hat und welche Sorgen sie sich um uns macht. Wir haben geschworen, den Regeln der Revolution zu folgen und ohne Einschränkungen miteinander zu kooperieren, um unsere Mission zu erfüllen.
> Wir werden die Herrschaft Unseres Lieben Führers mit unserem Leben schützen.

Kim und ich mußten diese Worte laut sprechen und auch ein Schriftstück des gleichen Inhalts unterzeichnen.

Ich öffnete meine Augen und schaute zu ihm herüber. Er schien eingeschlafen zu sein und atmete so durch den Mund, daß er schon ziemlich schnarchte.

Aus einem richtigen Anflug von Zuneigung zu ihm verspürte ich den Wunsch, ihm über das Gesicht zu streicheln.

Kim Seung Il hatte sieben Kinder. Seine jüngste Tochter war bereits über Dreißig und verheiratet. 1984 hatte er sich aus dem Auslandsgeheimdienst zurückgezogen, war aber im Frühjahr diesen Jahres gebeten worden, wieder aktiv zu werden. Er hatte schon viele Jahre lang an Gallensteinen gelitten, aber während unserer ersten Reise 1984 hatte er noch einen recht gesunden Eindruck gemacht. Während der letzten paar Tage schwelgte er häufig in Erinnerungen an die Morgen, an denen er, als er noch pensioniert war, an einer Talsperre unweit seines Hauses angeln gehen konnte. Er hatte es geliebt. Ich wußte, daß er genauso froh sein würde wie ich, wenn wir alles überstanden hatten.

Ich dachte zurück an meine überstürzte Abreise aus dem Lager. Ich hatte in Windeseile gepackt, und es gab keine Zeit für lange Abschiedsszenen. Ich hatte Sook Hee alles Gute gewünscht, rechnete aber damit, sie einmal wiederzusehen. Dann ging ich zu Wul Chi, um mich von ihr zu verabschieden. Sie war ins Wohnzimmer gekommen und hatte zunächst den alten Seung Il mit ihrer Umarmung fast erstickt. »Komm bitte gesund zurück, hörst du?« sagte sie mit Tränen in den Augen. Als sie sich danach mir zuwandte, schaute sie mich lange an, bevor sie weitersprach: »Ich wünsche dir ein gutes Leben, Ok Hwa. Du wirst mir fehlen.«

Ihre Worte hatten mich etwas beunruhigt. »Wul Chi, heißt das, ich komme nie wieder hierher zurück?«

Sie führte mich wieder zurück in die Küche und bat

die Männer zu warten. Als wir alleine waren, umarmte sie mich und sagte: »Ok Hwa, ich glaube, es wäre vielleicht nicht so schwer, wenn du nicht so hübsch wärest. Aber der Kombination aus deiner äußeren Erscheinung und deiner Intelligenz konnten sie einfach nicht widerstehen. Ich hoffe nur, daß sie dich eines Tages wieder gehen lassen, damit du zur Ruhe kommst und heiraten kannst.« Sie ließ mich los und schaute mir in die Augen. »Wir werden uns nicht wiedersehen. Viel Glück.«

Nun standen mir dic Tränen in den Augen, so daß ich sie nur stumm anlächeln konnte, bevor ich ging. Ich wußte, daß ich völlig die Fassung verlieren würde, wenn ich noch länger bliebe.

Zurück in der Gegenwart, entwich mir ein langer Seufzer. Ich hatte im Laufe der Jahre so viele wunderbare Menschen kennengelernt. Ich fühlte mich dadurch um so mehr angespornt, meinen Auftrag erfolgreich abzuschließen, fast so, als würde ich auf diese Weise all die Erwartungen, die sie jemals in mich gesetzt hatten, erfüllen können. Es kam mir vor, als drehte sich mein ganzes Leben, von der Geburt bis zum heutigen Tage, nur um diesen einen Auftrag.

Die nächsten Tage vergingen nur sehr langsam. Wir tankten mitten in der Nacht tief in der Sowjetunion auf. Am Boden lag Schnee, und die Lichter, die uns aus der in einiger Entfernung gelegenen Stadt entgegenleuchteten, schienen die Einsamkeit dieses Ortes nur noch zu unterstreichen. Anschließend ging es weiter nach Moskau, von wo aus wir nach einem stressigen Tag nach Budapest flogen.

Auch in Budapest, wie schon zuvor in Moskau, waren bereits die Vorboten des Winters zu spüren. Wir trafen erst spät nachts ein und mußten feststellen, daß in unserer Botschaft niemand von unserer Ankunft in Kenntnis gesetzt worden war. Unsere Mission war offensichtlich so geheim, daß in der Tat nur sehr wenige Leute überhaupt etwas darüber wußten. Kim rief in der Botschaft an und wurde, nachdem er ein besonderes Codewort genannt hatte, mit einem Außendienstagenten verbunden. Eine halbe Stunde später holte uns der Botschaftschauffeur ab, der uns eigentlich zu der konspirativen Wohnung fahren sollte, in der wir für die nächsten Tage unterkommen sollten. Wie gesagt, eigentlich. Nach einiger Zeit gestand er uns, daß er noch nicht lange chauffierte und Budapest nicht gut kannte. Es schneite schon ein wenig, und wir fuhren stundenlang durch die verlassenen Straßen der Stadt, bevor wir die konspirative Wohnung fanden. Inzwischen war es drei Uhr morgens, und Kim und ich schliefen sofort ein.

Die wenigen Tage in Budapest waren unerträglich öde. Kim Seung Il war zu schwach und kaputt, um irgendwohin zu gehen. Da wir uns außerdem noch nicht als Touristen ausgaben, gab es nichts Interessantes für uns zu tun. Ab und zu streifte ich ein wenig durch die nahegelegenen Straßen, um ein Gefühl für diese neue Stadt zu bekommen, aber das Wetter war so schrecklich, daß ich aus der depressiven Stimmung überhaupt nicht mehr herauskam. Auch das Fernsehen half nicht weiter, denn ich verstand kein einziges Wort von alledem, was dort gesprochen wurde.

Der Agent, der sich um die konspirative Wohnung kümmerte, war ein Mann mittleren Alters namens Chun. Er hatte eine wunderschöne Frau, die uns immer sehr ausgefallene Gerichte kochte. Ich plauderte viel und lange mit ihr, aber aufgrund unserer beider Pflichten zur Geheimhaltung konnten unsere Gespräche nur sehr oberflächlich sein.

Unser vorerst größtes Problem war die Einreise nach Österreich ohne Visa, um zu vermeiden, daß man unsere Spur verfolgen konnte. Bis zu diesem Zeitpunkt hatte uns jedoch noch niemand erklärt, wie wir diese Einreise bewerkstelligen sollten. Da unsere Vorgesetzten in Pjöngjang es versäumt hatten, einen guten Einsatzplan auszuarbeiten, mußte Spezialagent Chun eine Lösung finden.

Am Tag vor unserer planmäßigen Abreise ging er früh aus dem Haus, um, wie er sagte, noch ein paar Erkundigungen einzuziehen. Kim, dem es wieder etwas besser ging, schlug vor, daß wir ein wenig die Stadt besichtigen sollten, woraufhin uns Chuns Frau Liau begleitete. Kim bestand darauf, daß wir in jedes Kaffeehaus gingen, an dem wir vorbeikamen. Er sagte, er hätte Durst. Ich wurde langsam wütend und erklärte ihm, er hätte sich eine Flasche Wasser mitnehmen sollen und daß jemand mit seinem Magen überhaupt keinen Kaffee trinken sollte. »Ach hör schon auf«, antwortete er gereizt. »Ich habe lange genug gelebt. Jetzt möchte ich verdammt noch mal das trinken, wozu ich gerade Lust habe, bevor ich sterbe.«

Bald wurde Kim müde, und wir waren gezwungen, zur Wohnung zurückzukehren. Chun war schon wieder da und erzählte uns ganz überschwenglich, daß er einen Weg gefunden habe, wie wir nach Österreich kommen konnten. »Aber darüber machen wir uns dann morgen Gedanken«, sagte er. »Heute abend gehen wir zu einem westlichen Essen im Hilton-Hotel.«

Auf unserem Weg zum Essen konnte ich etwas mehr von Budapest sehen. Wenngleich auch Ungarn jahrelang kommunistisch war, hatte sich doch durch die *Perestroika* eine kapitalistischere Wirtschaft entwikkelt. Essen, Kleider und Luxusgüter gab es in wesentlich größeren Mengen als in Nordkorea. Am erstaunlichsten war für mich der Besuch auf dem Flohmarkt. Ich war wirklich von Ehrfurcht ergriffen angesichts der vielen verschiedenen Dinge, die dort zum Kauf angeboten wurden. Ich mußte alles in die Hand nehmen, einfach weil es so schön war, diese Dinge zu *berühren.* Kim spürte, was ich empfand, und kaufte mir ein Kleid. Ich wünschte mir so sehr, daß ich ein paar dieser Kleider an meine Mutter und Hyun Ok schicken könnte. Liau muß meine Gedanken gelesen haben, denn sie schlug vor, ein weiteres Kleid zu kaufen und beide für mich nach Pjöngjang zurückzuschikken. Ich nahm sie in die Arme und sehnte mich nach dem Tag, an dem auch Nordkorea einen solchen Lebensstandard haben würde.

Das Dinner an jenem Abend war großartig, ein Essen von einer Qualität, wie es wohl selbst hochrangige Nordkoreaner nicht kannten. Ich genoß allmählich alles wie bei meiner ersten Reise nach Europa.

Der nächste Tag war kalt und regnerisch. Chun erläuterte, daß er uns selbst in seinem Wagen mit diplomatischem Kennzeichen über die österreichische Grenze bringen würde und seinen Diplomatenpaß benutzen wollte. Somit standen die Chancen sehr gut, daß wir ohne Probleme ins Land gelassen würden.

Wir fuhren durch die ländlichen Gebiete bis zur Grenze und hielten am ungarischen Grenzposten an. Chun überreichte dem Zollbeamten unsere drei Pässe. Als dieser den obenliegenden Diplomatenpaß Chuns erblickte, winkte er uns durch. Kurze Zeit später erreichten wir den österreichischen Grenzposten und konnten bald darauf nach Österreich selbst einfahren.

Mir war ein riesiger Stein vom Herzen gefallen. Chun überreichte uns unsere japanischen Pässe, die wir von nun an benutzen sollten. Auf der Fahr beeindruckten mich die im westlichen Stil gebauten Häuser, die größer und robuster aussahen als unsere koreanischen. Die Landschaft war atemberaubend schön, und ich erinnerte mich noch an die majestätischen Alpen.

In Wien angekommen, hielten wir an einem Rciscbüro, und Kim ließ sich unsere Buchung im Ampak-Hotel bestätigen. Er blieb über eine halbe Stunde fort, so daß Chun und ich begannen, uns Sorgen zu machen. War er zusammengebrochen? War er festgenommen worden? Chun wollte gerade selbst hineingehen, als Kim ganz seelenruhig herauskam und sich wieder friedlich ins Auto setzte. Er sagte noch nicht einmal, warum er so lange gebraucht hatte, und bat Chun recht barsch, zum Hotel zu fahren.

Als wir eincheckten, konnte Seung Il kaum aufrecht stehen. Sofort als wir auf unserem Zimmer angekommen waren warf er sich auf sein Bett und schlief kurz darauf tief und fest. Ich packte meine Sachen aus und blätterte in einer Zeitschrift, die ich in Pjöngjang gekauft hatte. Kim schlief ungefähr eine Stunde. Als er wieder aufwachte, war es Zeit, unsere Tickets abzuholen.

Das war der entscheidendste Punkt unseres Aufenthaltes in Wien. Die Flugscheine waren vorzeitig von einem Mitarbeiter des Auslandsgeheimdienstes gekauft worden, und wir sollten uns später mit einem Außendicnstmitarbeiter treffen. Wir gingen nach draußen, wo wir wegen des Nieselregens unsere

Schirme brauchten. Nicht weit vom Hotel entfernt fanden wir eine Telefonzelle, und Kim suchte seine Taschen nach seiner Telefonliste ab. Chun hatte, bevor er wieder zurückfuhr, jedem eine kodierte Liste mit sicheren Telefonnummern gegeben, über die wir uns europaweit mit Personal des Auslandsgeheimdienstes in verschiedenen Orten in Verbindung setzen konnten. Kim wählte die Sondernummer für die nordkoreanische Botschaft in Wien und sprach nur kurz, bevor er wieder einhängte.

»In einer halben Stunde«, sagte er, als er aus der Telefonzelle heraustrat. Er wies auf einen Park auf der anderen Straßenseite. »Mitten durch diesen Park fließt ein kleiner Bach. Wir werden den Außendienstagenten auf der Parkbank nahe der Brücke treffen.«

Wir überquerten die Straße und schlenderten in den Park hinein. Die Blätter waren schon längst von den Bäumen gefallen, und im Park waren nur wenig Leute. Den Bach hatten wir bald gefunden und brauchten ihn nur entlang zu gehen, bis wir an eine kleine Steinbrücke kamen. Nicht weit davon stand eine Parkbank, auf die wir uns setzten, während wir in der feuchten Kälte warteten.

Zwanzig Minuten später kam eine gutgekleidete Frau mit breitkrempigem Hut von der anderen Seite des Baches her auf uns zu. Sie überquerte die Brücke, und als sie sich näherte, konnte ich sehen, daß sie koreanisch aussah. Sie ging geradeaus weiter, aber als sie an uns vorbeikam, hörte ich sie das Wort *Nakayama* sagen. Seung Il wiederholte das Wort, ohne sie anzuschauen. Ich sah, wie sie kurz zurückkam und etwas in einen Papierkorb in unserer Nähe warf. Bald darauf war sie verschwunden.

Kim wartete noch einige Minuten, bevor er mir

sagte, daß wir gehen konnten. Wir gingen den gleichen Weg, den zuvor die Frau genommen hatte. In Höhe des Papierkorbes schaute sich Kim schnell um, bevor er hineingriff und einen großen braunen Umschlag herausholte. Im Weitergehen öffnete er den Umschlag und schaute kurz hinein.

»Hervorragend«, sagte er. »Vielleicht klappt ja doch noch alles.«

Die nächsten paar Tage verbrachten wir damit, in Wien die Bilderbuchtouristen zu spielen: Wo immer wir hinkamen, machten wir Fotos. Es ging aber dabei nicht nur darum, den äußeren Schein zu wahren. Unsere Vorgesetzten in Pjöngjang würden sich ebenfalls dafür interessieren, zumal dadurch bewiesen werden konnte, daß wir den Anweisungen aufs I-Tüpfelchen folgten und keine Zeit in ausgefallenen Geschäften verschwendeten, die nur so von kapitalistischer Dekadenz strotzten!

An einem Tag aßen wir in einem chinesischen Restaurant zu Mittag. Ich war froh, einmal etwas in den Magen zu bekommen, das nicht westlich war. Nicht, daß mir europäisches Essen nicht geschmeckt hätte, nur hatte ich die ganze Woche hindurch nichts anderes bekommen. Jetzt fand ich es gut, etwas essen zu können, das mir nicht so fremd war.

Während des Mittagessens drückte Kim plötzlich seine Hand auf den Magen und fiel fast vom Stuhl. »Mayumi«, sagte er – wir durften uns während des Auftrages nicht mit unseren koreanischen Namen anreden – »ich kann nicht laufen.«

Ich lief um den Tisch herum, um ihm zu helfen. »Du mußt aber, denn wir können nicht gut einen Krankenwagen rufen.«

Ich half ihm, auf die Beine zu kommen. Nachdem ich die Rechnung bezahlt hatte, half ich ihm zurück zum Hotel. Ich stützte fast sein ganzes Gewicht, und er atmete schnell und schwer. Einen Augenblick lang machte ich mir Sorgen, daß er sterben würde, aber im Hotel angekommen, sagte er, es ginge ihm schon besser.

Er lief alleine durch die Empfangshalle, um keine Aufmerksamkeit zu erwecken. Als wir unser Zimmer erreicht hatten, brach er auf dem Bett zusammen. Ich holte seine Arznei und flößte sie ihm förmlich ein. Bald darauf schlief er. Vor lauter Erleichterung war mir ganz schwummrig geworden.

Den Nachmittag verbrachte ich vor dem Fernseher und döste ein wenig. Seung Il wurde gegen Abend wieder wach, und wir konnten sogar ausgehen, um ein leichtes Abendessen einzunehmen. Nach unserer Rückkehr übten wir an einer Attrappe, wie die Bombe scharf zu machen war.

An unserem letzten Tag in Wien gönnten wir uns einen Einkaufsbummel. Natürlich wurde von uns erwartet, daß wir den höheren Regierungsbeamten bei unserer Rückkehr Geschenke überreichten. Kim und ich hatten zweihundert Dollar, die wir für uns selbst ausgeben durften, mußten aber bald feststellen, daß uns das in Wien nicht sonderlich weit brachte. Wir sahen uns in allen möglichen Geschäften um. Im Vergleich zu den gutgekleideten europäischen Frauen in ihren Nerzmänteln kamen wir uns als angeblich reiche japanische Touristen recht schäbig vor, zumal die echten japanischen Touristen wirklich genauso reich waren wie die Europäer. Die meisten Kleider waren mir allerdings zu groß, so daß wir eher bedeutungslose Kleinigkeiten kauften, wie zum Beispiel eine Batterie für Seung Ils Armbanduhr und fünf Paar Strümpfe für mich.

Ich war nicht traurig, Wien den Rücken zu kehren. Es ist eine schöne Stadt, aber nachdem wir die Flugscheine hatten, bekam ich das Gefühl, dort eigentlich nichts mehr verloren zu haben. Wir schlugen nur noch die Zeit tot, und da wir aus einem sozialistischen Land kamen, war es zwar recht faszinierend, aber immer noch seltsam, soviel Zeit in Westeuropa zu verbringen.

Belgrad versprach anders zu sein. Jugoslawien hatte sich zwar den anderen Ostblockländern etwas entfremdet, war aber ein sozialistisches Land, und es ging das Gerücht, es sei wohlhabender als Nordkorea.(Wieder mal ging es jedem anderen Land, das ich besucht hatte, besser als Nordkorea.) Ich machte mir ein bißchen Sorgen darüber, in einem sozialistischen Land japanische Pässe zu benutzen, da ich befürchtete, daß man uns dort strenger beobachten würde. Jemand vom Auslandsgeheimdienst in Pjöngjang hatte Nachforschungen angestellt und herausgefunden, daß Jugoslawien *wirklich* japanische Touristen anzieht, wenn auch nicht so viele. Selbst unsere Vorgesetzten hatten zugegeben, daß es unter Umständen schwierig werden könnte.

Meine Angst wurde noch größer, als ich feststellte, daß wir die einzigen japanischen Passagiere auf dem Flug nach Belgrad waren. Bei den vielen östlichen Touristen in Wien hatten wir jeglichen Kontakt mit Asiaten vermieden, aber hier fielen wir wirklich auf. Ich sprach mit Kim Seung Il darüber, der zum wiederholten und auch nicht zum letzten Male erwiderte, daß unser gesamter Einsatzplan von vorne bis hinten voller Fehler war.

Wir kamen jedoch ohne Schwierigkeiten nach Belgrad und fanden im Flughafengebäude Dutzende von Taxifahrern, die sich anboten, uns in die Stadt zu chauffieren. Auf unserer Fahrt zum Hotel Intercontinental, wo wir übernachten würden, war mein erster Eindruck von Belgrad der, daß es schmutziger, trübseliger und wesentlich deprimierender war als Wien. Es war rauh und kalt, die Stadt war reichlich chaotisch, und weder die städtebauliche Anlage noch die Architektur erweckten in mir besonderes Interesse.

Unser Aufenthalt in Belgrad war noch langweiliger als unsere Tage in Wien. Kim fühlte sich die meiste Zeit krank, schleppte sich aber jeden Tag für ein paar Stunden nach draußen. An einem Tag landeten wir in einem Kaufhaus, in dem Kim fast eine ganze Stunde lang Hüte anprobierte. Ich wiederum ging in die Abteilung für Dessous, wobei ich erstaunt war von der Vielfalt der romantischen, spitzenverzierten und erotischen Wäsche, die es dort zu kaufen gab. Ich war fünfundzwanzig, eine Jungfrau, und hatte keine Aussichten, bald – wenn überhaupt jemals – zu heiraten.

Sex als solches war ein recht zwiespältiges Thema für mich. Weder mir noch den Frauen, mit denen ich aufgewachsen war, war das Knistern zwischen Männern und Frauen fremd, doch waren wir von Kindesbeinen an so erzogen worden, daß außerehelicher Sex verboten war. Selbst während unserer Zeit im Kolleg waren Männer und Frauen getrennt untergebracht. Nach der Heirat war Sex nur zum Zwecke der Fortpflanzung gestattet, da unser Sozialismus wenig für Romantik übrig hatte. Nordkorea war eine ausgesprochen unsinnliche Gesellschaft, was zum Teil auch in meinen Ansichten zum Ausdruck kam. Es ist nicht ohne Ironie, daß unsere Vorgesetzten von uns Frauen erwarteten, daß wir in der Lage wären, Männer zu verführen und sie gegebenenfalls zu manipulieren, falls die Mission einen solchen Einsatz erforderte. Trotz meiner Erziehung war ich mir aber der erotischen Möglichkeiten zwischen den Geschlechtern bewußt und verspürte ab und an eine richtige Sehnsucht und das Gefühl von Einsamkeit.

Ich kaufte etwas Spitzenunterwäsche, die es in Nordkorea nie gegeben hätte, und machte mich dann auf die Suche nach Kim Seung Il. Er war nirgendwo zu sehen. Als ich durch die Gänge streifte, sprach mich ein heruntergekommener schizophrener Alter an, der mir Obszönitäten (oder zumindest etwas, was ich dafür hielt) entgegenschrie und sogar versuchte, mich mit seinem Schirm zu schlagen. Ich machte mir sofort Sorgen wegen der Aufmerksamkeit, die dies erregen würde und reagierte automatisch so, wie ich es in meiner Ausbildung gelernt hatte. Ich ging auf ihn zu, hielt die Hand fest, in der er den Schirm hatte, und trat ihn mit dem Knie in die Leistengegend. Gleichzeitig drehte ich seinen Arm herum und ließ ihn auf dem Teppich zu Boden gehen. Ich kniete neben ihm, meine Hand bereit, ihn ins Gesicht zu schlagen. Er hatte sich aber zusammengerollt und hielt seine Leiste. Ich brauchte nichts mehr zu tun. Glücklicherweise waren wir überall von Ständern mit Unterwäsche umgeben, und niemand schien uns bemerkt zu haben. Ich raffte meine Taschen zusammen und fragte mich, wo in aller Welt Kim wohl steckte.

Ihm konnte alles mögliche passiert sein, dachte ich, als ich zum Hotel zurückrannte. Herzanfall, Festnahme – vielleicht hatte er sich sogar von mir abgesetzt! Ich war wütend und nervös. Die Aussicht, diese

Mission alleine zu Ende bringen zu müssen, war eine einzige Horrorvision.

Zurück im Hotel, fand ich Kim in unserem Zimmer, wie er am Tisch ein paar Pakete mit Lebensmitteln auspackte. Ich war unglaublich erleichtert, ihn dort zu sehen, aber meine Freude schlug auch gleich wieder in Wut um. »Wo zum Teufel warst du?« schrie ich ihn an, warf meine Taschen auf das Bett und baute mich vor ihm auf. »Ich habe überall nach dir gesucht! Warum hast du mich da allein gelassen?«

Ihn schien mein Wutanfall nur zu amüsieren, und anstelle einer Antwort deutete er nur auf den Tisch. »Ich habe etwas Wurst und Brot gekauft und schlage vor, daß wir das essen, solange es noch frisch ist, einverstanden?«

Ich stand wutschnaubend vor ihm. Ich war schokkiert darüber, daß er mich allein gelassen hatte und darüber, daß ihm mein Ärger überhaupt nichts ausmachte. Er lachte und erhob die Hände, um mich zu besänftigen.

»Mayumi, ich habe auch nach dir gesucht. Als ich in der Hutabteilung fertig war, konnte ich dich nirgends entdecken und dachte mir, du würdest schon irgendwann zum Hotel zurückkommen, also habe ich mich auf den Rückweg gemacht. Unterwegs entdeckte ich dann diese Wurst, die übrigens langsam kalt wird, wenn wir noch lange weiterreden.« Er bot mir ein Stück Brot an, das ich ihm aus der Hand riß und mir in den Mund stopfte. Er blickte mich weiter amüsiert an, und bald darauf mußte auch ich loslachen. Ich tat so, als wollte ich ihm einen Nasenstüber verpassen, woraufhin er trotz seines Alters sofort zurückwich und Kampfhaltung annahm. »Du verdammter Idiot«, murmelte ich, noch immer lachend, während ich das Brot fertig kaute. »Ich habe mir Sorgen um dich gemacht.«

*

Die verbleibende Zeit in Belgrad verbrachten wir damit, uns auf die Reise nach Bagdad vorzubereiten. Kim und ich übten immer und immer wieder an der Attrappe das Scharfmachen der Bombe. Schließlich konnte ich es im Schlaf. Am Abreisetag packten wir sorgsam unsere Koffer und schauten uns zweimal im Zimmer um, damit wir sicher waren, daß wir nichts vergessen hatten, womit man uns hätte aufspüren können.

»Das war's, Mayumi«, sagte Seung Il, als wir die Tür hinter uns ins Schloß zogen und in Richtung Aufzug liefen. »Auf ins Gefecht!«

ZEHNTES KAPITEL

Da stand sie auf dem Rollfeld, keine 100 Meter von mir entfernt: Die Maschine der Korean Air, Flug 858. Ich starrte sie durch die riesigen Fenster der Flughalle an und sah, wie das Bodenpersonal die Wartungsarbeiten abschloß. Wenn sie nur wüßten, was heute geschehen würde ...

Es war der 28. November, kurz vor Sonnenuntergang. Selbst so spät im Jahr war es in Bagdad noch stickig heiß. Wir waren gerade planmäßig aus Belgrad gelandet und würden in wenigen Stunden in Richtung Abu Dhabi weiterfliegen. Heute würde es nach all der Vorbereitung endlich losgehen.

Kim Seung Il stand neben mir, und ich spürte, daß ihm die gleichen Gedanken durch den Kopf gingen. Er suchte nach meiner Hand, ergriff sie und drückte sie in einem seltenen Anflug von Gefühlswallungen. Eine so liebevolle Geste eines Vaters gegenüber seiner Tochter paßte gut zu unserer Rolle. Trotz unseres Altersunterschiedes, trotz all seiner Erfahrung wußte ich, daß er genauso nervös war wie ich. Ich dachte kurz darüber nach, wie sehr er für mich im Laufe dieses Auftrages doch auch zur Vaterfigur geworden war. Dann dachte ich an meine eigene Familie und sehnte mich danach, zu ihr nach Hause zu fahren.

»Bald, Ok Hwa«, flüsterte er und wagte es sogar, mich zum ersten Mal bei meinem koreanischen Namen zu nennen. »Bald.«

Nachdem wir uns wieder vom Fenster abgewandt hatten, entdeckten wir zwei gutgekleidete Koreaner, die aus der Menge heraus auf uns zukamen. Einer trug einen großen Aktenkoffer. Ich wußte sofort, daß dies unsere Kontaktpersonen waren und daß sich in dem Koffer die Bombe befand. Ich tat so, als sei ich ganz ruhig, aber in meinem Magen sah es ganz anders aus.

Beide Außendienstagenten hörten auf den Namen Choi, und in der Tat sahen sie sich auf unheimliche Weise sehr ähnlich, obwohl sie vermutlich nicht miteinander verwandt waren. Sie waren genau gleich groß und trugen teure schwarze Anzüge und modische Sonnenbrillen mit Drahtgestell. Sie hatten auch die gleiche Frisur – glatt nach hinten gekämmtes Haar –, und einen Augenblick lang hatte ich das Gefühl, Zwillinge vor mir zu haben.

Der ältere der beiden Männer hatte den Rang eines Direktors im Außendienst, der jüngere war Spezialagent. Nachdem wir uns begrüßt und Höflichkeiten ausgetauscht hatten, begleiteten wir die Chois zur Flughafenbar, um einen Drink einzunehmen. Scheinbar wirklich besorgt, erkundigte sich Direktor Choi nach Kims Gesundheitszustand, der sich seit unserer Abreise aus Pjöngjang nicht gebessert hatte.

»Dies wird mein letzter Auftrag sein«, erwiderte Kim.

Direktor Choi schlug ihm auf die Schulter. »Wenn dem so ist, kann ich mir keinen besseren Auftrag für den Abschluß Ihrer herausragenden Karriere vorstellen als diesen.« Er nippte an seinem Getränk und fragte dann: »Ich gehe davon aus, daß Sie beide noch wissen, wie die Zeitschaltuhr an der Bombe einzustellen ist?«

»Selbstverständlich«, antwortete Kim.

»Sehr gut.« Er trank aus und schaute auf seine Uhr. »Nun, ich denke, wir sollten aufbrechen. Es wäre nicht gut, wenn wir zusammen gesehen würden.« Er schaute abwechselnd Kim und mich an. »Ich wünsche Ihnen beiden viel Glück.«

Wir schüttelten einander die Hände, und sie gingen, ließen aber die Aktentasche bei uns. Irgendwie war ich erleichtert, daß Kim und nicht ich sie tragen würde.

»Denk daran«, sagte Kim zu mir, als wir in Richtung Flugsteig gingen. »Der Flüssigsprengstoff in der Flasche erhöht die Sprengkraft der Radiobombe, deshalb muß er immer bei der Bombe aufbewahrt werden.« Er schaute sich in der Abflughalle um, um sicher zu sein, daß uns niemand hören konnte. »Außerdem«, fuhr er fort und sprach noch leiser als zuvor, »vergiß nicht, daß die Batterien im Radio nicht durch andere ersetzt werden können, du darfst sie also nicht verlieren.« Er brachte ein dünnes Lächeln hervor und sagte etwas sarkastisch: »Und gib acht, daß du nicht noch meine Arznei mit dem Flüssigsprengstoff verwechselst.«

Wir trennten uns an der Sicherheitskontrolle. In diesem Teil der Welt wird nicht nur das Gepäck überprüft, man muß sich auch einer Leibesvisitation unterziehen. Ich blieb äußerlich ganz ruhig, aber in meinem Inneren raste der Puls, und ich fühlte mich sogar leicht benommen.

Alles lief glatt, bis die Sonderbeamtin, eine strenge Frau in den Dreißigern, die kein bißchen lächelte, die Batterien in der Aktentasche entdeckte, zusammen mit dem, was wie eine Flasche Wasser aussah. Sie nahm sofort die Batterien heraus und sagte: »An diesem Flughafen dürfen keine Batterien mit an Bord genommen werden.«

Panik überkam mich. Ohne die Batterien würde die Bombe nicht explodieren, und unsere von langer Hand so minutiös geplante kostspielige Mission würde zu nichts führen, unsere Bemühungen umsonst gewesen sein. Ich bat sie fast weinend, mir die Batterien wiederzugeben. Sie blieb unerbittlich und begann bereits, sich zu fragen, weshalb jemand solch einen Aufstand um ein paar einfache Batterien machte. Sie warf sie in den Mülleimer, und ich konnte sehen, daß sie ungeduldig wurde.

Als ich gerade Luft holte, um einen neuen Überredungsversuch zu starten, wohl wissend, daß es undenkbar war, als Versager nach Korea zurückzukehren, entdeckte ich, wie Kim, nachdem seine Kontrolle beendet war, auf mich zukam. In diesem Moment erschien er mir wie ein Retter in der Not, und ich erzählte ihm schnell, was passiert war. Er runzelte die Stirn, schaute in die Mülltonne und holte einen

Augenblick später die Batterien wieder heraus. Er setzte sie in das Radio ein, um zu überprüfen, daß es auch funktionierte.

»Schauen Sie«, sagte er der Sonderbeamtin. »Diese Batterien sind nur für dieses Radio bestimmt, sonst nichts. An keinem der anderen Flughäfen, über die wir gereist sind, hat es jemals wegen dieser Batterien irgendwelche Schwierigkeiten gegeben. Wenn Sie uns nicht mit diesen Batterien an Bord lassen, können Sie sicher sein, daß ich mich sofort nach unserer Rückkehr bei der irakischen Botschaft in Tokio über Sie beschweren werde. Ach – und bei der japanischen Botschaft in Bagdad ebenfalls.«

Hier begriff ich langsam die Bedeutung der japanischen Wirtschaftskraft. Die Frau zögerte und schaute in Richtung eines anderen Sonderbeamten, der das Ganze aus der Nähe beobachtet hatte.

»Bitte entschuldigen Sie«, sagte er, als er nähertrat. »Sie müssen verstehen, daß wir nur unsere Anweisungen befolgen.« Er überlegte einen Moment lang und sagte dann: »Wie Sie wünschen. Sie können die Batterien mitnehmen.«

Mir fiel ein Stein vom Herzen. Wir konnten doch weitermachen. Wir kamen zu einem anderen Kontrollpunkt und mußten uns der gleichen Überprüfung noch einmal unterziehen. Diesmal versteckte Kim das Radio allerdings unter seinem Gürtel, und wir konnten ungehindert durchgehen.

»Ich habe diesen Idioten in Pjöngjang gesagt, daß wir hier Schwierigkeiten bekommen würden«, murmelte Kim vor sich hin, als wir weitergingen.

Als wir uns dem Flugsteig näherten, sahen wir viele Südkoreaner in der Wartehalle sitzen. Wir hatten fast das Gefühl, in einem südkoreanischen Flughafen zu sein. Nachdem wir schließlich ein paar Plätze etwas abseits von den anderen gefunden hatten, setzte ich mich hin. Kim ging mit dem Aktenkoffer zur Herrentoilette, kam aber eine Minute später schon wieder zurück. »Mayumi, die Herrentoilette ist voller Leute. Du mußt die Bombe mit auf die Damentoilette nehmen und sie selbst scharf machen.«

Ich starrte ihn einen Augenblick an und bekam plötzlich Angst. Ich hatte zwar die ganze Zeit geübt, die Bombe scharf zu machen, war aber während des ganzen Verlaufs unserer Mission immer davon ausgegangen, daß alles genau nach Plan verlaufen würde, und daß Kim diese Aufgabe übernahm. Als sich unsere Augen trafen, wußte ich, daß er mich musterte. Ich konnte seinem Blick standhalten und sagte: »Selbstverständlich. Ich bin gleich wieder da.«

In der Damentoilette schloß ich mich in einer Kabine ein und nahm das Radio heraus. Ich hatte das zwar schon alles einige dutzendmal mit der Attrappe geübt, aber jetzt bei der richtigen Bombe hatte ich einfach fürchterliche Angst. Meine Hände zitterten, und keine noch so große Willenskraft konnte sie dazu bringen, ruhig zu werden. Schließlich beschloß ich, daß ich einfach anfangen mußte. Ich schaute auf meine Uhr. Es war 22.40 Uhr. Wir würden in zwanzig Minuten an Bord gehen. Schritt für Schritt versuchte ich, so methodisch wie irgend möglich, den Wecker wie geprobt so einzustellen, daß er neun Stunden später losging. Anschließend legte ich mit angehaltenem Atem, halbwegs erwartend, daß die Bombe hier und jetzt losgehen würde, den für die Explosion verantwortlichen Schalter um.

Das war's. Ich hatte es tatsächlich getan. Ich seufzte vor Erleichterung und hielt einen Moment inne mit dem Gedanken, daß es nun kein Zurück mehr gab. In diesem Augenblick fühlte ich weder Schuld noch Reue für das, was ich tat. Ich dachte nur daran, daß ich den Auftrag zu Ende bringen mußte und mein Land nicht enttäuschen durfte.

Als ich jedoch auf dem Weg aus der Toilette an einem Spiegel vorbeikam und mein Gesicht erblickte, das von der Angst und Anstrengung der letzten Tage gezeichnet war, mußte ich mich doch fragen, wie in aller Welt ich bloß hierher gekommen war. Einen kurzen Augenblick lang sah ich das Gesicht, das ich als Kind gekannt hatte, nicht das gereifte ausgeprägte Gesicht, das mir jetzt entgegenstarrte. Dort in der Damentoilette erschien es mir fremd, seltsam fremd sogar, als wäre ich erwachsen geworden, ohne es bemerkt zu haben und vergessen hätte, wer ich war. Ich konnte in meinem Gesicht auch die Züge meiner Mutter erkennen, und fragte mich, was sie jetzt von mir gedacht hätte. Ich hatte das untrügliche Gefühl, daß sie das, was ich hier tat, nicht für gut befunden hätte, egal welche Ehrungen mir dafür zuteil würden. Es dauerte sehr lange, bis ich mich von diesen Gedanken befreien konnte.

Als ich wieder zu Kim in den Wartesaal kam, zog er fragend die Augenbrauen hoch. Ich nickte, lächelte ein wenig und setzte mich zu ihm, um auf den Aufruf unseres Fluges zu warten.

Kim nahm ein Fläschchen mit Pillen aus der Tasche und schüttete sich vier davon in die Hand. Zwei schluckte er selbst, die anderen beiden reichte er mir mit der Bemerkung: »Für deine Nerven.« Ich nahm sie dankend an.

Über den Lautsprecher drang eine Stimme zu uns; wir konnten langsam an Bord gehen. Wir wurden mit einem Bus über das Rollfeld zum Flugzeug gebracht. Es war zwar nicht weit, ich hatte aber das Gefühl, daß wir viele Kilometer fuhren. Die Nacht war bereits über Bagdad hereingebrochen, und das majestätisch beleuchtete Flugzeug ragte aus der Dunkelheit.

Wenn ich heute über die Menge im Gerichtssaal bei meinem Urteilsspruch nachdenke, muß ich unwillkürlich an eine Situation in dem Bus denken. Die Passagiere waren fast alle Südkoreaner und in Privatgespräche vertieft. In dem Moment überkam mich ein Anflug von Mitgefühl. Obwohl sie nur »Süd«koreaner waren, hatte ich doch das Gefühl, als wären es meine Landsleute. Die Trennung zwischen uns schien so künstlich zu sein. Ich redete mir ein, daß diese Mission zum Besten unserer beiden Länder durchgeführt werden mußte. Das war es, was man mir gesagt hatte, und ich glaubte es.

Rückblickend kann ich heute jedoch nur noch die tränenüberfluteten Gesichter der Familien im Gerichtssaal sehen und versuchen, sie mit den lachenden Gesichtern im Bus in Verbindung zu bringen. Ich frage mich, wer wohl mit wem verwandt war.

Das Anhalten des Busses unterbrach meinen Gedankenfluß. Wir traten auf das Rollfeld und liefen das kurze Stück zur Gangway. Oben begrüßten uns zwei Stewardessen und eine weitere half uns, zu unseren Plätzen zu finden.

Kim verstaute unsere Taschen im Gepäckfach. Ich beobachtete ihn dabei und bemerkte wohl, wie erschöpft er aussah. In diesem Moment wirkte er krank und schwach, aber irgendwie hatte dieser alte Spion, der mit seinen 70 Jahren schon soviel erlebt hatte, auch etwas Majestätisches.

Ich hatte einen Fensterplatz, Kim saß neben mir in

der Mitte. Der Platz am Gang wurde von einer weißen Frau eingenommen. Ich war auf seltsame Weise erleichtert, daß sie keine Südkoreanerin war, fragte mich aber dann, ob sie in ein paar Stunden auch tot sein würde. Es war ein unheimliches Gefühl.

Als wir an Bord gingen, hatte ich mich schon wieder etwas beruhigt, aber nun bekam ich wieder Angst. Besonders jetzt, wo es draußen Nacht war, schien der Fluggastraum eine eigene kleine Welt für sich zu sein. Ich fühlte mich gefangen, beengt. Darüber hinaus bestand immer die Möglichkeit, daß die Bombe vorzeitig explodieren würde. Ich konnte jeden Moment sterben, ohne zu wissen, was passiert war – kein schöner Gedanke.

Wir starteten pünktlich. Ich versuchte zu schlafen, als mir dies aber nicht gelang, hörte ich den Unterhaltungen zu, die um mich herum geführt wurden. Bei den meisten Südkoreanern schien es sich um Arbeiter oder ähnliches zu handeln. Vielleicht waren sie auf Ölfeldern tätig, sie schienen sich in jedem Falle auf zu Hause zu freuen. Einige beschwerten sich über ihre Firmen und die Arbeitsbedingungen. Dies bestätigte, war wir immer gehört hatten, daß die südkoreanischen Firmen ihre Mitarbeiter ausnutzten.

Jedesmal, wenn eine Stewardeß vorbeiging, begann mein Herz zu rasen. Ich hatte auch den Eindruck, daß nicht weit von uns ein Sicherheitsbeamter saß, der sich ständig die Passagiere anschaute. Ich fühlte, daß er mich ununterbrochen anstarrte.

Ich versuchte, mich wieder zu beruhigen. Ich dachte daran, daß ich nach vollbrachtem Auftrag die höchste Ehrung erhalten würde, die mein Land zu vergeben hatte. Ich dachte auch an das, was mir zu Hause in Pjöngjang gesagt worden war, bevor wir zu unserer

Mission aufbrachen. Es hatte geheißen, daß ich nie wieder als Agentin eingesetzt würde, um die Geheimhaltung dieses Auftrages nicht zu gefährden. Dies bestärkte meine Hoffnung, daß ich zu meiner Familie würde zurückkehren können. Es gab nichts, was ich mir mehr wünschte.

Die anderen Passagiere schliefen nach und nach ein, und die Lichter in der Kabine wurden gelöscht. Es war ganz dunkel. Das einzige Geräusch war das konstante Brummen der Motoren. Ich schaute zu Kim hinüber, der tief in eine Meditation versunken schien. Ich konnte jedoch an seinem Hals eine Ader pulsieren sehen und bemerkte, daß er sehr schnell atmete.

Der Flug dauerte nur eine Stunde, es kam mir aber wie eine Ewigkeit vor. Alle Sorgen und Schwierigkeiten, die es gegeben hatte, bevor wir an Bord dieses Fliegers gehen konnten, waren nichts im Vergleich zu der Angst, die ich jetzt verspürte. Ich konnte nichts anderes tun als warten. Als die Stimme des Piloten unseren Anflug auf Abu Dhabi ankündigte, fuhr ich von meinem Sitz hoch. Kim und ich schauten uns gleichzeitig an, und ich glaube, in unseren Gesichtern stand die gleiche Verzweiflung. Je näher wir Abu Dhabi kamen, desto nervöser wurde ich. Es war wie ein Countdown zu einem nahe bevorstehenden Unglück.

Endlich waren wir gelandet, aber danach dauerte es noch einige Zeit, bis wir den Flugsteig erreicht hatten. Wir standen sofort auf und nahmen unser Gepäck aus dem Fach. Einen Augenblick lang starrte ich den Aktenkoffer an, in dem sich der Sprengsatz befand. Er sah so harmlos aus. Es war kaum zu glauben, daß er eine Bombe enthielt, die das ganze Flugzeug in die

Luft jagen konnte. Ich erschauderte und drehte ihm dann für immer den Rücken zu.

Wir mußten wieder lange warten, bis es weiterging und wir endlich aussteigen konnten. Die Menschenschlange bewegte sich nur schwerfällig vom Fleck. Viele der Passagiere, die nach Seoul weiterfliegen wollten, stiegen bloß aus, um sich ein wenig die Beine zu vertreten. *Verdammt noch mal, bewegt euch!* dachte ich und biß die Zähne zusammen. *Macht schon!!!*

Es kam mir vor, als würde ich eine Ewigkeit im Gang stehen. Selbst dann rechnete ich noch damit, daß mich eine unsichtbare Hand wieder ins Flugzeug zurückzog, oder ein eifriger Steward mit dem Aktenkoffer hinter uns herkam, um uns zu fragen, ob wir ihn vergessen hätten. Aber die Stewardeß am Ausgang lächelte nur und sagte: »Auf Wiedersehen. Vielen Dank, daß Sie mit uns geflogen sind.«

Meine Beine zitterten beim Aussteigen, und ich konnte kaum gerade laufen. Ich war dennoch unglaublich erleichtert. Es war, als hätte ich eine fürchterliche Tortur durchgemacht, es aber irgendwie geschafft. Ich schaute Kim an, und er lächelte.

Wir hatten nicht viel Zeit, uns erleichtert zu fühlen. In der Wartehalle des Flughafens sammelte ein Sicherheitsbeamter die Tickets und Pässe der Transitpassagiere ein und gab denen, die mit dem gleichen Flug weiterreisten, gelbe Bordkarten.

Plötzlich sah Kim etwas nervös aus. Nach unserem Plan sollten wir mit Flug Nr. 603 der Jordanian Airlines über Amman nach Rom weiterfliegen. Jetzt gab es auf einmal ein Problem, denn völlig unerwartet bat uns der Sicherheitsbeamte, unsere Tickets abzugeben.

Das Problem war folgendes: Wenn wir ihm die Tikkets gaben, mit denen wir von Abu Dhabi über

Amman nach Rom fliegen wollten, würde er mit ziemlicher Sicherheit sofort Verdacht schöpfen. Warum hätte wohl ein japanischer Vater mit seiner Tochter von Bagdad nach Abu Dhabi fliegen und von dort aus direkt nach Amman und Rom weiterreisen sollen, wenn es von Bagdad aus Direktflüge nach Rom gab? Außerdem konnten wir nicht behaupten, daß wir in Abu Dhabi bleiben wollten, denn dafür hätten wir ein Visum gebraucht – unmöglich in Anbetracht der Tatsache, daß Japan keine diplomatischen Beziehungen mit den Vereinigten Arabischen Emiraten unterhielt.

Mit einem solchen Problem hatten wir nie gerechnet. Soweit wir wußten, wurden an keinem anderen Flughafen der Welt die Flugscheine der Passagiere eingesammelt, wenn sie nur auf der Durchreise waren. Jetzt wurde es gefährlich.

Aus diesem Grund gaben wir ihm die beiden Ersatztickets mit den Stationen Wien – Bagdad – Bahrain. Der Beamte entschwand mit den Tickets und sagte, er würde sich um die Formalitäten kümmern.

»Was machen wir jetzt?« flüsterte ich Kim zu.

»Wir müssen so schnell wie möglich Abu Dhabi verlassen«, antwortete er. »Wir werden zunächst nach Bahrain fliegen müssen und von dort aus weiter nach Rom.«

Der Flug 858 flog ab in Richtung Bangkok und Seoul, und ich sah, wie seine Lichter am Nachthimmel immer kleiner wurden. Als ich das Flugzeug entschwinden sah, überkam mich eine unbestimmte Mischung aus Vorahnung und Angst. Ich mußte immerzu an die Südkoreaner denken – und wie sie gelacht hatten.

Stunden vergingen. Es war mitten in der Nacht in Abu Dhabi, und der Flughafen war ganz still. Der

Beamte, der unsere Tickets eingesammelt hatte, unterhielt sich mit ein paar Kollegen hinten im Warteraum und schaute ab und zu in unsere Richtung. Irgendwann einmal ging Kim zu ihm hinüber, um zu fragen, was mit unseren Tickets geschehen war. Der Beamte antwortete, daß wir sie vor unserem Abflug um neun Uhr bekommen würden und uns keine Sorgen machen sollten.

Kim setzte sich, rieb sich das Gesicht mit den Händen und beklagte sich bitterlich, daß er von Anfang an gewußt hatte, daß dies alles eine Fehlplanung war. Dann wieder, als er spürte, daß er mir mit solchen Worten Angst einjagte, versuchte er mich zu beruhigen und sagte: »Ein Flugzeugunglück wird nie so schnell aufgeklärt. Wir sollten schon längst wieder in Pjöngjang sein, bevor sie anfangen, nach uns zu suchen.« Er sah aber so aus, als glaubte er seinen eigenen Worten nicht, und ich sagte nichts darauf.

Gegen Morgen schaute ich auf meine Uhr. Die Bombe würde um 6.00 Uhr unserer Zeit explodieren; es war 5.54 Uhr. Ich dachte an das Flugzeug, das jetzt über dem Andamanischen Meer nahe Birma sein würde. Irgendwann jetzt ...

Ich fiel in einen unruhigen Schlaf. Als ich aufwachte, war es bereits Tag, und bald würde unser Flug aufgerufen. Endlich brachte der Beamte auch unsere Tickets zurück, und wir stiegen in das Flugzeug nach Bahrain. Als wir abflogen, entfuhr mir ein tiefer Seufzer der Erleichterung. Ich war unglaublich froh, aus Abu Dhabi heraus zu sein.

Eine Stunde später landeten wir in Bahrain. Es war Sonntag, der 29. November. Auch hier fühlten wir uns nicht unbedingt sicher und versuchten sofort, einen

Flug nach Rom zu buchen. Da wir aber in Abu Dhabi abgeflogen waren, mußten unsere Tickets am Flugschalter unserer Fluggesellschaft erneut bestätigt werden, der jedoch sonntags geschlossen war. Kim schüttelte verärgert den Kopf und sagte, wir müßten in Bahrain übernachten, so besorgten wir uns zwei Dreitagevisa.

Wir buchten telefonisch ein Zimmer im Hotel Intercontinental und nahmen uns ein Taxi dorthin. Dort angekommen, verbrachten wir die meiste Zeit des Tages damit zu schlafen. Wir konnten nichts anderes tun als warten. Montagmorgen versuchten wir, einen Flug nach Rom zu buchen. Die nächste Maschine war aber ausgebucht, so daß es hieß, wir würden bis Dienstag warten müssen.

Am Montag schauten wir uns Manama an und versuchten den Eindruck zu erwecken, daß wir Japaner auf Urlaubsreise seien, aber keiner von uns wußte am Abend noch, was wir gesehen hatten. Zwischendurch gingen wir zum Zeitvertreib einkaufen; Kim kaufte uns etwas Obst und Sandwiches zum Abendessen, und wir nahmen alles mit auf unser Zimmer.

Wir waren gerade beim Essen, als das Telefon klingelte. Ich war so überrascht, daß ich die Banane fallen ließ, die ich gerade schälte. Niemand wußte, daß wir hier waren, nicht einmal unsere Vorgesetzten. Es gab also keinen Grund, weshalb uns irgend jemand hier anrufen sollte.

Ich schaute zu Kim und spürte, wie ich ganz blaß wurde. Er schaute einen Augenblick in meine Richtung und nahm dann den Hörer auf.

»Ja bitte?«

Er hörte einen Moment lang zu und legte dann den Hörer wieder auf die Gabel. Er stand auf, ging zum

Fenster und hielt die Hände hinter seinem Rücken gefaßt. Ich fragte ihn, was los sei, aber er antwortete mir nicht. An der Art und Weise, wie er seinen Mund zusammenkniff, konnte ich sehen, daß er nervös war. Mein Herz begann zu rasen, und mein Mund wurde ganz trocken. Einen kurzen Augenblick später klingelte das Telefon erneut. Er lief wieder hinüber und nahm den Hörer auf. Gleich darauf bedeutete er mir, die Pässe zu holen, die ich ihm übergab. Ich hörte, wie er unsere Namen und Paßnummern vorlas und anschließend wieder auflegte.

»Das war die japanische Botschaft.« Er seufzte und schaute mich an, bevor er fortfuhr: »Mach dir keine Sorgen. Es wird nicht so leicht für sie sein, uns ausfindig zu machen.«

Ich wich seinem Blick nicht aus und erwiderte: »Das glaube ich nicht.« Ich glaubte ihm wirklich nicht. Ich hatte plötzlich eine dunkle Vorahnung, daß die Behörden sehr wohl wußten, wer und wo wir waren.

Er zuckte mit den Schultern, sein Gesicht blieb ausdruckslos. Ich stand auf und begann, den Tisch abzuräumen. Da läutete das Telefon wieder. Kim nahm das Telefonat entgegen, hörte kurz zu und legte wieder auf.

»Mayumi, in der Hotelhalle sind zwei Leute von der koreanischen Botschaft, die uns sehen wollen. Tu so, als ob du schläfst und laß mich das machen.«

Voller Panik stieg ich nun ins Bett und vergaß, meine Schuhe auszuziehen. Ich schaute gegen die Wand und zog mir die Decke bis zum Hals hoch. Ich wäre am liebsten in diesem Bett versunken, bis ich nicht mehr zu sehen war. In diesem Augenblick schien sich meine furchtbare Vorahnung zu bestätigen und keine Hoffnung mehr für uns zu geben.

Bald darauf klopfte es an unsere Tür. Kim öffnete und ließ zwei Männer herein.

»Entschuldigen Sie bitte«, sagte Kim, nachdem er sich vorgestellt hatte, »aber meine Tochter war sehr müde und hat sich etwas hingelegt.«

Sie nahmen alle am Tisch Platz. Da die Koreaner kein Japanisch sprachen, schleppte sich die Unterhaltung in gebrochenem Englisch dahin. Ziemlich frustriert entwich den Koreanern der eine oder andere Fluch, aber Kim spielte seine Rolle unbeirrt weiter.

Endlich rückten sie mit der Sprache heraus. Sie sagten, der Korean-Air-Flug 858 nach Seoul sei vor Erreichen des Zwischenstops in Bangkok verschwunden, und man gehe davon aus, daß er abgestürzt sei. Ihrem Ton konnte ich entnehmen, daß sie vermuteten, daß wir etwas damit zu tun hatten, und sie fragten, wohin wir von hier aus fliegen wollten.

Ich dachte kurz an den Flugzeugabsturz. Ich muß gestehen, daß ich in diesem Moment keinerlei Reue verspürte und erleichtert war, die Bestätigung erhalten zu haben, daß unsere Mission geglückt war und daß wir Kim Il Sung und Kim Jong Il in Treue ergeben waren. Jetzt war ich sicher, daß die Olympischen Spiele 1988 nicht in Seoul stattfinden würden, und daß ich an einem wichtigen Schritt zur Wiedervereinigung Koreas mitgewirkt hatte.

Die Koreaner gingen, versprachen aber, am nächsten Tag zurückzukommen. Ein paar Stunden später klopfte es wieder an unsere Tür, und Kim öffnete sie ein wenig. Eine Schachtel Schokolade wurde uns hereingereicht, der Lieferant ging wieder fort. Es war klar, daß man uns beobachtete.

Ich konnte in dieser Nacht überhaupt nicht schlafen. Kim, der wirklich völlig erschöpft war, fiel in einen tiefen Schlaf und schnarchte die ganze Nacht hindurch ziemlich laut. Ich konnte nur die Decke anstarren und alle paar Minuten auf die Uhr schauen. Ich fühlte mich ganz taub. Es war nur noch eine Frage der Zeit, sagte ich mir selbst, bis sie uns festnehmen würden.

Kim schlief selbst nach Tagesanbruch noch wie ein Stein. Ich rüttelte ihn ungeduldig wach, und wir mußten in Eile packen, um es noch rechtzeitig zu unserem Flug zu schaffen. Als wir schließlich fertig waren, und ich schon auf dem Weg zur Tür war, rief er mich zurück.

»Mayumi, warte.«

Ich drehte mich herum. Er machte ein ernstes Gesicht und konnte meinem Blick nicht lange standhalten. Er griff in seine Jackentasche und reichte mir das Päckchen Marlboro, das er aufbewahrt hatte. »Falls es zum Schlimmsten kommt«, sagte er, und ich bemerkte, wie seine Hand zitterte, als er mir die Schachtel gab.

Ich glaube, wir beide wußten, was die Stunde geschlagen hatte, aber keiner von uns rechnete wirklich damit, das Gift nehmen zu müssen. Niemand von uns war sicher, ob er tatsächlich den Mut dazu aufbrachte.

Als wir zum Aufzug gingen, wiederholte Kim, was er zwei Tage zuvor schon gesagt hatte: »Ich habe diesen Idioten gesagt, daß die Reiseroute schlecht ist. Ich hab's ihnen gesagt. Wenn wir zurückkommen, werde ich ein Wörtchen mit ihnen reden!«

Wir checkten sofort aus, ohne zu frühstücken. Wir gingen hinaus in das grelle Morgenlicht und ignorierten die mißtrauischen Blicke des Hotelpersonals. Unsere Angst mußte uns auf die Stirn geschrieben stehen. Wie sehr wir es auch versuchten, wir konnten nicht so tun, als wären wir völlig ruhig.

Wir winkten ein Taxi herbei und rasten zum Flughafen. Als die karge Landschaft an uns vorüberzog, hielt ich die Marlboro-Schachtel fest in der Hand, betend, daß ich sie nicht benutzen mußte. Es war ein seltsames Gefühl, sie so festzuhalten und zu wissen, daß die winzige Menge Gift, die sie enthielt, mich auf der Stelle töten konnte. Der Gedanke verursachte mir Übelkeit.

Wir kamen ohne Zwischenfälle zum Flughafen, und Kim beeilte sich, unsere Bordkarten zu bekommen. Ich hielt überall nach möglichen Verfolgern Ausschau, konnte aber niemanden entdecken. Endlich kam Kim wieder zurück, und wir rannten zum Flugsteig. Als wir uns an der Schlange für unsere Maschine anstellten, hatte ich schon die leise Hoffnung, daß wir doch noch davonkommen könnten.

Dann hörte ich, wie mich von hinten eine Stimme in fließendem Japanisch ansprach.

»Darf ich bitte einmal Ihre Pässe sehen?«

Ich drehte mich herum und sah einen orientalisch aussehenden Mann neben mir stehen. Wir reichten ihm wortlos unsere Pässe, woraufhin er verschwand. Kim und ich wurden gebeten, aus der Reihe zu treten und mußten mit ansehen, wie die anderen Passagiere an Bord gehen konnten. In meinem Inneren hörte ich die Stimme des Direktors aus Pjöngjang, wie er sagte: »Genossen, Sie müssen diese Mission unter allen Umständen geheimhalten. Im schlimmsten Falle müssen Sie bereit sein, zur Wahrung des Geheimnisses auf die Ampullen zu beißen. Aber denken Sie daran, selbst wenn Sie Ihr irdisches Leben verwirken, Ihr politisches Leben ist Ihnen in alle Ewigkeit gewiß.«

Und ich dachte: *Ja, ich werde eine stolze Tochter des Vaterlandes sein und mein Leben gerne für seine Wiedervereinigung geben.*

Zum ersten Mal seit Tagen fühlte ich mich wirklich ruhig.

Dann hörte ich die Ansage, daß der Flug nach Rom gestartet war. Ich drehte mich zum Fenster um und sah, wie die Maschine langsam über das Flugfeld dahinrollte und mit ihm meine letzten Hoffnungen. Der Entschluß, den ich erst kurz zuvor gefaßt hatte, war schon wieder erschüttert, es war auch dumm zu glauben, daß ich so stark wäre.

Als ich mich umdrehte, sah ich, wie der Orientale mit unseren Pässen zurückkam und ein düsteres Gesicht machte. »Sie bleiben hier, beide.«

»Aus welchem Grund bitte?« fragte Kim.

»Ich komme von der japanischen Botschaft in Bahrain. Der Paß, der auf den Namen Mayumi Hachiya lautet, ist gefälscht. Sie werden sich für Fragen zur Verfügung halten müssen. Die Polizei wird jeden Moment hier sein, und ich kann Sie nur davor warnen, etwas Unüberlegtes zu tun.«

Er ging ein kleines Stück weg und überprüfte den Korridor, als wolle er sichergehen, daß wir alleine waren.

Kim berührte mich an der Schulter, und ich drehte mich zu ihm um. Er machte ein sehr ernstes Gesicht.

»Ok Hwa, du mußt jetzt stark sein und auf die Ampulle beißen. Jetzt, da wir aufgeflogen sind, würde dein Leiden nur noch verlängert, wenn du es nicht tust. Bei mir ist es nicht so schlimm, wenn ich jetzt sterbe, das macht mir nicht soviel aus, ich habe lange genug gelebt. Aber du« – seine Stimme versagte, und es dauerte einen Moment, bevor er weitersprechen konnte – »es tut mir so leid.«

Ich wußte, daß der alte Mann innerlich weinte und war erschüttert, die menschliche Seite Kim Seung Ils zu sehen. Schließlich stand hier genau vor mir einer der erfolgreichsten Spezialagenten Nordkoreas, ein wirklicher Kämpfer der Revolution. Während unseres ganzen Auftrages hatte er trotz seines Alters, trotz seiner Krankheit und trotz der unglücklichen Wendung, die unser Schicksal nun genommen hatte, niemals seinen Ängsten nachgegeben. Und nun brach er förmlich zusammen, nicht wegen sich selbst, sondern meinetwegen.

Ich konnte nicht sprechen, weil mir die Tränen das Gesicht herunterliefen, aber ich nickte, um ihm verstehen zu geben, daß auch ich entschlossen war.

Dann sah ich vor meinem inneren Auge auf einmal ganz unerwartet das Gesicht meiner Mutter.

Die paar Male, die ich während meiner Ausbildung nach Hause gefahren war – es war nie häufiger als ein- oder zweimal alle zwei oder drei Jahre –, hatte sie sich immer gefreut, mich so gesund wiederzusehen. Jedesmal wenn ich dann wieder ging, mußte sie sich sehr zusammenreißen, um nicht die Fassung zu verlieren, so traurig war sie, mich wieder ziehen lassen zu müssen. Damals hatte ich ihre Gefühle kaum zur Kenntnis genommen. Ich folgte einfach den Anweisungen, wie ich ins Lager zurückzukommen hatte und war stolz, von der Partei ausgewählt worden zu sein. Jetzt hatte ich das Gefühl, sie im Stich gelassen zu haben, die Frau, die so hart daran gearbeitet hatte, mich großzuziehen. Ich schämte mich meiner Eitelkeit und sah zu spät ein, welche Fehler ich gemacht hatte.

Keine Partei war es wert, daß man seine Familie dafür vernachlässigte.

Mutter vergib mir. Bitte versteh …

Ich mußte sterben. Denn sie wäre es, und nicht nur ich, die für mein Versagen zahlen müßte.

Ich schaute zu Kim, der neben mir eine Zigarette nach der anderen rauchte.

»Vater, bitte gib mir ein Zeichen, wenn ich auf die Ampulle beißen soll.«

Er war ganz in Gedanken und nickte leidenschaftslos. Sein Gesicht war völlig ausdruckslos, als er den Rauch ausstieß. Er dachte vermutlich gerade an seine eigene Familie.

In diesem Augenblick kamen vier oder fünf bahrainische Polizeibeamte herein und befahlen uns, mit ihnen zu kommen. Wir wurden getrennt, und man führte mich in ein kleines, schmuckloses Büro, wo ich durchsucht werden sollte.

Die Frauen, die die Leibesvisitation vornahmen, waren sehr gründlich. Sie untersuchten jeden einzelnen Körperteil, als wollten sie auch kein Härchen übersehen. Sie durchforsteten gründlichst mein Kosmetiktäschchen, kümmerten sich aber nicht um die Zigaretten, die ich in meine schwarze Schultertasche getan hatte.

Als ich wieder auf den Flur hinaustrat, wartete Kim bereits auf mich. Einer der Polizisten stand in der Nähe. Kim schaute mich an und zog die Augenbrauen nach oben, als wolle er fragen, ob die Zigaretten sichergestellt worden waren. Ich lachte ihn an, um ihm zu zeigen, daß alles in Ordnung war, und er schien erleichtert. Er reichte mir eine japanische Zigarette, damit es so aussah, als rauchte ich viel, so daß es, wenn der kritische Moment gekommen war, nicht zu verdächtig wirken würde.

Das war's.

Als ich die Zigarette nahm und das Feuerzeug aus der Schultertasche holte, bat eine der Beamtinnen, die mich durchsucht hatten, um die Schultertasche. Da ich ihr diese nicht verweigern konnte, nahm ich die Schachtel Marlboro heraus und gab ihr die Tasche. Dann sollte ich ihr auch noch die Packung mit den Zigaretten geben. Ich nahm die vergiftete Zigarette heraus und gab ihr die Schachtel. Egal, wie ungewöhnlich es auch ausgesehen haben mochte, ich konnte es mir nicht leisten, ihr auch noch diese Zigarette zu geben. Alles hing von dieser Ampulle ab. Ich mußte sie in der Hand behalten.

Die Beamtin bellte mir etwas Unverständliches entgegen und hielt die Hand auf. Ich sah Kim aus dem Augenwinkel, und er schüttelte den Kopf. Ich erstarrte einen Moment lang, und die Beamtin riß mir die Zigarette aus der Hand. Ohne nachzudenken entriß ich sie ihr wieder. Ich hatte keine Zeit, noch länger zu zögern. Ich biß auf die Ampulle, bevor sie reagieren konnte. Ich sah noch, wie sie schreiend auf mich zusprang, aber es war mir egal. In diesem Augenblick glitt ich unerbittlich in eine süße, wohltuende Dunkelheit.

Die getreue Tochter Kim Il Sungs, die jahrelang wie ein Hund zum Gehorsam abgerichtet worden war, starb in diesem Moment.

Alles war vorbei. Keine Schmerzen mehr. Das Dunkel umhüllte mich wie eine kuschelige Decke. *Alles war vorbei.*

ELFTES KAPITEL

Ich fand mich regungslos in der Mitte eines weißen Zimmers liegend wieder.

Aus der Nähe vernahm ich Stimmen, die Bahrainisch und Englisch sprachen und sich langsam einen Weg in mein Bewußtsein bahnten. Der Raum hatte keine Fenster; es hätte Tag oder Nacht sein können. Über die Nase wurde mir Sauerstoff zugeführt, und aus meinem Hals kam ein weiterer Schlauch, mit dem man mir vermutlich den Magen ausgepumpt hatte. Über den rechten Arm bekam ich eine Infusion.

Ich konnte nicht klar denken. Meine Sinne waren entweder von Betäubungsmitteln oder vor purer Erschöpfung benebelt. Es kostete mich unglaubliche Mühe, meine Augen offenzuhalten. Ich weiß noch, daß ich dachte, es wäre alles ein Traum und ich befände mich auf irgendeiner Zwischenstation zwischen dieser und der nächsten Welt. Ich konnte mich dunkel daran erinnern, daß ich Gift genommen hatte, und meiner erster Gedanke war, daß es funktioniert hatte.

Einige Zeit lag ich dort, einerseits in innerem Aufruhr und andererseits vor mich hin dösend, ohne an irgend etwas zu denken. Ich schwebte zwischen Bewußtsein und Schlaf, meine Wahrnehmungskraft war noch verschwommen und unkonzentriert. Doch Stück für Stück gewann ich wieder Klarheit. Ich drehte meinen Kopf ein wenig herum und entdeckte zwei Krankenschwestern in traditioneller arabischer Schwesterntracht bei mir am Bett sitzen und mich beobachten. In Türnähe standen zwei dunkelhäutige Männer in Kampfanzügen, die ihre Gewehre im Winkel von fünfundvierzig Grad feuerbereit hielten. In dieser beunruhigenden Situation war meine erste Reaktion, mich in den Oberschenkel zu zwicken.

Nichts passierte. Dies war kein Traum.

O nein, dachte ich. *Ich lebe noch!*

Ich stöhnte vor Verzweiflung. Warum war ich nicht tot? Offensichtlich hatte ich nicht genug Gift inhaliert. Es war nicht zu übersehen, daß ich dem Tod sehr nahe gewesen sein mußte, aber offenbar nicht nahe genug.

Ich freute mich nicht darüber, noch am Leben zu sein. Mir war von vornherein klar, daß die wirklichen Qualen jetzt erst begannen.

Durch meinen geschwächten Gesundheitszustand und die erneute Panik verfiel ich wieder in eine Art Delirium. Als ich sah, daß eine der Schwestern eine Schere im Kittel hatte, versuchte ich, danach zu greifen, in der Hoffnung, sie mir ins Herz stechen zu können, bevor sie mich daran hindern konnten. Aber ich war fest an das Bett gekettet und konnte mich nicht bewegen.

Schließlich wurden mir die Schläuche aus Mund und Nase genommen, und ich biß mir daraufhin sofort so fest ich nur konnte auf die Zunge. Als Kind hatte ich Geschichten darüber gehört, daß man sich so umbringen konnte. Im nachhinein scheint all dies natürlich ziemlich absurd, aber ich glaubte tatsächlich an diese alten Ammenmärchen.

Als nächstes versuchte ich, mich zu ersticken, indem ich meinen Atem anhielt, so lange ich konnte, bis meine Wangen sich aufblähten. *Noch ein bißchen länger,* dachte ich, *ein bißchen länger.* Aber im letzten Moment konnte ich es dann doch nicht mehr aushalten und rang nach Luft. Damals begriff ich nicht, daß mein Körper, sobald ich das Bewußtsein verlor, die

Regie wieder übernehmen und ich in jedem Falle wieder atmen würde.

Verdammt! Ich war wütend auf mich selbst. Warum bringe ich es nicht einmal fertig, mich selbst zu töten?

Dann fragte ich mich, ob Kim Seung Il auch überlebt hatte. Vermutlich nicht; wenn das Zyankali ihn nicht umgebracht hatte (sofern er es genommen hatte), dann hätte auch der bloße Streß unserer Festnahme ausgereicht, um ihm den letzten Rest zu geben. Es war schon erstaunlich, daß er überhaupt so lange überlebt hatte.

An ihn zu denken, machte mir angst. Er fehlte mir, und ich war jetzt wirklich und wahrhaftig ganz und gar allein.

Ich muß stark sein, dachte ich. *Der Liebe Führer selbst hat mir vertraut. Ich werde für mein Land sterben, für die Wiedervereinigung. Ich darf mein Land nicht im Stich lassen.*

Eines war wenigstens sicher: Das Flugzeug war zerstört.

Auf einmal war ich nicht mehr stolz auf unsere Tat. Wie gesagt, dachte ich vor unserer Festnahme hauptsächlich über die Erfüllung unseres Auftrages nach, und ich hatte kaum mit Gewissensbissen zu kämpfen. Doch jetzt kamen mir immer häufiger die Menschenleben in den Sinn, die ausgelöscht worden waren, und ich bereute meine Tat.

Die Schwestern sprachen leise, so daß es mir schwerfiel zu hören, was sie sagten. Glücklicherweise sprachen sie Englisch, so konnte ich den größten Teil ihrer Unterhaltung verstehen. Sie sagten, ich wäre über den Berg. Sie erwähnten auch, daß Kim Seung Il tot war.

Ich war verzweifelt, und in mir wüteten viele verschiedene Gefühle. Ich fühlte Trauer über seinen Tod, denn wir waren Freunde gewesen. Auf der anderen Seite beneidete ich ihn darum, daß er tot war, denn er würde sich nicht wie ich den Richtern stellen müssen. Außerdem war ich noch wütend über seinen Tod, weil ich jetzt ganz auf mich allein gestellt war und mich verlassen fühlte. Trotz seines schlechten Gesundheitszustandes hatte ich mich in Seung Ils Gegenwart aufgrund seiner unglaublichen Erfahrung immer geborgen gefühlt. Wann immer die Lage im Laufe unserer Mission unsicher war, hatte ich mich auf ihn verlassen können.

Dann tat ich etwas zum allerersten Mal in meinem Leben, etwas sehr Seltsames: Ich betete.

Ich dachte an eine Zeit zurück, kurz vor Bum Soos Tod, als ich nach Hause kam und meine Mutter Wasserschalen vor einem provisorisch in ihrem Schlafzimmer errichteten Altar aufstellte. Das war außerordentlich mutig von ihr, denn Religionsausübung war in Nordkorea strengstens verboten. In ihren verzweifelten Versuchen, das Leben ihres Kindes zu retten, riskierte meine Mutter einfach alles, um Gottes Gnade zu erbitten.

So betete auch ich. *Bitte Gott, wo immer du bist, hilf mir zu sterben, jetzt gleich. BITTE.*

Selbst das war recht schmerzhaft für mich. Ich betete zu einem Wesen, das ich nicht einmal kannte.

Am meisten ängstigte mich, daß ich insgeheim an mir selbst zweifelte, ob ich meine Mission und meine Identität geheimhalten konnte, wenn ich am Leben blieb. Sobald ich etwas preisgab, würde ich in den Augen meines Führers und meines Landes zur Verräterin werden. Die Tatsache, daß ich festgenommen worden war, bedeutete noch nicht automatisch das

Scheitern der Mission. Kim Seung Il war tot und hatte seine Geheimnisse mit ins Grab genommen. Wenn es mir gelang zu schweigen, konnte ich Nordkorea noch immer retten.

Es war aber nicht Nordkorea, das mir in den Sinn kam, sondern meine Familie. Mir fiel auf, daß ich, wenn ich Gott um Gnade anflehte, nicht, wie ich es gewöhnlich tat, unseren Großen Führer Kim Il Sung anbetete, der für mich einer Gottheit bisher am nächsten gekommen war.

Die Stunden vergingen. Eine philippinische Krankenschwester löste die beiden diensthabenden Schwestern ab, und nicht weit von mir war eine Polizeibeamtin postiert worden. Sie hatten offensichtlich den Befehl erhalten, jede meiner Bewegungen zu überwachen und mich unter allen Umständen am Leben zu halten. Sie ließen mich nicht einmal einschlafen; ich glaube, sie hatten Angst, daß ich dann wieder in ein Koma fallen würde. Ich brauchte nur die Augen zu schließen, schon kam die Schwester zu mir ans Bett, schlug mir ins Gesicht und flüsterte: »Mayumi! Mayumi!«

Sie schienen mich zu mögen, aber ich mußte immer daran denken, daß sie auch nur die Befehle ihrer Vorgesetzten ausführten und wahrscheinlich ein Geständnis aus mir herauslocken sollten. Meine erste Reaktion war, ihnen Flüche entgegenzuschleudern und ihnen zu sagen, sie sollten mich in Ruhe lassen, bis ich schließlich merkte, daß sowohl die Krankenschwester als auch die Polizistin nur den einzigen Wunsch hatten, ein Menschenleben zu retten.

Es tut mir heute leid, ihnen nie für ihre Freundlichkeit gedankt zu haben. Ich, eine Massenmörderin, verdiente es nicht, am Leben erhalten zu werden. Aber sie ließen mich nicht sterben. Schade, daß ich nur dieses Buch habe, um ihnen meinen Dank zu übermitteln.

Als meine Sinne wieder erwachten, hatte ich Schmerzen am gesamten Körper. Ganz besonders mein rechtes Knie schien schwer verletzt zu sein, und ich konnte es nur unter fürchterlichen Schmerzen bewegen. Mein Mund war voller Blasen von dem Gift, und meine Zunge war so geschwollen, daß ich nicht schlucken konnte.

Ich bekam Alpträume. Ich träumte, meine Familie wäre an Bord des Fluges 858. Ich hatte die Bombe im Gepäckfach verstaut und schrie ihnen zu, sie sollten das Flugzeug verlassen. Kim Seung Il hatte in meinem Traum eine blaue Haut, die sich von seinem Schädel abschälte, und ergriff mich mit seiner knöchernen Hand, um mich aus dem Flugzeug zu zerren. Ich versuchte, mich zu befreien, aber sein Griff war zu fest. Ich schrie hysterisch in Richtung meiner Familie, die offensichtlich nicht verstand, was ich ihr zurief. Gegen Ende des Traumes zog mich Kim zur Flugzeugtür und warf mich hinaus. Mitten im freien Fall auf die Rollbahn wachte ich schreiend auf.

»Mayumi!« Die Krankenschwestern kamen zu mir herüber und versuchten, mich zu beruhigen, aber ich weinte und schluchzte stundenlang.

In einem anderen Traum befand ich mich in einer verschneiten Berglandschaft. Meine Familie kam auf mich zu, ignorierte mich aber, als wäre ich eine Fremde und warf mir im Vorübergehen feindselige und gleichgültige Blicke zu. Nur Bum Soo blieb zurück und nahm mich bei der Hand. Plötzlich fingen wir an zu springen, ganz hoch in den Himmel hinein, und wir flogen wie Adler über die Berge. Wir drehten unsere Kreise über einem Vulkankrater. Bum Soo grinste mich an, ließ meine Hand los, und ich wachte wieder schreiend auf, als ich ins Nichts hinabstürzte.

Ich hatte kein Gefühl mehr für die Zeit. Es kam mir vor, als sei ich im Fegefeuer. Ab und zu wachte ich auf und fand eine neue Krankenschwester oder Polizistin neben mir sitzen. Eine Schwester, sie war schwarz mit wunderschönen braunen Augen, wusch mir das Gesicht und kämmte mein Haar mit solcher Fürsorge, daß ich spürte, wie mein Mißtrauen und meine Wut langsam dahinschmolzen. Sie hielt meine Hand, als sie sagte: »Wir sind Freunde, Mayumi. Ich möchte, daß du das glaubst.«

Nachdem sie das Zimmer verlassen hatte, kamen zwei gutgekleidete Männer herein. Ich stellte mich schlafend.

»Machen Sie die Augen auf, wir wissen, daß Sie wach sind.«

Sie sprachen koreanisch. Ich war so perplex, daß ich beinahe im Reflex die Augen geöffnet hätte, schaffte es aber, sie geschlossen zu halten. Tausend Gedanken schossen mir durch den Kopf. Schließlich entschied ich, daß ich es mir nicht leisten konnte, meine Nationalität preiszugeben. Sie wiederholten ihren Befehl, aber ich reagierte nicht.

Tatsächlich war ich aber froh, meine Muttersprache zu hören, ganz besonders in diesem fremden Land. Somit fiel mir das Schweigen allerdings um so schwerer.

Dann sprach jemand auf mich Japanisch ein. Ich öffnete die Augen. Bei dem einen der beiden Männer handelte es sich um den Japaner, der uns am Flughafen festgenommen hatte; der andere war einer der

Südkoreaner, die Seung Il in unserem Hotelzimmer vernommen hatten.

Von diesem Punkt an antwortete ich nur auf Fragen, die auf japanisch gestellt wurden. Der Südkoreaner wurde ungeduldig, wenn ich seine Bitten ignorierte und lief vor sich hin murmelnd ständig im Raum auf und ab.

»Sehen Sie doch ein«, sagte der Japaner, »wir brauchen einige Informationen von Ihnen. Wir versuchen, Ihnen zu helfen, Mayumi, das können wir aber nicht, wenn Sie nicht mit uns reden. Alles, was wir wollen, ist, daß Sie bald wieder gesund sind.«

Ich nickte, wußte aber, daß er mir gegenüber sehr mißtrauisch war. Seine Fürsorge war offensichtlich vorgetäuscht, und gelegentlich erwischte ich ihn dabei, wie er mich wütend anstarrte. Nach und nach wurde ihnen klar, daß ich nicht gedachte, mit ihnen zusammenzuarbeiten, und irgendwann gaben sie auf und verließen den Raum.

Ich atmete tief durch. Ich hatte den ersten Test bestanden, aber das war nur der Anfang.

Mir wurde nun klar, daß ich mir etwas einfallen lassen mußte, um aus dieser Situation herauszukommen. Ich würde eine Gelegenheit abwarten, Selbstmord zu begehen, aber bis dahin mußte ich mir überlegen, was ich ihnen erzählen wollte. Die erste Vernehmung steckte mir aber noch immer in den Knochen. Ich bediente mich des autogenen Trainings, das ich in der Ausbildung gelernt hatte, und konnte damit, zumindest psychologisch, meine Fassung wiedererlangen.

Es schien mir am besten, so zu tun, als ob ich stumm wäre. Ich versuchte mich zu erinnern und stellte leider fest, daß ich in der Gegenwart der Schwestern gesprochen oder zumindest gestöhnt hatte.

Da ich unter keinen Umständen koreanisch sprechen durfte, blieb nur noch zu entscheiden, ob ich mich als Japanerin oder Chinesin ausgeben wollte. Mein japanischer Paß war ja bereits als Fälschung entlarvt worden, aber da blieb auch noch die Frage meines Verhältnisses zu Kim Seung Il.

Ich erwartete, nach Japan ausgeliefert zu werden. Über die nordkoreanische Propagandamaschinerie hatte ich gehört, daß japanische Polizisten rücksichtslose Verhöre durchführten, ja sogar häufig Gewalt ausübten, um aus ihren Gefangenen Geständnisse herauszupressen. Ich hatte auch gehört, daß sie Nordkoreaner am allerschlimmsten behandelten und es genossen, sie zu foltern.

Aber selbst das wäre besser, als nach Südkorea zu kommen. Es hieß, die südkoreanische Polizei steche einem die Augen aus, schlüge Zähne ein und zöge Fingernägel. Vielleicht wurde deshalb jeder Nordkoreaner, der heil von einem Auftrag in Seoul zurückkam, wie ein Held gefeiert.

Also konnte ich mich schlecht als Koreanerin oder Japanerin ausgeben, blieb noch die dritte Variante. Wenn sie mich als Chinesin durchgehen ließen, und ich nach China ausgeliefert würde, bestand die Chance, daß ich nach Pjöngjang zurückgeschickt wurde, da die beiden Regierungen enge Verbündete waren. Es gab weder direkte Beweise dafür, daß ich etwas mit dem Bombenanschlag zu tun hatte, noch sah es zu jener Zeit so aus, als würde es jemals Beweise dafür geben. Solange ich gegenüber den Leuten, die mich gefangengenommen hatten, keine Geständnisse machte, war noch nicht alles verloren.

Ich versuchte, mir eine glaubwürdige Geschichte auszudenken. Als Sook Hee und ich in Macau stationiert waren, waren wir in die Rollen wirklicher Chinesinnen geschlüpft. Es schien also durchaus möglich, daß ich mich des Namens einer dieser Frauen, sagen wir Pai Chui Hui, bediente und dazu die biographischen Daten der zweiten Frau, Wu Eng, als Hintergrund wählte. Das war zwar keine absolut sichere Methode, das wußte ich, aber mir fiel nichts Besseres ein, was ich hätte erzählen können.

Mein Zustand besserte sich mit jedem Tag. Man hatte mir einen blauen Krankenhausschlafanzug angezogen und mich in einen Rollstuhl gesetzt, an den ich mit Handschellen gefesselt war. Die Krankenschwestern wuschen mich und führten mich zur Toilette, was mir natürlich sehr peinlich war. Ich wurde aber niemals alleine gelassen, selbst die bewaffneten Wachen waren rund um die Uhr vor meine Tür postiert. Ich begann, eine milchige Substanz zu trinken. Mir wurde klar, daß ich bald gesund genug sein würde, um offiziell vernommen werden zu können.

Für diesen Augenblick mußte ich mich wappnen.

Einige Tage später – ich weiß nicht mehr, wie lange es gedauert hatte – wurde ich in einen Rollstuhl gesetzt und in einen Gefangenenwagen verfrachtet, der vor dem Krankenhaus wartete. Es war ein wunderschöner Tag, warm und klar, und die Sonne schien so hell, daß ich meine Augen nicht öffnen konnte. Es war das erste Mal seit meiner Gefangennahme, daß ich draußen war, und ich fand es deprimierend. Es war so, wie ich es mir in meinem Krankenhausbett gedacht hatte – daß sich zwar meine Welt ihrem Ende näherte, der Rest der Welt jedoch unbeirrt seinen Geschäften nachging. Der arabischen Kleiderordnung entsprechend, war mein Gesicht mit einem Schleier verhüllt, und einen Augenblick lang dachte ich, zur Hinrichtung geführt zu werden. Statt dessen hoben sie lediglich meinen Rollstuhl in den Wagen und fuhren mit mir durch die Stadt.

Bahrain war ein Tropenparadies. Ich wünschte mir nur, an den weißen Strand gehen zu können, in der Brandung zu waten und zu vergessen, daß ich jemals Spezialagentin geworden war und ein Flugzeug in die Luft gejagt hatte. Ich wollte mich wie damals in Kuba fühlen, wo ich früher mit meiner Familie im Wasser gespielt hatte, als ich noch keine Sorgen kannte. Aber jetzt war ich kein Kind mehr, und meine Eltern konnten mich nicht retten. Ich mußte mich wie eine Erwachsene für meine Taten verantworten – und ich würde allein dastehen und sterben. Ich betrachtete voller Neid all die unschuldigen Leute auf der Straße, nur ein paar Meter von mir entfernt – und doch lagen Lichtjahre zwischen uns, was die Lebensumstände betraf.

Wir fuhren von Manama aus aufs Land, bis auf eine einsame Straße. Wir kamen zu einer Art umzäunten Gefängnishof mit bewaffneten Wachen an den Toren.

Als der Wagen gehalten hatte, wurde ich in ein kleines trostloses Zimmer mit einem Stahlgestell als Bett und einem Schreibtisch gebracht. Ich brauchte nur hinzuschauen, um zu wissen, daß es nun ernst wurde.

Ich wurde auf das Bett geworfen und mit Handschellen an den Rahmen gefesselt. Kurze Zeit später kam ein weißes Paar mittleren Alters in den Raum. Sie waren beide blond und blauäugig und schauten mich neugierig, aber ohne Arglist an. Bald schon sprach der Mann in langsamem und wohlgesetztem Englisch.

»Ich heiße Ian Henderson«, sagte er, »und dies ist meine Frau Maria. Ich bin der Polizeichef hier in Bahrain.«

Er fuhr fort und fragte mich, wie ich mich fühle. Maria starrte mich mit ihren großen blauen Augen an. Irgendwie brach ich unter diesem Blick völlig zusammen. Ich begann zu weinen, und sie zog ein Taschentuch hervor und wischte mir die Tränen vom Gesicht.

»Es wird schon alles wieder gut, Liebes«, sagte sie und küßte mich auf die Wange. »Du brauchst dir keine Sorgen zu machen.« Sie gab den beiden Schwestern, die nicht weit weg standen, ein Zeichen, woraufhin diese mir geschickt meine Patientenkluft aus- und einen blauen chinesischen Pyjama anzogen. »Sie ist sehr schön«, hörte ich eine von ihnen sagen. Ich hatte das Gefühl, daß sie mich nur mit gespielter Zuneigung quälen wollten. *Nur ein weiteres Komplott, um mich zu einem Geständnis zu bringen,* dachte ich. *Ich muß ständig auf der Hut sein, ständig.*

Als ob er meine Gedanken erraten hätte, sagte Henderson: »Ich schlage vor, daß Sie mit uns kooperieren. Die Regierung hat keine allzu hohe Meinung von Ihnen, weil Sie noch kein einziges Wort gesprochen haben.«

Ich glaubte in seinen Worten eine gewisse Drohung zu hören. »Was wollen Sie mir damit sagen?« fragte ich ihn trotzig. Sein Gesicht verdunkelte sich. Ich hatte ihn enttäuscht. »Wir werden morgen wiederkommen«, sagte er und stand auf. »Denken Sie über das nach, was ich Ihnen gesagt habe.«

Ich weiß nicht mehr, wieviel Tage ich auf der Polizeiwache blieb. Wie schon zuvor im Krankenhaus, begleitete mich auch hier eine Krankenschwester überall hin. Alle waren sehr an mir interessiert, entweder wegen der Schwere meines Verbrechens, oder weil ich eine junge Frau war. Nachts wurden drei Beamte und eine Krankenschwester abgestellt, um auf mich aufzupassen. Obwohl mein Handgelenk von der Handschelle langsam anschwoll, und obwohl mein Knie noch immer schmerzte, gab ich dies meinen Bewachern nie zu erkennen. Ich war fest entschlossen, mir noch einen letzten Rest an Würde zu bewahren.

Ich bekam jeden Tag Physiotherapie, wobei ich zwei Stunden lang unter ärztlicher Aufsicht den Gang auf und ab gehen mußte. Ich mußte mich auf die Schwester stützen, da ich mein linkes Bein kaum belasten konnte. Stündlich wurden mir Puls und Fieber gemessen, und man zwang mich, Essen und Medikamente zu mir zu nehmen.

Eines Tages wurde ich fast hysterisch, als sie mir am Arm eine Blutprobe abnehmen wollten. In Nordkorea hatte man mir erzählt, daß man mir, falls man mich gefangennahm, eventuell ein Wahrheitsserum injizieren würde, das mich dazu zwänge, alles zu sagen, was ich wußte. Die Schwester wunderte sich sehr über meine Reaktion und versuchte, mich zu trösten. Als nichts mehr half, stellte sie einfach meinen Arm ruhig und nahm das Blut ab.

Schließlich beschloß ich, daß ich nicht mehr länger schweigen konnte. Ich würde ihnen etwas erzählen müssen, wenn ich nicht bis ans Ende meiner Tage in diesem Raum festgehalten werden wollte. Ich bat zum ersten Mal um Wasser und erwähnte, daß mir mein Handgelenk weh tat. Sowohl die Schwester als auch die Beamten, die mich bewachten, waren außer sich vor Begeisterung, und innerhalb weniger Minuten wußte jeder im Gebäude, daß Mayumi endlich etwas gesagt hatte.

Henderson und seine Frau – deren Position mir

schleierhaft war, vielleicht ging man auch nur davon aus, daß sie leichter Zugang zu mir finden würde – kamen weiterhin jeden Nachmittag auf die Polizeiwache. Sie brachten mir Kleider und Plätzchen und versuchten alles mögliche, damit ich mich wohl fühlen sollte. Sie sprachen über Belanglosigkeiten und stellten dann aus heiterem Himmel Fragen über das Bombenattentat. Häufig antwortete ich gar nicht oder sagte, daß ich nichts darüber wisse.

Schließlich verloren sie die Lust und überreichten mir irgendwann ein paar auf chinesisch abgefaßte, schriftliche Fragen, die ich beantwortete.

F: Wie heißen Sie?
A: Pai Chui Hui
F: Welche Nationalität haben Sie?
A: Chinesisch
F: Wann sind Sie geboren?
A: 27. Januar 1964
F: Geburtsort?
A: Provinz Hailoonjang, Oshang, China
F: Ihre letzte Adresse?
A: 4-10-6 Shibaya, Tokio, Japan
F: Leben Ihre Eltern noch?
A: Nein
F: Namen Ihrer Geschwister?
A: Keine

Ich erzählte ihnen, daß ich eine Waise sei und nichts mit dem Flugzeugunglück bei der Korean Air zu tun hatte. »Ich verstehe überhaupt nicht, warum mir all diese Fragen über dieses Unglück gestellt werden«, sagte ich in der Hoffnung, das Blatt zu wenden. »Ist es ein Verbrechen, daß ich in dem Flugzeug war?«

Je mehr ich ihnen erzählte, desto weniger schienen sie mir zu glauben. Sie behandelten mich aber immer höflich und sagten, sie machten sich Sorgen über meinen Gesundheitszustand.

Eines Morgens wurde ich in den Waschraum gebracht, ohne daß man mich zuvor gefragt hatte, ob ich auch gehen wollte. Ich sollte mir mein Gesicht waschen, woraufhin ich mit meiner einen freien Hand eine Katzenwäsche durchführte. Dann drückte mir die Schwester etwas Zahnpasta auf eine Zahnbürste, damit ich mir die Zähne putzen konnte. Ich fühlte mich ungewohnt erfrischt. Als ich in mein Zimmer zurückkam, wurde ich gefragt, ob ich Tee oder Kaffee wollte. Ich wählte den Tee, wurde aber langsam nervös und fragte mich, was hier wohl gespielt würde.

Als ich meinen Tee getrunken hatte, kamen die Hendersons herein und wünschten mir einen guten Morgen. Ich wollte gerade antworten, als ich entdeckte, daß ihnen ein paar Leute folgten. Ich schloß meine Augen und spürte, wie mir die Angst sofort auf den Magen schlug. Es waren Reporter.

Sie waren noch nicht richtig eingetreten, da blitzten und klickten auch schon ihre Kameras. Da man mich angewiesen hatte, den Anweisungen der Reporter zu folgen, setzte und stellte ich mich so hin, wie sie es von mir verlangten. *Nun wird mein Bild auf den Titelseiten aller Zeitungen auf der ganzen Welt zu sehen sein,* dachte ich. *Jeder wird über die böse Mörderin sprechen, die 115 Menschenleben auf dem Gewissen hat.* Meine Familie würde davon natürlich nichts erfahren, obwohl ich mich daran erinnerte, daß meine Mutter in ihrem letzten Brief erwähnt hatte, daß Vater einen Monat lang geschäftlich nach Angola reisen mußte. Ich sah ihn förmlich vor mir, wie er in die Hotelhalle kam, sich morgens eine Zeitung kaufte und auf der Titelseite das Gesicht seiner Tochter unter der Schlagzeile MÖRDERIN entdeckte.

Die Reporter waren kaum zur Tür hinaus, da kamen auch schon zwei südkoranische Agenten, um jeden Zentimeter meines Körpers zu untersuchen, als wäre ich ein seltenes Tier in einem Zoo. Ich fing an zu weinen und vergrub mein Gesicht in den Händen. Als die Koreaner gegangen waren, kam Henderson herein und setzte sich zu mir aufs Bett.

»Warum hatten Sie Angst vor den Südkoreanern, Mayumi?«

»Ich hatte keine Angst, mir gefiel nur nicht, wie sie mich behandelt haben, das ist alles.«

»Sie waren also nicht überrascht, daß sie hier auftauchten?«

»Warum sollte mich das überraschen? Sie beschuldigen mich, ein südkoreanisches Flugzeug in die Luft gejagt zu haben, da liegt es doch auf der Hand, daß sich Südkoreaner für mich interessieren.«

Am nächsten Tag kamen japanische Beamte, die mich auch zum Reden bringen wollten. Ich hatte das Gefühl, daß sie sich nicht hundertprozentig sicher waren, ob ich wirklich Koreanerin war, also versuchte ich, wenn ich sprach, so perfekt wie möglich japanisch zu sprechen. Als sie wieder gingen, konnte ich einen Teilerfolg für mich verbuchen, da sie sich ganz offensichtlich nicht über mich im klaren waren.

Ich seufzte erschöpft, aber erleichtert auf. Das alles würde mit der Zeit nicht unbedingt leichter werden. Ich hatte keine Ahnung, wie schwer es noch werden würde!

Vielleicht hatten die Leute, die mich gefangenhielten, keine Geduld mehr, jedenfalls brachten sie mir eine Dolmetscherin aus Hongkong. Sie war Engländerin, mit Maria befreundet und sprach fließend Kantonesisch. Sie stellte sich mir mit dem Namen Camilla vor, sagte, sie sei 34 und vor zwei Jahren mit ihrem Mann, einem Chinesen, hier nach Bahrain gekommen, wo sie zusammen ein Chinarestaurant besaßen. Sie war attraktiv, und ich beneidete sie um ihr einfaches Leben als Ehefrau. Tatsächlich glaubte ich, sie sei die glücklichste Frau, die ich je gesehen hatte.

Ich fing an zu weinen, noch bevor die Vernehmung begonnen hatte, so daß sie zunächst einmal ein paar belanglose und freundliche Fragen stellte.

»Nun Mayumi, fangen wir doch einmal ganz von vorne an«, sagte Camilla, als ich mich etwas beruhigt hatte. »Wo bist du geboren?«

»Ich bin in Oshang geboren. Mein Vater war leitender Angestellter in einer Baufirma. Er wurde während der Kulturrevolution als Verräter entlarvt. Er wurde gefoltert, aber wieder freigelassen. Bald darauf beging er Selbstmord. Meine Mutter verließ mich und floh nach Peking, um einen anderen Mann zu heiraten. Von diesem Tag an war ich auf mich allein gestellt.« Ich fing wieder an zu weinen, denn es war fürchterlich, so – wenn auch nur fiktiv – über meine Eltern zu sprechen. Die beiden Frauen glaubten, ich sei wegen meiner einsamen Kindheit so traurig und warteten geduldig, bis ich mich wieder gefangen hatte.

»Ich wußte nicht, wo ich hingehen sollte«, fuhr ich fort. »Schließlich nahm mich meine Großmutter bei sich auf. Sie war Zeitungsverkäuferin in den Straßen von Gwangjou, und ich konnte eine Arbeit als Serviererin finden. Dann traf ich Genossin Wu Eng, ein Mädchen meines Alters, mit der zusammen ich nach

Macau floh, wobei uns ein paar junge Männer halfen, die ein Boot gestohlen hatten.«

Sie schienen mir die Geschichte abzunehmen, ja selbst ich begann langsam, daran zu glauben.

»Ich fand eine Arbeit im Kasino in Macau. Dort traf ich einen älteren Japaner namens Shinichi Hachiya, der sehr nett zu mir war. Als ich ihm von meinem Leben erzählt hatte, bot er mir an, mich an Kindes Statt zu adoptieren, wenn ich mit ihm nach Japan käme und seinen Haushalt führte. Da mein Leben zu dieser Zeit sehr kompliziert war, schien dieser Vorschlag ein wahrer Segen zu sein. Nach China konnte ich sowieso nicht zurück, also nahm ich sein Angebot an.

Er lebte in Tokio im Stadtteil Shinbuyachu Ebishu. Er gab mir den Namen Mayumi. Er behandelte mich wie eine Tochter und ließ mich nicht aus dem Haus. Er sagte, ich könne festgenommen werden, da ich keine Aufenthaltserlaubnis hatte. Deshalb ging ich kaum vor die Tür. Er versprach mir, mich zwei- oder dreimal im Jahr mit nach Europa zu nehmen, vielleicht sogar nach Amerika. Vor ein paar Wochen reisten wir dann nach Europa. Er kümmerte sich um die Pässe und Tikkets, und jetzt befinde ich mich in dieser prekären Lage. Der einzige Mensch, der meine Geschichte belegen kann, ist tot, und es sieht so aus, als müsse ich für eine Tat büßen, die ich nicht begangen habe. Man wird mich nach Südkorea bringen und mich erst foltern und dann töten!« Ich schluchzte wieder los. Zu meiner Überraschung weinten die anderen Frauen ebenfalls. Camilla fragte, ob sie irgend etwas für mich tun könnte, so als ob sie sich wirklich Sorgen machte, daß ich fälschlicherweise hingerichtet werden könnte.

»Chui Hui«, sagte sie und benutzte zum ersten Mal

meinen »richtigen« Namen, »du mußt darauf bestehen, daß du nicht nach Südkorea gebracht wirst. Sie werden ein Geständnis aus dir herauspressen, ob du nun schuldig bist oder nicht.«

»Ich weiß«, schluchzte ich mit Schuldgefühlen, weil ich ihr etwas vormachte, »aber ihr laßt mich doch nicht gehen!« Ich merkte, daß ihre ganze Menschenfreundlichkeit mich langsam, aber sicher übermannte.

Die Vernehmung war damit fürs erste beendet, und ich wurde mit den beiden Wachen alleingelassen. Ich fiel in einen unruhigen Schlaf. Da ich so viele Alpträume hatte, befürchtete ich, im Schlaf koreanisch zu sprechen. In dieser Nacht träumte ich, ich wäre in der Militärakademie von Keumsung und trainierte, zwei Kilometer zu schwimmen. Ich schwamm quer durch einen See. Der Ausbilder, Park Ji Won, ruderte gerade vor mir. Ich bot meine ganze Kraft auf, kam aber keinen Zentimeter vom Fleck und wurde hinabgezogen. Ich schluckte Wasser, schlug wie wild um mich und rief nach Ji Won. Er schaute mich nur gefühllos an und ruderte weiter, während ich ertrank. *»Vater!«* rief ich unter Aufbringung meiner letzten Kraftreserven. *»Vater, ich ertrinke!«*

Ich wachte schweißgebadet auf und schluchzte. Die erschrockene Schwester beugte sich über mich, um mich zu trösten. Ich weinte weiter. Ich würde meinen Vater nie wiedersehen, nie. Ich würde nie wieder seine kleine Prinzessin sein.

Der weibliche Wachposten spielte mehrmals am Tag auf einer Art Glockenspiel und breitete dann eine *Shiratarsahlza*, einen persischen Teppich, auf dem Boden aus, der ihr als Gebetsteppich diente. Dann richtete sie sich nach Südwesten aus und warf sich gen Mekka zu Boden. Mir kam es sehr seltsam vor, einen Gott anzubeten, den man nicht einmal sehen konnte. Von Kindesbeinen an wird Nordkoreanern beigebracht, daß Religion abstoßend, unnatürlich und vor allem konterrevolutionär sei. Es hieß, religiöse Menschen seien scheinheilig, weshalb ich nur Verachtung zeigen konnte, wann immer jemand das Wort *Glaube* benutzte. Ich dachte, es sei wesentlich besser und vernünftiger, den Großen Führer, der uns immer vor Augen stand, als unseren Helden und unsere Inspiration anzusehen. Ich bemerkte aber den friedlichen Ausdruck im Gesicht der Wächterin, die absolute Gläubigkeit, die sie ausstrahlte, und fragte mich, ob Nordkoreaner genauso ehrfürchtig waren, wenn sie sich vor dem Bild Kim Il Sungs oder Kim Jong Ils verneigten.

Bei Kindern wird es zur zweiten Natur, da man sie schon dazu erzieht, die beiden Kims zu verehren, bevor sie sprechen können. Für Erwachsene war es aber nicht so einfach. Sie verehrten die Kims, um den Schein zu wahren. Ihre Begeisterung war größtenteils vorgetäuscht, da sie nicht riskieren wollten, deportiert zu werden oder, was noch schlimmer war, mit der Stange Bekanntschaft zu machen. Das nordkoreanische Gesetz besagt nämlich, daß jeder, der die Familie Kim beleidigt, mit einer Eisenstange zu Tode geprügelt wird.

Die Wächterin rollte, nachdem sie ihre Zeremonie beendet hatte, ihren Teppich zusammen, kam zu mir herüber und hielt ihren Arm gegen meinen. »Du mußt Japanerin sein, Mayumi, denn deine Haut ist so hell. Schau doch nur, wie dunkel meine neben deiner Haut aussieht!«

Ich lachte, war allerdings auf der Hut vor irgendwelchen versteckten Absichten. Sie wollte nur nett sein, aber ich wußte, daß sie mich für eine Terroristin hielt.

Henderson mußte irgendwann einsehen, daß die ganzen Befragungen nicht so gut verliefen, wie er es sich vorgestellt hatte.

Seine nächste Taktik war, eine japanische Vernehmungsbeamtin einzusetzen. Ich kannte sie von dem Hotel her, in dem Seung Il und ich in Manama übernachtet hatten. Ich erinnerte mich, daß ich sie manchmal gesehen hatte, wie sie uns in der Hotelhalle anschaute oder uns auf der Straße folgte. Ich ärgerte mich darüber, daß mir damals nicht der Gedanke gekommen war, daß sie eine Spionin sein könnte.

Die Frau mit Namen Okubo befragte mich über »Shinichi« und meinen Aufenthalt in Japan. Ich erzählte ihr das gleiche wie Camilla. Sie übersetzte meine Antworten für Henderson und seine Fragen für mich.

In meiner Geschichte kamen langsam ein paar Ungereimtheiten auf, da ich nicht mehr genau wußte, was ich alles erzählt hatte. Ich sollte Shinichis Haus beschreiben und improvisierte einfach. Sie fragten mich nach meiner Ausbildung, was ich so aß, was ich in meiner Freizeit tat. Ich hätte wohl am besten irgendwann meinen Mund gehalten, kämpfte mich aber durch die Antworten.

Irgendwann einmal bedeutete Henderson Okubo aufzuhören und schaute mich nachdenklich an.

»Chui Hui«, sagte Henderson und sprach sehr langsam, »du solltest wissen, daß eine ganze Anzahl südkoreanischer Agenten hierher nach Bahrain gekommen sind und verlangen, daß wir dich ihnen überstellen. Wir tun alles, um dir zu helfen. Wenn du mit uns zusammenarbeitest, lassen wir dich zurück nach

China. Wenn du uns aber weiter solche Lügen auftischst, bleibt uns nichts anderes übrig, als dich nach Seoul zu schicken. Denke darüber nach.« Er wartete einen Moment ab, um sicher zu sein, daß ich ihn auch verstanden hatte, und sagte dann zu Okubo, sie solle fortfahren.

Als die Sprache auf meine Reise nach Europa kam, wurde es für mich leichter zu antworten. Henderson und ich hatten uns in eine Art gegenseitiges Duell verstrickt, daß ich langsam verlor. Als er mich danach fragte, wie es war, als wir an Bord des Fluges 858 gingen, antwortete ich, daß die Sicherheitskontrollen äußerst streng gewesen seien und daß sowohl mein Gepäck als auch ich genauestens durchsucht worden waren.

Henderson glaubte vor allem auch nicht, daß ich eine Waise wäre, da ich meistens zu weinen anfing, wenn das Wort *Familie* fiel. Am schlimmsten war es jedoch, als sie mich fragten, warum ich das Gift genommen hatte. Wie ein dummes naives Schulmädchen antwortete ich: »Weil Shinichi mir sagte, ich solle es tun.«

Okubo wollte dann wissen, wie ich zu Shinichi stand. Ich wußte, daß diese Frage irgendwann kommen würde. Ich habe ja schon erzählt, daß Kim Seung Il sich wie ein perfekter Gentleman benommen hatte, aber schließlich war ich eine erwachsene, junge Frau und konnte mir denken, daß man in anderen Kulturen den Verdacht haben konnte, daß zwischen uns eine romantische Beziehung bestanden hatte. Etwas in dieser Richtung hatte ich ja auch damals in Pjöngjang vor unserer ersten Europareise dem Abteilungsleiter zu bedenken gegeben. Ich war sowieso schon nervös wegen der Reise und viel zu schüchtern, um einen solchen Aspekt zu übersehen. Als ich das dem Abteilungsleiter jedoch vorgetragen hatte, schrie er mich förmlich an: »Und wo wollen Sie bitte das Geld herbekommen, um *getrennte* Zimmer zu bezahlen?« Er schaute mich an, als ob ich irgendwelche ideologischen Reinheitsregeln verletzt hätte. Ich war schließlich Spezialagentin, und es war mir überlassen, wie ich mit meinen eigenen Unsicherheiten fertig wurde.

»Ihr habt, als ihr auf Reisen wart, immer im gleichen Raum übernachtet. Ich gehe davon aus, daß nichts zwischen euch vorgefallen ist?« fragte Okubo.

»Natürlich nicht«, antwortete ich barsch. »Er war wie ein Vater zu mir.«

»Habt ihr in Zimmern mit einem Doppelbett oder mit getrennten Betten geschlafen?«

»Getrennte Betten.«

»Wo hast du dich umgezogen?«

»Im Bad.«

»Wenn du ein Bad genommen hast, hast du da die Türe abgeschlossen?«

»Ja, verdammt!«

»Hast du Shinichi nackt gesehen?«

Mir fiel der Unterkiefer herunter. *»Wie bitte?«*

»Zum Beispiel«, fuhr Okubo, ohne mit der Wimper zu zucken, fort, »hast du jemals seine Operationsnarbe auf dem Bauch bemerkt?«

»Nein, aber ich weiß, daß er am Magen operiert wurde.«

»Sag mir«, sagte Okubo und ihre Augen durchbohrten mich, während Henderson uns beide anschaute, »hast du außer mit Shinichi auch mit anderen Männern geschlafen?«

Ich war so perplex, daß ich überhaupt nichts sagen konnte. Dies wertete sie als ein Schuldeingeständnis und machte weiter. »Mit wie vielen Männern hast du schon geschlafen?«

Keine Antwort.

»Hattest du jemals einen Orgasmus?«

Keine Antwort.

»Hast du jemals Männer verführt, weil es zu deiner Arbeit als Spionin gehörte?«

Keine Antwort.

»War Shinichi der Beste, den du jemals im Bett hattest?«

»Fuck you!« schrie ich sie auf Englisch an, um sie mit ihren eigenen Waffen zu schlagen. »Er war ein alter Mann, um Gottes willen!«

»Ah!« klinkte sich Henderson ein. »Das heißt also, daß er es versucht hat, aber nicht konnte!«

Ich starrte ihn an und kochte vor Wut. Ich suchte nach einer Antwort, war aber so aufgebracht, daß ich nur etwas Unzusammenhängendes stammeln konnte.

»Schade eigentlich«, sagte Okubo. »Aus dem Autopsiebericht geht nämlich hervor, daß er recht gut ausgestattet war.«

Das war zuviel. Noch bevor irgend jemand reagieren konnte, sprang ich über den Tisch und verpaßte ihr einen klassischen Schlag, wie ich ihn im Kampfsport gelernt hatte – einen Schlag mit der Handwurzel auf ihre Nase. Ich hörte, wie ihr Nasenbein krachte – das Blut spritzte überall hin. Okubo schrie und fiel nach hinten zu Boden. Henderson rief nach Hilfe und versuchte, mich in Zaum zu halten, indem er meine Arme hinter meinem Rücken festhielt. Ich trat ihm mit meinem Absatz auf die Zehen, wodurch sich sein Griff löste, schlug ihm anschließend mit zusammengeballter Faust in die Leistengegend und holte danach mit meinem Ellenbogen aus und schlug damit nach hinten an seine Schläfe. Einen Augenblick lang war er völlig verblüfft. Ich durchsuchte ihn sofort und war fest entschlossen, mich auf der Stelle zu erschießen. Aber die Wachen stürmten schon von der Tür auf mich zu. Ich hatte gerade meine Hand um Hendersons Pistole gelegt, als ich von ihm weggezogen und mein Kopf in die Zange genommen wurde.

»Erschießen Sie sie nicht«, keuchte Henderson. Aus dem Augenwinkel konnte ich sehen, wie er vornüber gebeugt gegen die Wand lehnte. »Das ist genau, was sie will! Wir brauchen sie lebend!«

Ich wußte, wie ich meinen Kopf aus der Zange befreien konnte. Ich schlug meinem Angreifer in die Leiste, der mich sofort losließ. Mit der anderen Hand griff ich in sein Haar und zog seinen Kopf zurück, um ihm einen tödlichen Schlag am Hals zu verpassen. Ich holte kurz zum Handkantenschlag aus, zuckte aber in diesem Moment zusammen, als wäre ich vom Blitz getroffen worden. Ich sackte sofort zu Boden, mein ganzer Körper war völlig gefühllos. Ich landete auf der Seite. Als ich hochschaute, sah ich eine weitere Wache mit einer elektrischen Betäubungspistole über mir stehen. Noch bevor ich mich bewegen konnte, hatte mir ein dritter Wachposten schon Handschellen angelegt. Ich war hilflos.

Henderson richtete sich mühsam auf. Sein Gesicht war rot, und er atmete schwer. Er blickte auf mich herunter, sein Gesicht drückte Verwirrung und Abscheu aus. »Jetzt reicht es, Myumi«, krächzte er. »Du hast deine Chance gehabt.« Er wandte sich ab und sprach zu jemandem, den ich nicht sehen konnte. »Bringt sie hier heraus. Jetzt gehört sie den Südkoreanern.«

ZWÖLFTES KAPITEL

Der Gefangenentransport raste durch die halbdunklen Straßen Manamas zum Flughafen. In dem Transporter war ein Fernseher installiert worden, auf dem die Abendnachrichten zu sehen waren. Obwohl die Sendung in arabischer Sprache ausgestrahlt wurde, konnte ich ausmachen, daß es um Südkorea ging.

Studenten, deren Gesichter mit Tüchern vermummt waren, warfen Molotowcocktails auf die Bereitschaftspolizei. Es hatte den Anschein, als sei dort in den Straßen von Seoul eine regelrechte Schlacht im Gange. Als ich dies sah, fühlte ich mich in der Meinung noch bestätigt, daß die südkoreanische Gesellschaft hoffnungslos faschistisch und dem sozialistischen Nordkorea weit unterlegen war.

Das ist der Anfang vom Ende, dachte ich. In wenigen Stunden würde auch ich in Seoul sein. Nichts konnte mich mehr vor den Greueltaten der südkoreanischen Behörden retten.

Henderson saß schweigend neben mir im Wagen. Mir war klar, daß es sich bei der Nachrichtenübertragung um einen allerletzten Versuch handelte, mich doch noch zu einem Geständnis zu bewegen, bevor ich abgeschoben wurde. Wenn ich zurückblickte, erkannte ich, daß alles, was im Gefängnis geschehen war, dem gleichen Ziel dienen sollte. Als Camilla mich gedrängt hatte, alles zu tun, um nicht nach Seoul geschickt zu werden, hatte sie lediglich mit meiner Angst gespielt. Da ich glaubte, in Seoul gnadenlos gefoltert zu werden, hatte Henderson die Gelegenheit beim Schopfe gepackt, dies gegen mich zu verwenden. Ich erinnerte mich an die Geschenke, die mir Maria mitgebracht hatte – Plätzchen, Kleider, Schmuck. Ich war vollkommen überwältigt von ihrer Freundlichkeit, aber auch das war ja beabsichtigt. Maria hatte mir auch einen Trainingsanzug mitgebracht – ein Paar Hosen mit passendem Sweatshirt und einer Nylonjacke. Jeder in Nordkorea wünschte sich eine solche Ausstattung. So was war fast nie in den Läden zu finden und konnte, wenn überhaupt, nur zu horrenden Preisen auf dem Schwarzmarkt erstanden werden. Besonders Nylonjacken standen hoch im Kurs. Westlern muß es sehr seltsam vorkommen, daß derartige Dinge in Nordkorea zu einem solchen Statussymbol werden konnten. 1987 hatte Kim Il Sung verfügt, daß als Geschenk an seine Nation für jedes Kind, das die Mittelschule besuchte, ein solcher Trainingsanzug verfügbar sein sollte. Mutter lief gleich los, um für Bum Soo einen Trainingsanzug zu kaufen, aber bald darauf starb er. Sie wußte, daß er nicht mehr lange zu leben haben würde und wollte ihn einfach glücklich machen. Bum Soo war von dem Geschenk begeistert und behielt es immer in der Nähe seines Kopfes, damit er es, wann immer er wollte, berühren konnte. Er lächelte meine Mutter dankbar an, wenn er für kurze Zeit wieder bei Bewußtsein war. Er starb mit dem Anzug in seiner Hand. Er hatte noch nicht einmal eine Gelegenheit, ihn auch zu tragen.

Folglich mußte ich einfach dankbar sein, als Maria mir einen solchen Anzug brachte. Zu dieser Zeit erwartete ich, bald hingerichtet zu werden, und sah dieses Geschenk als eine Art letzten Gnadenakt an, bevor ich dem Exekutionskommando übergeben wurde. In meiner Lage mußte ich die Motive derer, die mich gefangenhielten, immer hinterfragen. Häufig wurde jedoch jeder meiner Versuche, kühl und distanziert zu bleiben, durch mein gefühlsmäßiges Durcheinander zunichte gemacht.

Auch in dem Gefangenentransporter hatte ich den Trainingsanzug an. Ich würde ihn auch tragen, wenn ich in Seoul von Bord ging. Damals schien er eine seltsame Symbolkraft zu haben.

Maria saß auch in dem Gefangenenwagen sowie vier Wachleute. Sie schaute mich häufig mitleidig an, schwieg aber. Wir hatten uns nichts mehr zu sagen, auch wenn ich ihr gerne für ihre Freundlichkeit gedankt hätte. Als die Krankenschwestern mich für die Reise anzogen – ich sah, daß sie dabei mit den Tränen kämpften – hatte Maria daneben gestanden, ich konnte aber ihren Gesichtsausdruck nicht deuten. Ich muß sie wohl unglaublich enttäuscht haben, aber ich glaube, sie konnte sich auch bis zu einem gewissen Grad in mich hineinversetzen.

Nach dem Vorfall im Gefängnis waren die Wachen nicht mehr freundlich zu mir. Als der Wagen bereitstand, marschierten sie mit mir nach draußen und hatten meine Arme fest untergehakt. Ich wurde unsanft hineingeworfen. Ich sah, daß uns zwei Polizeiwagen begleiten würden. Ich bekam zum Abschied von Bahrain so etwas wie eine eigene kleine Eskorte.

Bis wir am Flughafen angekommen waren, war es dunkel. Wir fuhren direkt zu den Landefingern, an den Wartungsfahrzeugen für die Flugzeuge und ein paar Führungslichtern vorbei. Als ich das Geräusch der Flugzeugmotoren vernahm, begann mein Herz ganz laut zu schlagen und mir rann kalter Schweiß vom Gesicht. Das war das Ende.

Der Wagen hielt an. Ich wurde hinausgehievt und sah, wie ein koreanisches Flugzeug wie ein riesiges Ungeheuer über mir emporragte. Jetzt hatte mich der reine Horror gepackt, eine Angst, die größer war als alles, was ich bis zu diesem Zeitpunkt erlebt hatte. Ich stieß einen Schrei aus und begann mit meinen Bewachern zu kämpfen, aber sie waren viel zu stark. Meine Hände waren gefesselt, und ich war zu sehr aus dem Gleichgewicht, als daß ich meine Beine hätte einsetzen können. Sie zogen mich in Richtung Gangway. Unten standen zwei südkoreanische Agenten mit ausdruckslosen Gesichtern. Die Übergabe ging schnell vonstatten. Die Agenten schoben mir sofort etwas in den Mund, den sie mir anschließend mit einem Band verklebten. Es war irgendein Stück Plastik, das mich daran hinderte, mir auf die Zunge zu beißen. Die Koreaner hoben mich wie ein Stück Gepäck in das Flugzeug. Ich wurde bis in die Mitte des Fluggastraumes gezerrt und auf einen Sitz gedrückt. Rechts und links von mir saßen jeweils ein Agent und eine Agentin, die ihre Arme mit meinen verschränkten. Ich schluchzte die ganze Zeit, und ein dritter Agent wischte mir über das Gesicht. Er murmelte mir irgend etwas zu, das mich wohl trösten sollte, als die Agentin zu meiner Linken dazwischenfuhr.

»Lassen Sie sie einfach in Frieden. Sie wird sich schon selbst wieder beruhigen.«

Ich könnte genausogut tot sein, dachte ich, nicht wissend, daß es noch viel schlimmer kommen würde.

In den ersten Augenblicken in meiner neuen Gefangenschaft machte ich bereits meinen ersten und folgenschwersten Fehler. Ein weiterer Agent war zu mir gekommen und untersuchte meine Hände. »Das sind die Hände einer ausgebildeten Spionin«, sagte er zu den Agenten, die neben mir saßen. »Seht ihr, wie sie die Hände offen hält?«

Sofort drückte ich meine Hände zusammen und

schloß sie. Ich hatte gerade, ohne es zu bemerken, bestätigt, daß ich Koreanisch verstand.

Das Flugzeug startete, ohne daß eine offizielle Ansage gemacht wurde. Es gab keine Flugbegleiter; dieser Flug war einzig und allein für mich organisiert worden. Welche Ironie doch darin lag, daß eine Nordkoreanerin eine ganze Maschine für sich haben sollte, wo doch die meisten Nordkoreaner kein einziges Mal in ihrem Leben ins Ausland reisen konnten. Wenn man das wollte, brauchte man schon »Vitamin B«, also besondere Beziehungen zur Familie Kim Il Sungs.

Draußen war es stockdunkel, aber das Licht in der Kabine wurde nicht gelöscht. Auf diesem Flug würde niemand schlafen, am wenigsten ich.

Ich versuchte, im Geiste aufzulisten, was sie alles bereits wußten: daß ich einen gefälschten japanischen Paß bei mir hatte, daß ich versucht hatte, Selbstmord zu begehen und daß ich in Kampfsportarten ausgebildet war. Keiner dieser Punkte konnte mich direkt mit dem Bombenanschlag auf das Flugzeug in Verbindung bringen, es wäre jedoch töricht gewesen, zu ignorieren, daß sich hieraus langsam ein gewisses Gesamtbild entwickelte, das auf meine Schuld schließen ließ.

»Fühlen Sie sich nicht wohl?« fragte mich die Frau, die neben mir saß, auf japanisch.

»Sprechen Sie sie auf koreanisch an«, sagte der andere Agent, der zu meiner Rechten saß.

Aber wann immer sie mit mir koreanisch sprachen, gab ich vor, nichts zu verstehen, und die Frau flüsterte mir ab und an etwas auf japanisch zu.

Der Flug schien eine Ewigkeit zu dauern. Ich konnte an nichts als an die vielen verschiedenen Methoden denken, mit denen man mich foltern würde, wenn wir in Seoul ankamen. Wasserfolter, Skorpione, heiße Eisenstangen – das waren nur ein paar Methoden, derer sich die Südkoreaner angeblich bedienten. Ich hörte während des ganzen Fluges nicht mehr auf zu zittern, selbst nicht, als sie mir eine Decke um die Schulter gehängt hatten. Irgendwann hörte ich, wie ein Agent sagte: »Wenn man bedenkt, daß sie eine solche Greueltat begangen hat – eigentlich sieht sie aus wie eine Prinzessin, die im Wald eingeschlafen ist.« Ich hielt das für ziemlichen Unsinn, erfuhr aber später, daß er an »Schneewittchen« gedacht hatte. Das sagte mir damals noch gar nichts, da in Nordkorea jegliche westliche Literatur verboten war und die einzigen Kinderbücher, die es gab, sich ausschließlich um den Ruhm Kim Il Sungs drehten. Einmal hatte ein Außendienstagent ein Exemplar der *Märchen aus Tausendundeiner Nacht* ins Ausbildungslager geschmuggelt, das wir anderen alle voller Faszination und Ehrfurcht lasen.

Um mir die Zeit zu vertreiben und meinen Willen zu stärken, wiederholte ich in meinem Kopf ein Lied mit dem Titel »Kommandomarsch«:

Genossen, rüstet die Waffen in euren Händen
Zerstört die imperialistischen Eindringlinge
Vorwärts, marschieren wir tapfer drauflos
Zerstört die Feinde, selbst wenn es tausend Leben kostet.
Laßt uns zur Entscheidungsschlacht marschieren
Laßt uns zum Schlachtfeld ziehen
Wir halten die Waffen fest in der Hand
Vorwärts, marschieren wir tapfer drauflos
Zerstört die Feinde, selbst wenn es tausend Leben kostet.

Ich dachte auch an meine Familie. Ich erinnerte mich an die Zeit, wo meine Großmutter mütterlicherseits extra während meines letzten Besuches zu Hause vorbeikam. Ich hatte sie fünfzehn Jahre lang nicht gesehen, und sie weinte vor Freude, als sie mich sah.

»Oh, Hyun Hee«, sagte sie, als sie mich fest umarmte, »es hat sich gelohnt, zu leben, schon alleine um dich jetzt zu sehen. Die ganzen Jahre hindurch habe ich immer dein Gesicht vor mir gesehen.«

An jenem Abend aßen wir eine koreanische Spezialität, *Shinshullo*. Wir waren in äußerst festlicher Stimmung und sprachen von der »guten alten Zeit«. Hyun Ok, die erst kürzlich geheiratet hatte, war auch auf einen Besuch vorbeigekommen.

Später am Abend klopfte es verzweifelt gegen die Tür. Meine Mutter machte auf. Draußen stand ein junger Mann, schweißgebadet und völlig aufgelöst. Er erzählte uns mit schwankender Stimme, daß Hyun Oks Mann an diesem Tag einen Herzschlag erlitten hatte, als er in Changgwangwon schwamm. Zu seiner Arbeit beim Fremdenverkehrsamt gehörte es, daß er mit den Besuchern in Pjöngjangs größter Badeanstalt schwimmen ging. Er war zwar noch jung, klagte aber schon seit einigen Tagen über Müdigkeit. Hyun Ok hatte ihn beschwichtigt, es nicht so ernst zu nehmen.

Nun war er tot und Hyun Ok mit ihren kaum zwanzig Jahren eine Witwe. Unser Wohnzimmer, das voller Lachen gewesen war, wurde zur Trauerstätte.

Auf einmal wurde ich wieder in die Gegenwart zurückgeholt. Tageslicht strömte durch die Fenster, und ich merkte, daß das Flugzeug bereits den Landeanflug begann. Mein Herz klopfte mir wieder bis zum Hals. Ich hörte eine Stimme sagen: »Wir nähern uns Seoul.«

DREIZEHNTES KAPITEL

Das Flugzeug setzte hart auf der Rollbahn auf. Während es seine Geschwindigkeit mehr und mehr drosselte, kam ein Agent mit einem Pelzmantel über dem Arm zu mir herüber.

»Es ist kalt draußen«, sagte er. »Ziehen Sie das an.«

Ich durfte aufstehen, und die Handschellen wurden geöffnet. Ich schlüpfte in den Pelzmantel, und dann wurden mir die Handschellen wieder angelegt.

Das Flugzeug stand. Als eine der Türen aufgestoßen wurde, spürte ich einen Schwall kalter Luft. Welch ein Kontrast zur tropischen Hitze Bahrains! Aber da war noch etwas in der Luft, ein Geruch, der mich an Pjöngjang erinnerte. Für einen Augenblick dachte ich tatsächlich, wir wären auf dem Flughafen Soonan gelandet. Aber dann kam ich zur Tür und schaute nach draußen. Es war nicht Soonan.

Der Landeplatz war unglaublich groß. Ich konnte Dutzende von Flugzeugen sehen, jede Minute startete ein neues. Der Flughafen war genauso groß wie die, die ich in Europa gesehen hatte.

Ich bemerkte auch, daß sich unterhalb der Maschine eine Traube von Reportern mit gezückten Kameras zusammengefunden hatte. Eine Gangway wurde zum Flugzeug gerollt. Ich schloß meine Augen, als könnte ich so von diesem schrecklichen Ort wegkommen.

Man führte mich die Treppe hinunter. Ich konnte das Klicken der Kameras und ein aufgeregtes Getuschel unter den Reportern hören. »Sie ist wunderschön!« hörte ich jemand ausrufen. »Wie kann eine so schöne Frau bloß Terroristin sein?«

Die Agenten, die mich führten, blieben einen

Moment stehen, um den Reportern eine Chance zu geben. Jeder rief mir zu, ich möge in seine Richtung schauen, und ich wurde so verwirrt, daß ich in Tränen ausbrach. Nicht zum ersten Mal fühlte ich mich wie ein Stück Ware auf dem Präsentierteller.

»Hey, Baby, beruhige dich!« hörte ich jemand rufen. »Du bist in Seoul!«

Irgendwann wurde ich in eine wartende Limousine geschoben, die schnell davonfuhr. Ich war wie benebelt und saß mit gesenktem Kopf und geschlossenen Augen im Wagen. Ich konnte nicht aufhören zu weinen.

»Warum schauen Sie nicht nach draußen?« fragte einer der Agenten. »Sind Sie nicht neugierig auf Seoul?«

Es stimmte schon, ich war neugierig. Trotz der angeblichen Armut, Gewalt und Korruption, flößte Seoul Nordkoreanern Ehrfurcht ein. Im Falle der Wiedervereinigung würde Seoul das Kronjuwel sein. Ich war aber an einem Punkt angelangt, an dem ich so voller Angst und so erschöpft war, daß ich einfach nicht hinschauen konnte.

»Folgt uns noch jemand?« fragte einer der Agenten den Fahrer.

»Nein, wir haben sie alle abgehängt.«

»Hervorragend. Fahren Sie weiter nach Namsan.«

Wir fuhren eine Weile sehr schnell und blieben dann stehen. Ich konnte die ganze Zeit lang auch die Geräusche anderer Autos auf den Straßen um uns herum hören. Wenn ich aufgeschaut hätte, hätte ich gesehen – und mich darüber gewundert –, daß die Fahrer alle Koreaner waren. Da ich aber immer nur mit gesenktem Kopf und geschlossenen Augen im Wagen gesessen hatte, ging ich davon aus, daß Seoul bei so vielen

Autos auf den Straßen von Ausländern eingenommen worden sein mußte.

Ich fühlte mich wie ein Stück Vieh, das zur Schlachtbank geführt wurde – und ich wollte endlich dort ankommen. Ich war meines Lebens inzwischen so überdrüssig geworden, daß der Gedanke an den Tod mir willkommener war denn je. Und dann ging mir ein Licht auf. Der Agent hatten »Namsan« gesagt. Er mußte das berüchtigte Untersuchungsgefängnis Namsan gemeint haben, das unter nordkoreanischen Spionen einen legendären Ruf hatte. Es ging das Gerücht, daß es in seinem Keller einen Raum gab, in dem unglaubliche Folterungen durchgeführt wurden. Kein Nordkoreaner war jemals aus Namsan zurückgekommen.

Mir wurde ganz schummrig, und vielleicht bin ich auch ohnmächtig geworden. Ich weiß nur, daß das Auto angehalten hatte und die Türen geöffnet wurden, als ich wieder zu mir kam.

O nein, ich bin da. Was werden sie für mich wählen? Die Wasserfolter, bei der sie so lange Wasser in einen hineingießen, bis der Magen platzt? Die Sexfolter, wo sie mit einem Holzspieß ...

»Wir sind da«, sagte die Agentin neben mir. »Sie können sich jetzt ausruhen.«

Ich wurde in einen kleinen Raum geführt, wo ich mich hinlegen sollte. Ein Arzt untersuchte mich, und ich hörte ihn sagen: »Es scheint alles in Ordnung zu sein, aber sie ist völlig erschöpft und übermüdet. Sie sollte eine Weile schlafen.«

»In Ordnung, aber bitte geben Sie ihr erst eine Dextroseinfusion, ihr Blutzucker ist vermutlich stark gesunken.«

Ich schloß die Augen, als die Nadel eingeführt

wurde und dachte, es handle sich bestimmt um ein Wahrheitsserum. Ich fühlte mich einen Moment lang sehr aufgekratzt, fiel aber bald darauf in einen unruhigen Schlaf.

Als ich wach wurde hörte ich, wie sich zwei Stimmen nebenan miteinander stritten. Obwohl die Tür geschlossen war, konnte ich sie recht gut durch die Wand verstehen.

»Wir verschwenden unsere Zeit, deshalb!« rief ein Mann. »Wir sollten sofort das Mundstück entfernen und mit dem Verhör beginnen!«

»Das ist viel zu gefährlich!« schrie eine Frau zurück. »Der Direktor hat uns noch keine Erlaubnis erteilt!«

»Also gut, ich übernehme die Verantwortung«, erwiderte der Mann schroff. »Irgendwann müssen wir es ja doch tun.«

Die Stimmen verklangen, und wenige Minuten später kam ein Untersuchungsbeamter herein, um das Plastikstück aus meinem Mund zu entfernen. Mein Mund war trocken, und mir tat der Hals weh, aber der schlimmste Schmerz kam von dem Klebeband, das der Beamte mit einem solchen Ruck abgerissen hatte, daß sogar ein Stück Haut daran hängen blieb. Aber ich schrie nicht. Seit unserem Abflug aus Bahrain war ich ein solches Nervenbündel gewesen, daß ich dachte, es sei an der Zeit, ein wenig Mut zu zeigen.

Ich öffnete zum ersten Mal seit unserer Ankunft am Flughafen die Augen. Der Raum war ganz weiß getüncht, hatte aber keine Fenster. Neben dem Bett standen zwei Schreibtische, ein Sofa und ein paar Stühle. Als ich mich so umschaute, bekam ich eine richtige Gänsehaut bei dem Gedanken daran, wieviel Patrioten und Revolutionskämpfer meines Landes in diesem Raum wohl schon vor mir getötet worden waren.

Es kamen drei weitere Leute ins Zimmer, so daß nun insgesamt zwei Agenten und zwei Agentinnen um mich herum waren. Ich versuchte, mich psychologisch für die geistige Schlacht zu wappnen, die, wie ich wußte, bald stattfinden würde. Die Agenten waren höflich, aber ihrem Blick entging nichts. Sie waren absolute Profis, südkoreanische Pendants zu den Agenten des KGB oder CIA.

Ich wurde gezwungen, eine milchige Substanz zu trinken, worauf ich bald in einen tiefen Schlaf fiel. Als ich wieder aufwachte, waren sie noch immer da und schienen sich nicht einmal bewegt zu haben. Ein Mann und eine Frau saßen jeweils an einem der Schreibtische, beobachteten mich und machten sich Notizen. Die andere Frau stand am Fußende des Bettes, wohingegen der vierte Agent in der Nähe der Tür gegen die Wand lehnte. Die Geräusche, die von außen in das Zimmer drangen, ließen auf einige Geschäftigkeit schließen, so daß ich mich fragte, ob es Morgen war. Nach einiger Zeit sagte mir die Frau am Fußende meines Bettes, ich möge aufstehen. Das versuchte ich zu tun, war aber zu schwach und mußte gestützt werden. Sie führte mich aus dem Raum heraus, den Flur entlang zu einem Badezimmer, wo man mich nackt auszog und gründlich wusch. Es war mir peinlich, so entblößt dastehen zu müssen, aber das warme Wasser tat mir gut. Die Leute, die mich in Gewahrsam genommen hatten, gingen sehr sanft mit mir um, weshalb ich natürlich sofort wieder den Verdacht schöpfte, daß dies alles Teil eines Planes war, mit dem sie mein Vertrauen gewinnen wollten. Naserümpfend stellte ich fest, daß Seife und Shampoo ausländischer Herkunft waren. Im Norden stellten wir solche Produkte selbst her, auch wenn sie nicht von erstklassiger Qualität waren.

Man gestattete mir, daß ich meine Zähne putzte, was ich seit Bahrain nicht mehr getan hatte. Als ich damit fertig war, bekam ich frische Kleider. Alle trugen südkoreanische Etiketten und sowohl die Unterwäsche als auch der Trainingsanzug, den man mir gestellt hatte, war von wesentlich besserer Qualität als alles andere, was ich jemals zuvor getragen hatte. Warum, so fragte ich mich, würden sie wohl so teure Kleider an eine Verbrecherin verschwenden, wenn nicht, um sie zu einem Geständnis zu bringen?

Als ich in den Raum zurückkam, bekam ich einen Becher Kaffee. Danach hatte ich mich bereits seit Tagen gesehnt. Er war noch kochend heiß, und ich mußte sogar den Dampf wegblasen. Einer der Agenten sagte zum anderen: »Ich bin sicher, sie ist Koreanerin. Nur Koreaner blasen den Dampf so von einer Tasse.« Noch bevor ich mich bremsen konnte, hatte ich die Tasse schon abgestellt.

Schweine!

Ich stand auf, nahm den Kaffee mit in das Badezimmer nebenan und goß ihn ins Waschbecken. Als ich den Becher auswusch, kam die Agentin herein und sagte, ich solle den Becher wegwerfen. Ich war verwirrt, denn das war doch ein tadelloser Papierbecher, der wiederverwendet werden konnte. Es erschien mir wie eine schreckliche Verschwendung und bestätigte nur, daß Südkorea ein armes, schuldengeplagtes Land war.

Danach bekam ich ein riesiges Frühstück mit Eiern, Reis und Kimchi, dem gewürzten Kohl, nach dem alle Koreaner süchtig sind. Ich versuchte, nicht zu essen, wurde aber schon bald von den herrlichen Gerüchen verführt und aß alles bis auf den letzten Krümel auf. Während ich noch frühstückte, fragte ich auf japanisch, was für ein Tag sei. Es war der 17. Dezember, siebzehn Tage nach dem Zwischenfall in Bahrain. Das konnte ungefähr hinkommen, und ich fragte mich, wie lange ich wohl durchhalten würde.

Ich machte einen weiteren entscheidenden Fehler, als ich zwei Agentinnen zuhörte, wie sie sich über meine Periode Gedanken machten. Da ich auch nicht vergessen durfte, wann es soweit war, schrieb ich »24« auf ein Stück Papier, was heißen sollte, daß ich sie am 24. Dezember erwartete. Es hatte den Anschein, als hätten sie nicht darauf geachtet, denn sie sprachen dann über die Wahlen.

»Für wen hast du gestimmt?«

»Na ja, bei uns im Haushalt herrscht Geschlechtertrennung, die Männer wollen X, die Frauen wollen Y. Also stimme ich für Y.«

Davon verstand ich überhaupt nichts. Ich kam aus einem Land, in dem wir uns glücklich schätzten, einen starken Kandidaten zu haben – Kim Il Sung –, der unweigerlich ins Präsidentenamt »gewählt« wurde. Dieses ganze Konzept der »Wahlfreiheit« schien nur unnötig chaotisch zu sein, und ich fragte mich, wie die Südkoreaner sich jemals über etwas einigen konnten.

In Nordkorea werden alle vier Jahre Wahlen abgehalten. Für jeden regionalen Posten gibt es nur einen Kandidaten, den die Arbeiterpartei ausgewählt hat. Das Volk kann entweder mit Ja oder mit Nein stimmen. Schon Wochen vor der Wahl finden Demonstrationen statt, werden Paraden organisiert und Seminare abgehalten, um eine hundertprozentige Wahlbeteiligung zu propagieren. Jeder über siebzehn ist natürlich sowieso durchs Gesetz dazu verpflichtet, zur Wahl zu gehen, weshalb die ganzen Sprüche und Festivitäten nur Heuchelei sind.

Am Wahltag stehen die Menschen bereits um 7.00 Uhr an den Urnen an. Normalerweise spielt irgendwo in der Nähe eine Band, um dem ganzen Ereignis eine fröhlichere Atmosphäre zu geben. Nachdem ein Wähler registriert wurde, erhält er ein Stück Papier, auf das eine *Ja*-Stimme gestempelt ist, danach geht der Wähler weiter in einen Flur, in dem drei Wahlbeamte sitzen, nähert sich den Porträts der Familie Kim und verneigt sich vor ihnen. Der Wähler wirft dann die Jastimme in die unterhalb der Porträts stehende Urne. Um mit Nein zu stimmen, müßte man darauf verzichten, den Stimmzettel in die Urne zu werfen, was natürlich in Anbetracht der einen jeden streng beobachtenden Wahlbeamten niemand tut.

Ich bekam ein Mittagessen, das aus Reisbrei und getrockneten Algen bestand. Das ist eine koreanische Delikatesse, aber ich war ja angeblich Chinesin, so fragte ich meine Bewacher, ob die Algen verbranntes Papier seien. Sie lächelten, sagten aber nichts dazu. Statt dessen fingen sie an, sich gegenseitig Witze zu erzählen.

»Wer spricht immer noch weiter, auch wenn niemand zuhört?«

»Ein Politiker?«

»Nahe dran. Ein Lehrer.«

Oder:

»Ein Richter fragte einen Dieb, warum er immer wieder stehle. Der Dieb antwortete, er habe Hunger. Als der Richter ihn darauf hinwies, daß er gerade ein Paar Schuhe gestohlen hatte, antwortete der Dieb: ›Na, ich kann doch nicht barfuß stehlen, oder?‹«

Oder:

»Ein Russe wird wegen unpatriotischen Verhaltens nach Sibirien deportiert. Er sagt zum Richter: ›Hören Sie, wenn Amerika wirklich so schlimm ist, wie Sie immer sagen, warum schicken Sie mich denn dann nicht statt dessen dorthin?‹«

Ich mußte zur Toilette rennen, um mein Lachen zu unterdrücken. Für einen Koreaner waren diese Witze wirklich lustig, und selbst in meiner Lage war ich nicht immun gegen sie. Ich drehte den Wasserhahn auf, um mein Glucksen zu übertönen. Es war das erste Mal seit Wochen, daß ich gelacht hatte.

Die südkoreanischen Agenten waren wirklich Profis. Sie behandelten mich äußerst respektvoll. Sie wußten, daß sie damit viel schneller zum Ziel kamen als mit Gewalt oder direkten Fragen. Die bloße Tatsache, daß ich gezwungen war, unter ihnen zu leben, brachte mich, eine Landsmännin, langsam, aber sicher dazu, meinen Widerstand aufzugeben.

Eines Tages schlug eine der Agentinnen vor, daß wir alle Lieder singen sollten, anstatt nur untätig herumzusitzen. Eine Frau namens Park Lin begann mit einem Lied, das ich kannte. Es war die Art Choral, der von Kim Jong Il verboten und durch nationalistische Propaganda ersetzt worden war. Als ich fasziniert zuhörte, kamen mir die Bilder meiner Kindheit wieder in den Sinn:

> Das Dorf, in dem ich lebte, lag zwischen
> Hügeln im blühenden Tal.
> Pfirsiche, Aprikosen und Azaleen
> standen in voller Blüte,

Schmückten mein Dorf mit strahlenden
Farben wie ein Schloß.
Ich sehne mich nach den Tagen, da ich
zur Blütenzeit im Schloß spielte.

Im stillen sang ich mit ihr. Ich dachte an das Haus meiner Großmutter in Gaesung, ein traditionelles Haus mit Schindeldach, inmitten wunderschöner Hügel, an dem ein Bach entlanglief. Im Frühling würden die Azaleen in voller Blüte stehen und das Tal, genau wie im Lied, mit einem strahlend roten Blütenteppich überziehen.

Als nächstes sollte ich singen. Ich sang ein bekanntes chinesisches Lied über die Pflaumenblüte:

Pflaumenblüte, Pflaumenblüte überall,
Je kälter die Luft desto heller ihr Kleid.
Pflaumenblüten trotzen dem Winter,
Stehen für unseren Geist.
Pflaumenblüte, Pflaumenblüte, du große
Blume Chinas.

Als ich fertig war, sprach mich ein Agent auf japanisch an: »Warum singst du kein koreanisches Lied, zumal du hier in Korea bist, das wäre nur höflich.«

Die anderen Agenten beklatschten den Vorschlag und drängten mich auch. Ich protestierte und sagte, ich kenne kein koreanisches Lied, aber sie redeten weiter auf mich ein. Schließlich gab ich nach und summte ein paar Takte eines Liedes, das ich im Fernsehen gehört hatte, was sie erfreute. Es schien besser zu sein, als sich ganz und gar zu weigern, mitzumachen.

Als nächstes sang eine Frau ein unglaublich schönes Lied auf koreanisch:

Glocken klingen, Blumen blühn,
Vögel singen, Gesichter lachen.
Ich sehne mich nach meiner Liebe
  im wunderschönen Seoul
Im wunderschönen Seoul,
  da werde ich leben.

Das Lied brach etwas in mir auf. Ich dachte auf einmal darüber nach, ob Seoul wirklich so schön war; den Äußerungen der Agenten zufolge schien dem so zu sein. Dann ermahnte ich mich aber selbst. Wo blieb denn der Revolutionsgeist, den ich in den letzten acht Jahren entwickelt hatte? Wo blieb die aufrichtige Verehrung für mein Land? Ich ließ mich von diesen Leuten verführen und fühlte mich außerstande, ihnen zu widerstehen.

Die Vernehmungsbeamten begannen schließlich, mich zwanglos nach meinem Hintergrund zu befragen, es gab aber kein formelles Verhör. Vielmehr war alles eher wie eine lockere Unterhaltung unter Freunden. Ich erzählte ihnen die Geschichte, die ich schon Henderson in Bahrain aufgetischt hatte. Es hatte den Anschein, daß sie mir glaubten, jedenfalls kamen keine aggressiven Bemerkungen oder Nachfragen. Sie machten sich nur ab und zu Aufzeichnungen. Bei einigen Fragen mußte ich richtig nach einer Antwort suchen.

»Weißt du noch, welche Filmstars du in den Filmen in Macau gesehen hast?«

»Bruce Lee.«

»Hast du auf die Giftampulle gebissen, weil Shinichi es dir gesagt hatte?«

»Hm ...«

»Wenn du eine Chinesin bist, mußt du aber doch auch eine ganze Menge Koreaner kennengelernt haben. Willst du wirklich behaupten, du sprichst kein Wort Koreanisch?«

»Em ... *Gan Na* (Miststück).«

Einer der Agenten hielt mir ein Bild von Kim Il Sung vor die Nase. »Hast du diesen Mann schon einmal gesehen?«

Ich schaute das Bild nachdenklich an. »Ich glaube schon, im Fernsehen.«

»Wer ist das?«

»Jin Reu Chung«, antwortete ich, indem ich seinen Namen chinesisch aussprach.

Später am Abend hörte ich, als ich gerade im Begriff war einzuschlafen, wie sie sich leise miteinander unterhielten.

»Es ist unverzeihlich, ein solches Mädchen als politisches Werkzeug einzusetzen.«

»Ich weiß. Ein Verbrechen ist aber nun einmal ein Verbrechen. Sie tut mir trotzdem wirklich leid.«

»Eigentlich gehört dieser Bastard Kim Il Sung bestraft.«

In diesem Augenblick wäre ich am liebsten aus dem Bett gesprungen und hätte gerufen: »Ihr Schweine! Wie könnt ihr es wagen, den Großen Führer einen Bastard zu nennen?« In meinem Land gibt es keine größere Ketzerei. Kim Il Sung bedeutete Nordkoreanern soviel wie die Sonne für die Erde. Ich habe natürlich nichts dergleichen getan.

Am nächsten Tag, es war der 18. Dezember, begann das richtige Verhör. Sie waren höflich, aber genau und fragten nach Einzelheiten, die ich beim besten Willen nicht angeben konnte.

Sie wollten Straßennamen wissen aus der Gegend,

in der ich angeblich aufgewachsen war. Sie wollten wissen, in welche Kinos ich gegangen war. Ich mußte Shinichis Haus zeichnen und unendlich viele Fragen über meine Zeit in Japan beantworten. Da ich niemals in Japan gewesen war, hatte ich keine Chance, hier etwas zu sagen, das auch nur im entferntesten plausibel klingen konnte. Die ganze Zeit hindurch sprachen sie miteinander auf koreanisch und stellten Beobachtungen über mich an. »Dieses Mädchen ist zu dumm, um eine Spionin zu sein«, bemerkte einer der Männer, seinen Blick auf mich gerichtet, um zu sehen, wie ich reagierte.

Der nächste Tag war ein Alptraum. Ein neuer Vernehmungsbeamter kam hinzu, ein gutaussehender Mann in den Fünfzigern, der einen modischen schwarzen Anzug trug und eine amerikanische Zigarette nach der anderen rauchte. Er bat mich auf chinesisch, einen tabellarischen Lebenslauf zu erstellen mit Namen, Daten und bedeutenden Ereignissen. »Wir wissen, Sie sind Koreanerin«, sagte er, als ich noch arbeitete. »Es wäre einfacher, wenn Sie es jetzt zugäben.«

Ich ignorierte ihn, stellte die Auflistung fertig und schob sie ihm über den Tisch. Er schaute es kurz an, grinste, aber zerknüllte es gleich und warf es in einen Papierkorb. »Dieses Mädchen lügt ganz offensichtlich«, sagte er zu den anderen Agenten auf koreanisch.

Ich stellte ihm daraufhin auf chinesisch eine Frage: »Wobei habe ich gelogen?«

Er blickte mich mit hochgezogenen Augenbrauen spöttisch an, als wolle er fragen: »Muß ich noch mehr sagen?« Er zündete sich eine neue Zigarette an und musterte mich.

»Sagen Sie mir«, begann er, den Zigarettenrauch aus seinen Nasenlöchern herausblasend, »was für ein Fernsehgerät hatten Sie in Japan, welche Marke war das?«

»Azalea.«

Er grinste, und die anderen Agenten brachen in Gelächter aus. Azalea war eine nordkoreanische Marke, aber an diesem Punkt war ich schon so verwirrt und wütend, daß ich keinen vernünftigen Gedanken mehr fassen konnte.

»Welchen Fernsehsender haben Sie normalerweise angeschaltet?« fragte er.

»Hören Sie«, fuhr ich ihn an und stand auf, »ich habe es satt, ständig diese ganzen Fragen beantworten zu müssen. Warum fragen Sie immer und immer wieder das gleiche? Wenn Sie der Meinung sind, daß ich schuldig bin, *warum, verdammt noch mal, erschießen Sie mich dann nicht??!*«

Ich warf mich auf mein Bett und weinte. Ich war es nicht wert, eine Spezialagentin genannt zu werden. Ich hatte nicht die innere Willenskraft und die analytischen Fähigkeiten, die in diesem Job offensichtlich vonnöten waren. Ich wollte nur nach Hause zu meiner Familie und vergessen, daß ich jemals von der Partei auserwählt worden war. Ich wollte, daß Bum Soo wieder lebte. Und ich wollte sterben.

Von Tag zu Tag wurde es schwieriger, ihre Fragen zu beantworten. Sie wollten wissen, wieviel mir Shinichi gezahlt und wieviel ich davon gespart hatte und bei welcher Bank ich mein Konto gehabt hätte. Sie fragten, ob ich jemals in Japan mit dem Taxi gefahren sei. Als ich dies bejahte, mußte ich die Sitzverteilung in einem japanischen Taxi aufmalen. Kannte ich die

Farbe des Flughafenterminals in Narita? Wußte ich, wieviel Stockwerke es hatte? War ich jemals in Gwangjou an einem Ort namens Shawmen gewesen?

Ich sollte meinen Namen aufschreiben. Ich schrieb Pai Chui Hui in chinesischen Schriftzeichen. Sie nahmen das Stück Papier und verließen den Raum. Kurz darauf kehrten sie zurück und hielten meinen Namenszug in vielen verschiedenen Größen in den Händen. Es war eindeutig meine Handschrift, und dennoch fragte ich mich, wie sie es schafften, sie auf einmal in der Größe eines Sesamkorns oder so groß wie ein Straßenschild zu reproduzieren. Mir blieb der Mund offen stehen, ich war vollständig verlegen. Sie amüsierten sich über meine Reaktion, sagten aber sonst nichts dazu. Statt dessen stellten sie mir eine Frage, die mir einen Schauder über den Rücken jagte:

»Mit wem haben Sie sich im Flughafen von Bahrain getroffen? Es waren mehr als eine Person, oder? Sagt Ihnen der Name Choi etwas?«

Die Frage wurde auf koreanisch gestellt, überraschte mich aber so sehr, daß ich meine Reaktion nicht verbergen konnte. Meine Augen wurden größer, und ich glaube, ich wurde auch ganz blaß vor Schreck.

»Geht dir das nicht langsam auf die Nerven?« Der Vernehmungsbeamte fragte auf chinesisch. »Geht dir das nicht langsam auf die Nerven?« wiederholte er auf japanisch. »GEHT DIR DAS NICHT LANGSAM AUF DIE NERVEN?« schrie er mich förmlich auf koreanisch an, so daß ich in Tränen ausbrach.

Er hielt mir meinen Paß vors Gesicht. »Wer ist das?« wollte er wissen.

Ich stand auf und schlug ihm den Paß aus der Hand. »Woher zum Teufel soll ich das wissen?« schrie ich ihn an, meine Hände zu Fäusten geballt.

Er hatte sich so nahe an mich herangearbeitet, daß ich mit dem Rücken zur Wand stand. Sein Gesicht war steinhart. Als er mich auf koreanisch ansprach, war seine Stimme wie ein leises Zischen. »An Bord des Flugzeuges waren 115 Menschen. Die meisten davon waren unschuldige Arbeiter ohne irgendwelche politischen Verbindungen. Sie schufteten in dieser Bullenhitze in der Wüste, um ihre Familien zu ernähren, ihnen etwas zum Anziehen zu kaufen und ihren Kindern eine ordentliche Ausbildung bezahlen zu können. Sie waren monatelang von zu Hause fort und befanden sich mit dem Geld, das sie sich wahrlich hart verdient hatten, auf dem Heimflug. Wir wissen nicht, warum Sie das getan haben, aber Sie verdienen es, dafür vom *Blitz* getroffen zu werden.« Er machte eine Pause, zog an seiner Zigarette und blies mir den Rauch ins Gesicht. »Ich weiß, Sie haben nicht allein gehandelt, und man hat Sie vermutlich zumindest unterschwellig mit dem Leben bedroht, falls Sie es nicht getan hätten. Aber es ist Ihre verdammte Pflicht und Schuldigkeit gegenüber den Familien der Opfer, ein Geständnis abzulegen, damit wir gegen diejenigen vorgehen können, die wirklich für dieses Verbrechen verantwortlich sind. Wenn wir das Wesentliche unserer Menschlichkeit verlieren, worin unterscheiden wir uns dann noch von wilden, rücksichtslosen, zügellosen Tieren?«

Inzwischen schluchzte ich völlig unkontrolliert, aber er war noch nicht fertig.

»Du hast deine Menschlichkeit schon so ziemlich verloren, junge Frau«, fuhr er fort und zeigte mit dem Finger auf mich. »Wie kann man von uns noch erwarten, dich als Mensch zu behandeln? Warum sollten wir? Alles hat seine Zeit, aber die Zeit für Reue ist langsam abgelaufen. Wenn du diese Chance verpaßt, wird es vielleicht keine zweite mehr für dich geben.«

Seine Augen bohrten sich in meine. Sein Gesicht, das mir jetzt so nah war, sah überhaupt nicht mehr so attraktiv aus.

»Deine Regierung mißt einem Menschenleben keine große Bedeutung bei, und ich bedauere nur, daß sie dich so benutzt haben. Wenn du eine edle Tat vollbracht hättest, wäre dir vielleicht irgendeine Ehrung zuteil geworden. Unschuldige Menschen zu töten ist aber nichts Ehrenhaftes. Das ist böse und verdammt dumm. Und du, die du nicht einmal merkst, wie dumm das war, bist selbst um so dümmer. Verstehst du das? Jemand, der der Gerechtigkeit den Rücken kehrt und zum Missetäter wird, ist ein Verräter oder ein Abtrünniger. Aber jemand, der sich vom Bösen abwendet und Gutes tut, ist rechtschaffen. Ein junges Mädchen einer solchen Gehirnwäsche zu unterziehen ist abscheulich. Aber es gibt noch Zeit für dich, junge Frau, um Verzeihung zu bitten und für deine Tat zu büßen. Aber die Zeit dafür ist bald abgelaufen.« Er hielt meinem Blick noch einen Moment stand und ging dann weg. Aber auch das war noch nicht alles. Als er an der Tür angekommen war, drehte er sich noch einmal herum und versetzte mir einen weiteren Schlag zum Abschied.

»Du kannst es so sehen: Du kannst gestehen und vielleicht von den Familien, die ihre Lieben verloren haben, eine Art Verzeihung erhalten. Oder aber du kannst mit dem Blut von 115 unschuldigen Menschen an den Händen sterben, für ein Land, dem dein Leben nicht wichtiger ist als das einer Fliege. In diesem Falle würde dich nicht einmal Gott retten wollen.« Er ging hinaus auf den Flur, aber ich hörte seine Stimme noch, selbst als er schon fortging. »Denk darüber nach, Chui Hui. Oder sollte ich sagen Ok Hwa?«

VIERZEHNTES KAPITEL

Ich war besiegt.

Über zwei Wochen unbarmherziger Verhöre in Bahrain hinweg und während acht Tagen mit noch intensiverer Befragung in Seoul hatte ich ihnen widerstanden. Mit aller Raffinesse, die ich aufbieten konnte, hatte ich gelogen, um Unserem Großen Führer treu zu bleiben. Dann hatte ich wieder gelogen, um diese Lügen zu decken. Und vor allem hatte ich gelogen, um meine Familie vor dem zu retten, was, wie ich wußte, ihr sicheres Schicksal sein würde.

Aber das war nun vorbei. Meine Widerstandskraft war aufgebraucht. Die Südkoreaner hatten mich geschlagen. Sie hatten sich nicht, wie ich geglaubt hatte, der Gewalt bedienen müssen, sondern nur unendliche verständige Geduld gezeigt. Ich hatte ihnen erzählt, ich sei eine chinesische Waise. Ich hatte ihnen erzählt, ich sei von dem freundlichen Shinichi Hachiya ganz formlos adoptiert worden und hätte mit ihm eine Urlaubsreise nach Europa unternommen. Aber ich konnte sie nicht hinters Licht führen. Sie wußten ganz genau, daß ich eine nordkoreanische Spionin war, längst bevor ich es gestanden hatte. Sie wußten auch, daß ich es war, die 115 Menschen in den Tod geschickt hatte, wofür mir niemals vergeben werden konnte.

Ja, ich war geschlagen. Zu guter Letzt war es dann ausgerechnet die Stadt Seoul selbst, die meinen Restwiderstand brach. Ich war in dem Glauben aufgewachsen, Südkoreaner seien notleidende Marionetten eines rücksichtslosen kapitalistischen Regimes. Als ich zum ersten Mal nach Seoul kam, wollte ich unter allen Umständen das glauben, was ich gelehrt worden war.

Aber ich war wiedergeboren. Das Kind, das als Jüngerin Kim Il Sungs aufgewachsen war, war im Flughafen von Bahrain gestorben. Langsam, sehr langsam, nahm eine andere Person ihren Platz ein. Und Seoul – mehr als alles andere – brachte dieses neue Kind zur Welt.

Es war der Tag vor meinem Geständnis. Meine Bewacher sagten, wir würden einen Tag mit dem Verhör aussetzen und in der Stadt Sehenswürdigkeiten besichtigen.

Ich bekam ein schwarzes Kostüm, das ich tragen sollte. Ich fühlte mich wie ein kleines Schulmädchen in dieser Kleidung und fragte mich, warum sie mich so freundlich behandelten.

Als wir aus dem Untersuchungsgefängnis herausfuhren, ging es einen Hügel hinauf. Die Bäume kamen mir bekannt vor, ebenso die Granitfelsen und die rote Erde ... alles schien am rechten Platz zu sein. Der Himmel über mir – ein tiefblauer Himmel mit einer einzigen weißen Wolke – war der gleiche Himmel, den ich von Pjöngjang kannte. Aber dann, als wir die Anhöhe erreicht hatten und ich auf das Stadtzentrum Seouls herabblickte, lag es vor mir wie ein Wunder. Meine Illusion, in dem Korea zu sein, das ich kannte, war zerstört.

Es gab eine Flut von Autos. Nicht einmal in Westeuropa hatte ich so viele Autos gesehen, wie sich hier auf den breiten Straßen tummelten. Völlig schockiert schaute ich mir die Fahrer an. Es waren Koreaner, keine Ausländer.

Ich war einen Augenblick lang sprachlos. Was sich meinen Augen bot, war so anders, als ich erwartet hatte, daß ich nicht wußte, was ich sagen sollte. »Ich glaube das nicht«, brachte ich schließlich leise hervor.

Ein Spezialagent, der mit uns im Auto fuhr, zeigte auf den Verkehr. »All diese Autos werden in Korea hergestellt«, erzählte er mir. »Die meisten Familien haben heutzutage ein eigenes Fahrzeug; es heißt, selbst ein Bettler benutzt ein Auto, um seine Runden zu drehen. Das bedeutet natürlich, daß wir ständig verstopfte Straßen haben und nicht genug Parkplätze. Das sind ernsthafte soziale Probleme.«

Unser Auto mußte, genau wie alle anderen auch, immer wieder anhalten. Ich verstand die Tragweite seines letzten Satzes, mußte aber auch an seine vorangegangenen Worte zurückdenken. In Nordkorea fuhren nur hochrangige Parteifunktionäre oder Minister im Auto, und wir Studenten verneigten uns, wenn eines vorbeifuhr. Chauffeur zu werden war einer der beliebtesten Berufswünsche unter jungen Leuten, zumindest unter den Männern. Frauen würden nicht einmal im Schlaf daran denken, ein Auto zu fahren. Das höchste der Gefühle war, daß man ihnen erlaubte, einen Oberleitungsbus zu fahren, das war aber auch schon alles.

Hier in Seoul bemerkte ich aber, daß häufig auch Frauen hinter dem Steuer saßen. Ich war so überwältigt, daß ich nur meine Stirn an das Fenster pressen und hinausstarren konnte.

Wir fuhren durch das Südtor, am Rathaus, dem Kapitol, dem Olympischen Dorf, dem Handelszentrum in Jamsil vorbei. Ich war von der Ungezwungenheit beeindruckt, die überall zu spüren war, von der Lebhaftigkeit, den bunten Kleidern. Am meisten überraschten mich aber die Straßenhändler. Im Norden hatte es geheißen, die fliegenden Händler seien die niedrigsten Menschen im Süden. Die Ware, die sie anboten, war allerdings alles andere als niedrig und wertlos: teure Uhren, Qualitätsspielzeug, elegante Kleider und Schuhe. Dies wäre in Nordkorea unmöglich gewesen, wo man mit dem Geld, was eine einzige Armbanduhr kostete, eine ganze Familie fünf bis sieben Monate lang ernähren konnte. Die Straßenhändler hier sahen so aus, als verdienten sie ein Vermögen mit ihren Verkäufen. Wie konnte man sie bloß arm nennen?

Als die Nacht hereinbrach, fuhren wir den Berg von Namsan hinauf, so daß ich die Lichter der Stadt unter mir sehen konnte. Der Anblick war so zauberhaft schön, daß ich wußte, ich hatte mich verliebt.

Zuzustimmen, durch Seoul mitzufahren, war mein letzter Fehler – und auch meine Befreiung. Die Leute, die mich gefangenhielten, mußten vorausgeahnt haben, welche Wirkung diese Eindrücke auf mich haben würden. Ich konnte das Gefühl nicht loswerden, daß die ersten 26 Jahre meines Lebens nur auf Betrug aufgebaut waren.

Ein Anflug von Haß auf Kim Il Sung überkam mich, als ich in einem kurzen Moment erkannte, daß all meine Arbeit, alle Pläne, die ganze Ausbildung, ja mein ganzes Leben auf Lügen begründet waren.

Am nächsten Morgen saß ich wieder beim Verhör dem Spezialagenten am Schreibtisch gegenüber, der mich zwei Abende zuvor belehrt hatte. Er fragte mich höflich, wie mir die Stadtrundfahrt am Vortag gefallen habe und lächelte, als mir nichts Angemessenes einfiel, das ich hätte sagen können.

»Ich werde dich jetzt auf jede einzelne deiner Lügen hinweisen. Hör gut zu, denke sorgfältig nach und sage nichts, was nicht stimmt. Es gibt nur eine Wahrheit, und wir kennen sie bereits. Hast du mich verstanden?«

Er hielt einen Moment inne, zündete sich eine Zigarette an und fuhr dann fort.

»Du bist ganz gewiß keine Chinesin. Warum? Du hast uns erzählt, du hättest fünfzehn Jahre lang in der Stadt Wuchang gelebt. Es gibt aber eigentlich keine Stadt Wuchang, sondern nur einen Verwaltungsbezirk, einen Kreis, mit dem Namen Wuchang-*hsien*. Wenn du, wie du sagtest, wirklich im Norden aufgewachsen wärest, wüßtest du, daß das Wort *tungsu* (reifen) nur in Südchina gebraucht wird. Du selbst hast das Wort häufig verwendet. Du hast auch zu Getreidebrei *wuimei* gesagt, was ebenfalls ein südchinesischer Ausdruck ist. Im Norden sagt man eher *paomei*, aber das Wort ist dir nicht einmal über die Lippen gekommen.

Du hast auch behauptet, du seist als arme Waise aufgewachsen und hättest dich hauptsächlich von Hoppangbrot ernährt. Dieses Brot wird aber seltsamerweise nur von Reichen gegessen. Als du dann noch erzähltest, deine Tante hätte in Wuchang Zeitungen und Klöße auf der Straße verkauft, wußtest du offensichtlich nicht, daß im Kreis Wuchang keine Zeitungen auf der Straße verkauft werden.«

Er wartete wieder einige Zeit, damit ich das verdauen konnte. »Es gibt noch eine ganze Menge solcher Widersprüche, die alle nur auf eines hindeuten: Du bist keine Chinesin, und es ist völlig unsinnig, dies weiter zu behaupten.«

Er zündete sich eine neue Zigarette an, ohne jedoch den Blick von mir zu wenden. Als er den Rauch ausstieß, machte er weiter. »Du sagtest, du hättest ein Jahr mit Herrn Hachiya in Japan gelebt, aber als wir dir getoastete Algen, eine japanische Delikatesse, vorsetzten, fragtest du sarkastisch, ob das verbranntes Papier sei.« Dies schien ihn zu amüsieren, und auch die anderen im Zimmer kicherten vor sich hin. »Erinnerst du dich an die Zeichnung, die du von Shinichis Haus in Japan angefertigt hast? Die hatten rein gar nichts mit einem japanischen Haus zu tun, und auch die Straßen, die du aufgezeichnet hast, hatten nicht im entferntesten Ähnlichkeit mit japanischen Straßen.

Du sagtest, du schautest oft fern, aber als wir dich fragten, von welcher Marke Shinichis Fernseher war, nanntest du Jindalrae, das koreanische Wort für Azalee. Jindalrae ist zufällig eine nordkoreanische Marke, und ich glaube, du weißt das auch selbst. Außerdem wurden in der Zeit, in der du in Japan gelebt haben willst, jeden Tag die Asiatischen Spiele aus Seoul übertragen, aber du wußtest nicht, welches Land gewonnen hatte.

Du sagtest, in einem japanischen Taxi sei der Fahrersitz auf der linken Seite, er ist aber rechts. Und schließlich hättest du, wenn du Japan wirklich am 14. November verlassen hättest, wissen müssen, daß der Premierminister abgelöst wurde. Du sagtest aber, es sei Nakasone und nicht, wie es richtig gewesen wäre, Takeshita – ein entscheidender Fehler.

Also«, schloß er, während er seine Zigarette ausdrückte, »wie kannst du nach all den Widersprüchen – und ich kann dir versichern, daß es noch eine ganze Menge mehr von dieser Sorte gab – behaupten, in Japan gelebt zu haben?«

Mir war, als würde die Schlinge um meinen Hals immer fester gezogen. Ich hatte keine Lügen mehr, die ich ihnen erzählen konnte, und senkte den Kopf. Aber das Verhör war noch nicht beendet.

»Wir haben dich seit deiner Ankunft ganz genau

beobachtet, jede einzelne Bewegung. Uns ist dabei zum Beispiel aufgefallen, wie perfekt du immer dein Bett gemacht hast, gerade so, als hättest du eine lange und systematische militärische Ausbildung durchgemacht.

Du behauptest, kein Koreanisch zu verstehen. Als wir feststellten, daß du während der Vernehmungen immer mit den Fingern auf dem Tisch trommeltest, sagten wir auf koreanisch, daß dies ein Zeichen von Nervosität sei. Du hörtest sofort damit auf. Als wir uns in koreanischer Sprache unterhielten und sagten ›Hör nur, wie sie lügt‹, versuchtest du um so mehr, uns davon zu überzeugen, daß du die Wahrheit sagtest. Und als wir auf koreanisch Witze erzählten, mußtest du schnell zur Toilette rennen, damit du nicht loslachen mußtest.

Und dann kam der letzte Test.« Seine Gesichtszüge verhärteten sich, und er lehnte sich mit prüfendem Blick nach vorn. »Als ich dir das Papier vorhielt, auf dem auf koreanisch geschrieben stand: ›Du bist eine nordkoreanische Spionin‹, konnte ich sofort die Scham und die Angst in deinem Gesicht ablesen. Soll ich noch weitermachen?«

Ich fühlte mich, als hätte man mir jedes Kleidungsstück einzeln vom Körper gezogen. Nein, er mußte nicht noch mehr Beispiele bringen, ich hätte nichts mehr hören können. Ich war beschämt, wütend, verletzt, betrübt ... kurz und gut, ich war auf der ganzen Strecke besiegt und wußte, ich konnte nicht weiter Widerstand leisten. Schweigen hätte mein Leben nicht mehr retten können.

Aber was würde geschehen, wenn ich mein Geheimnis preisgab? Ich würde bestimmt sterben, denn ich war eine Mörderin, aber was war mit meiner Familie?

Ich erinnerte mich an eine Schulfreundin, Ku Jahyang, deren Familie einen Schwarzweißfernseher besaß und immer Süßigkeiten im Haus hatte. Ich verbrachte viele Abende in diesem Haus, weil wir fernsehen und Bonbons essen konnten. Ihre jüngeren Brüder waren ausgezeichnete Schüler und Anführer der Jugendkorps in ihrer Schule.

Eines Tages, es war 1974, kam Ku Jahyang nicht zur Schule. Es wurde gemunkelt, einer der jüngeren Brüder habe dem zuständigen Ministerium gemeldet, seine Mutter sei eine Spionin. Es wurde eine Untersuchung durchgeführt, mit dem Ergebnis, daß sowohl die Eltern als auch ein Onkel beschuldigt wurden, Spione zu sein. Bald darauf wurde die ganze Familie in ein Konzentrationslager in Yanggang-do verschleppt, und sogar die Nachbarn machten sich Sorgen, daß auch sie verschleppt werden könnten, nur weil sie mit ihnen zu tun hatten.

Ich hatte gehört, wie es in diesen Lagern zugehen sollte, Tag für Tag, Jahr für Jahr, mit härtester Knochenarbeit. Ich wollte nicht, daß mein Bruder und meine Schwester wie auch meine Eltern dies durchmachen mußten.

In Nordkorea machten sich die Frauen Sorgen, wenn ihre Männer zuviel tranken, aber nicht, wie sonst überall, wegen der Gesundheit. Sie hatten vielmehr Angst, daß ihre Männer im Suff etwas Dummes sagen und dafür angezeigt werden könnten. Ein falsches Wort, und die ganze Familie konnte ruiniert sein.

So war das Leben in der nordkoreanischen Gesellschaft, und es war mir sonnenklar, was mit meiner Familie geschehen würde, wenn ich ein Geständnis ablegte. Ich sah meinen Vater und meine Mutter, Hyun Soo und Hyun Ok richtig vor mir, wie sie von der Geheimpolizei festgenommen und abtransportiert würden.

Zweifel begannen an mir zu nagen. Hatte sich meine Mission wirklich gelohnt? Trugen die Terroraktionen und die Opfer, die sie forderten, wirklich zur koreanischen Wiedervereinigung bei? Würde das Land geteilt bleiben, wenn Seoul nicht Gastgeber der Olympischen Spiele wäre? Und würde die Sprengung eines einzigen Flugzeuges wirklich verhindern, daß die Spiele in Seoul abgehalten würden?

Langsam begriff ich, daß nur ein völliger Trottel noch Zweifel haben konnte, wessen Haltung vernünftiger war.

Somit hinderte mich jetzt nur noch ein Punkt daran, ein volles Geständnis abzulegen – meine Familie. Wenn ich bis zu meinem Tod schwieg, würden sie den Rest ihres Lebens ehrenvoll leben können. Und doch ...

Stimmte das auch? Die Südkoreaner wußten schon sehr viel, und es war durchaus möglich, daß sie sich den Rest auch noch selbst zusammenreimen konnten. Mit ihnen war nicht mehr zu handeln – sie würden sich nicht darauf einlassen, mich still und heimlich zu töten, um das Leben meiner Familie zu schützen. Sie konnten, wann immer es ihnen paßte, die ganze Geschichte publik machen.

Mir kam noch etwas anderes in den Sinn. Schuldete ich es nicht den Familien der Opfer, ein Geständnis abzulegen? Mußte ich nicht wenigstens mit absoluter Ehrlichkeit und voller Reue meine Greueltaten zugeben, damit man mich nicht völlig als Ungeheuer betrachtete? Ja, die Leute hatten nicht weniger verdient.

Ich schaute den Vernehmungsbeamten an. Langsam brachte ich mich dazu zu sagen: »Verzeihen Sie mir, es tut mir leid. Ich werde Ihnen alles erzählen.«

FÜNFZEHNTES KAPITEL

Ich fühlte mich leer.

Nach meinem Geständnis konnte ich nur noch benommen auf meinem Bett liegen. Ich war körperlich und gefühlsmäßig taub. Durch mein Geständnis hatte ich das Gewicht der Welt von meinen Schultern abgeworfen, aber jetzt schwebte ich in einem leeren Raum, ohne Anker oder Zielrichtung. Nur halb bei Bewußtsein, nervlich erschöpft und deprimiert, erwartete ich, daß ich bald hingerichtet würde, was mich jedoch wenig beeindruckte. Ich war bereits an einem Punkt angelangt, an dem ich nichts mehr fühlte und mir egal war, was mit mir geschah.

Ich hatte acht Stunden gebraucht, um die ganze Geschichte vor ihnen auszubreiten. Jetzt wußten sie fast soviel über mich wie ich selbst. Auf der Uhr eines der Untersuchungsbeamten konnte ich ablesen, daß wir ohne Pause bis drei Uhr morgens durchgemacht hatten. Die nervöse Spannung im Raum hatte sich verflüchtigt. Es war auch schön, endlich auf koreanisch zu sprechen. Aber die Freude war nur sehr oberflächlich, denn tief in meinem Inneren wußte ich, daß mein und meiner Familie Schicksal besiegelt war.

Zwei Tage nach meinem Geständnis fühlte ich mich etwas normaler. Die Agenten trugen viel dazu bei, daß mein Gemütszustand sich besserte. Sie bezogen mich in ihre Unterhaltung mit ein, und wir tauschten unsere Ansichten über unsere unterschiedliche Lebensweise aus. Der gutaussehende Agent, der mich verhört hatte, hieß Nark Jong, und da gab es auch noch einen jüngeren Mann namens Seng Ju. Die Agentin war eine kleine hübsche Frau und hörte auf den Namen Li Ok.

Es war Seoul, das mich überwältigt hatte, doch im Hinterkopf hatte ich auch noch einen nagenden Zweifel. Ich hatte viele beeindruckende Gebäude gesehen, vieles, was auf Glück schließen ließ. Aber waren die Menschen in Seoul wirklich zufrieden? Waren sie hinter den Fassaden all dieser Prachtbauten und mit den teuren Dingen wirklich glücklich?

An diesem Tag fragte ich Li Ok: »Könnte ich vielleicht einmal sehen, wie ganz normale Leute hier leben?«

»Natürlich, wann immer du willst«, antwortete sie und gab meinen Wunsch an ihre Vorgesetzten weiter.

Während meiner Reisen durch Europa hatte ich das Gefühl, daß ich kein vollständiges Bild vom dortigen Leben bekommen hatte. Wir waren unter anderem angewiesen worden, nur wenn unbedingt nötig mit Einheimischen zu sprechen. In Anbetracht der Anspannung, unter der wir während unserer ganzen Mission standen, war es unmöglich, die Länder, in die wir reisten, wirklich zu *erleben*. Jetzt in Seoul wollte ich genau diese Erfahrung machen. In der Vergangenheit konnte ich ein Land nur aufgrund oberflächlicher Beobachtungen beurteilen, die ich auf der Straße machte. Wenn ich auf einen Markt ging und dort einen Überfluß an Waren vorfand, schloß ich daraus, daß dieses Land reicher war als Nordkorea. Wenn ich viele

Bars und Kneipen sah, ging ich davon aus, daß diese Kultur dekadent und unmoralisch war. Beim Anblick von Bettlern auf der Straße gab es für mich keinen Zweifel daran, daß das Land völlig verarmt war und seine Leute nicht ernähren konnte.

Es dauerte nur wenige Minuten, bis alles bereit war. Li Ok fragte, ob ich irgendeinen bestimmten Ort sehen wollte.

»Nein, ich weiß eigentlich nicht so recht«, antwortete ich. »Wo immer ihr hinfahren wollt. Vielleicht etwas, das ... typisch ist für Seoul.«

Draußen ging Li Ok neben mir. Nark Jong lief hinter uns, Seng Ju vor uns. Ich bekam fünfundzwanzigtausend Won, etwa zwanzig Dollar, die ich für mich ausgeben durfte. Das schien mir eine ganze Menge Geld.

Wir begannen in den engen Gassen des Stadtteils Myung Dong. Bald kamen wir an ein Kaufhaus mit dem Namen »Lotte«, der, wie man mir erzählte, auf den deutschen Schriftsteller Goethe zurückging. Wir gingen hinein. Die Qualität der Waren war phantastisch, aber die Markennamen waren fremd. Ich sprach Li Ok darauf an.

»Nein, das wurde schon alles in Korea hergestellt«, antwortete sie. »Die meisten dieser Produkte werden ins Ausland exportiert, deshalb tragen sie diese Etiketten. Warum willst du nichts kaufen?«

Ich ging etwas unschlüssig zur Kosmetikabteilung. Die Verkäuferin hinter der Theke war sehr freundlich. Eine solch höfliche Bedienung war mir ganz und gar fremd. Im Norden sind Verkäufer und Ladenbesitzer eher unfreundlich und schroff, es gibt ja sowieso nicht viel zu verkaufen. Hier schienen die Menschen einem Kunden jedoch wirklich helfen zu wollen.

»Kann ich Ihnen behilflich sein?« fragte die Verkäuferin.

Ich deutete auf eine Gesichtscreme und stammelte vor mich hin: »Ist sie ... importiert?«

Sie nahm die Flasche in die Hand. »Nein, diese Creme wird von der Firma Lucky hier in Seoul hergestellt. Sie kostet nur sechstausendfünfhundert Won.«

Ich hatte erwartet, daß diese Creme ein Vermögen kosten würde und freute mich darüber, daß ich sie mir leisten konnte. Es war mir unmöglich, den wirklichen Wert des Geldes einzuschätzen, ich dachte mir aber, daß man mir schon nicht zuviel Geld gegeben hatte. Trotzdem traute ich mich nicht, mir die Creme zu kaufen. Es war schwer, sich an die freie und lockere Atmosphäre zu gewöhnen.

Li Ok kaufte mir einen Schal. Ich war verblüfft über die Vielfalt des Warenangebots und konnte einfach nichts für mich selbst wählen. Dann gingen wir weiter. Unmengen von Menschen waren in den Straßen unterwegs, aber niemand schien übermäßig in Eile zu sein. Männer und Frauen liefen einfach so in Grüppchen herum und lachten miteinander. Wir stießen auf einen Mann mit einer seltsamen Uniform, der einen Topf in der Hand hielt und mit einem Glöckchen klingelte. Ich dachte, das sei irgendein Bettler, aber Li Ok erklärte mir, daß der Mann für die Heilsarmee sammele, um den Armen zu helfen.

»Es ist Heiligabend«, sagte sie und drängte mich dazu, eine Spende zu machen. »Es ist eine gute Zeit, um großzügig zu sein.«

Ich wurde von der überall spürbaren guten Laune förmlich mitgerissen, war aber noch immer sehr verwirrt. Im Norden wird Weihnachten nicht gefeiert, ja die meisten Familien haben nicht einmal davon gehört. Warum sollte der Süden als nicht-westliches Land Weihnachten feiern? Natürlich wäre eine Erklärung gewesen, daß Südkorea eine Marionette der Yankee-Imperialisten war, aber einige Leute sahen so durch und durch glücklich aus. Sie trugen Geschenke unter dem Arm, und einige sangen sogar Weihnachtslieder. Trotzdem wurde ich auf einmal traurig und fühlte mich irgendwie ausgeschlossen.

Ich war erstaunt zu sehen, daß die Ladenbesitzer tatsächlich vor ihren Geschäften standen und um ihre Kunden wetteiferten. Es dauerte einigc Zcit, bis ich begriff, daß die Wirtschaft hier vom Wettbewerb bestimmt war und daß aus diesem Grunde Seoul auch so wohlhabend war.

»Ich habe etwas Hunger«, sagte ich. »Können wir etwas zu essen holen?«

»Selbstverständlich«, erwiderte Li Ok. Sic führtc mich durch eine enge Gasse, die links und rechts von Restaurants gesäumt war. Das Essen wurde in den Fenstern zur Schau gestellt – da gab es leckere Reiskuchen, Preßkopf, Blutwurst, Auslagen, die einem das Wasser im Mund zusammenlaufen ließen –, selbst Chop Ciao, ein koreanisches Nudelgericht, Gemüse und Fleisch. Ich war erstaunt, wieviel es gab, und erinnerte mich daran, daß es in Nordkorea schon seit zehn Jahren keinen Preßkopf mehr gegeben hatte. Und meine Mutter hatte sich glücklich geschätzt, eine schon halb verrottete Wassermelone gefunden zu haben.

Wenn ich doch bloß meiner Familie das alles zeigen könnte! Es war so schwer, an ihre Probleme zu denken, während hier alles vor mir ausgebreitet war.

»Worauf hättest du Appetit?« fragte Li Ok. »Du kannst dir das Restaurant aussuchen.«

Da Blutwurst zu meinen Lieblingsgerichten zählte, zeigte ich auf ein kleines Lokal, das sich darauf spezialisiert zu haben schien. Das Lokal war sehr voll, und die meisten Gäste tranken Soju, einen traditionellen koreanischen Reisschnaps. Wir kauften unser Essen und setzten uns an einen Tisch. Neben uns beschwerten sich ein paar Geschäftsleute mittleren Alters über die jüngsten Wahlen.

»Wir können nicht nur einfach die Regierung für alles verantwortlich machen«, sagte einer. »Was will man schon groß erwarten, wenn jeder nur an sich denkt?«

»Ich glaube, die Oppositionsparteien hätten die Wahlen gewinnen können, wenn sie sich zusammengeschlossen hätten.«

Ich schaute erwartungsvoll auf meine Begleiter und dachte, sie würden diese Leute jeden Moment festnehmen, weil sie sich so offen und kritisch über ihre Regierung geäußert hatten. Aber die Agenten schien es, falls sie es überhaupt gehört hatten, nicht zu kümmern. Sie genossen ihr Essen und machten nicht den Eindruck, als interessierten sie sich noch für etwas anderes.

Später, auf dem Weg zurück nach Namsan, als ich mich in dieser gelockerten Gesellschaft immer unwohler fühlte, fragte ich die Vernehmungsbeamten, wie es denn anginge, daß man seine Regierung so offen kritisieren könne.

Sie mußten alle lachen. »Dies ist ein demokratisches Land«, sagte Li Ok, als sie sich wieder erholt hatten. »Wir haben hier die Redefreiheit. Es gibt kein Gesetz, das uns verbietet, die Regierung zu kritisieren.«

»Das verstehe ich nicht«, antwortete ich. Ich konnte

ihr nicht folgen. »Es ist schwer zu glauben, daß hier in diesem Land überhaupt etwas getan wird. Aber mir ist da noch eine Sache aufgefallen. Als wir an einer Baustelle vorbeikamen, habe ich nur wenige Arbeiter gesehen. Wo waren sie alle? Arbeiten sie nachts?«

»Erzähle uns doch einmal«, sagte Nark Jong, den meine Frage verwirrt zu haben schien, »wie die Arbeiter im Norden arbeiten.«

»Da wird jeder mobilisiert«, sagte ich. »Wir trommeln die Armee, die Studenten und die Volksräte zusammen, damit sie alle graben, Zement mischen, Steine schleppen – alles ist in perfekter Ordnung«, erzählte ich voller Stolz. Es war immer ein gutes Gefühl, an einem Haus mitgebaut zu haben, und mein Volk arbeitete so schwer.

»Ah ja«, antwortete er. »So geht das bei uns nicht. Wir lassen die meiste Arbeit von Maschinen verrichten.«

Da begriff ich, daß ich nicht im entferntesten in der Lage war, den technischen Fortschritt in diesem Land zu bewerten. Es war, als befände ich mich auf einem fremden Planeten. Warum war die Bauindustrie im Norden nicht in gleicher Weise modernisiert worden?

Ich hatte so viele Fragen. Ob ich wohl lange genug leben würde, um sie alle beantwortet zu bekommen?

Ein paar Tage später fuhren wir aufs Land und besichtigten den Duksoo-Palast. Man hatte mir erzählt, die südkoreanische Kultur sei durch die Amerikaner gänzlich verdrängt worden, aber der Palast war ein guterhaltenes Zeugnis koreanischer Geschichte. Vor dem Palast stand eine Statue des Königs Sejong, der das koreanische Alphabet erfunden hat. Ich war froh, draußen zu sein, hatte aber die Depressionen und die

Angst noch nicht abgeschüttelt, die mich seit dem Tag nach meinem Geständnis geplagt hatten. Diese Statue gefiel mir aber sehr, denn über die Herkunft des koreanischen Alphabets hatte ich noch nie etwas gehört.

Weiter im Landesinneren kamen wir in ein Dorf. Zunächst kam es mir vor wie ein normales Dorf auf dem Land, so wie ich es von Nordkorea kannte, wenngleich diese Winterlandschaft ziemlich einsam war. Li Ok sagte: »Das ist Wondang. Pendler haben es jetzt für sich entdeckt, weil die Luft hier besonders sauber ist.«

Wir hielten vor einem verfallenden Bauernhaus. Der Hof hatte kein Tor, so gingen wir zur Eingangstür und suchten nach Anzeichen dafür, daß dieses Haus bewohnt war. Wir konnten niemanden entdecken, so gingen wir hinein. Ich war erstaunt darüber, daß in der Küche zwei Kühlschränke und ein Telefon standen. Im Norden war das Leben auf dem Lande nicht mit derartigem Luxus gesegnet.

Meine Begleiter, von dem Bauernhaus völlig fasziniert, unterhielten sich miteinander. »Das ist ja sehr interessant«, sagte Seng Ju. »Selbst hier draußen gibt es alles – Strom, Fernseher. Wenn ihr mich fragt, kommt es mir gar nicht so vor wie ein Bauernhaus.«

»Du hast vollkommen recht«, stimmte ihm Nark Jong zu. »Von der alten Romantik ist hier nichts mehr zu spüren, wo man noch um ein Feuer herum saß und darin Kartoffeln röstete.«

»Aber ist dir nicht aufgefallen, daß die Eingangstür nicht verschlossen war?« sagte Li Ok. »Wer würde in Seoul schon seine Tür offen lassen?«

Wir blieben noch eine Weile auf dem Lande und fuhren dann nach Seoul zurück. Li Ok schlug vor, den Markt am Osttor zu besuchen, wo es eine riesige

Ansammlung von Geschäften und Restaurants gab. Wir gingen in einen Laden, in dem Stoffe verkauft wurden, und schon standen mehrere Verkäuferinnen um mich herum, um ihre Ware anzupreisen. Sie waren recht fröhlich und bunt gekleidet, ihre Aufmerksamkeit war mir aber ein wenig unangenehm. Dann sagte eine von ihnen etwas, das mir das Herz stocken ließ:

»Moment mal, sind Sie nicht Kim Hyun Hee?«

Es blieb eine Zeitlang still. Ich spürte, wie mir am ganzen Körper kalt wurde, als auch andere Kunden sich um mich herum versammelten und neugierig zu flüstern begannen.

»Wer ist das?«

»Kim Hyun Hee. Wissen Sie nicht, die Frau, die das Flugzeug in die Luft gejagt hat.«

Sie wurden ganz aufgeregt und kamen immer näher, um mich genau anzuschauen. Meine Begleiter schritten sofort ein und führten mich aus dem Laden heraus, bevor die Situation außer Kontrolle geriet. Als wir hinausgingen, rief mir eine der Verkäuferinnen zu: »Kommen Sie ruhig einmal wieder, Hyun Hee. Sie bekommen hier ein Kleid Ihrer Wahl umsonst!«

Ich war zwar mit den Nerven herunter, hatte aber dennoch keine gesteigerte Lust, nach Namsan zurückzukehren. So schlug ich vor, daß wir noch weiter durch den Markt gingen. Während wir uns noch mehr Geschäfte anschauten, fragte ich Li Ok: »Eigentlich habe ich noch gar keine Läden gesehen, in denen Nylon verkauft wird. Gibt es das hier nicht?« Im stillen hatte ich geglaubt, die Südkoreaner seien noch nicht so weit fortgeschritten, daß sie Nylon herstellen konnten, was in Nordkorea ein Luxusgut war.

»Wir verwenden Nylon eigentlich gar nicht«, antwortete sie mir, während wir uns einen Weg durch die Menschenmenge bahnten, die sich hier am Nachmittag tummelte. »Vor einiger Zeit wurde festgestellt, daß es gesundheitsschädlich sein kann. Heute verwenden wir Baumwollfasern oder Baumwollmischgewebe, die genauso haltbar sind. Heutzutage wird Nylon als schlechte Qualität angesehen.«

Mir war danach zu lachen. »Das ist unglaublich. Alles ist hier genau das Gegenteil von Nordkorea. Dort konnte man es sich nicht leisten, sich um die Gesundheit zu sorgen. Wir waren froh, wenn wir überhaupt einmal an Nylon herankamen.«

Wir gingen weiter zum Joongbu-Markt, der sich auf getrockneten Fisch spezialisiert hatte. Es gab Unmengen von Tintenfisch, Anchovis, Algen und vieles mehr. Am Ende des Marktes gab es ein kleines Lokal, wo man draußen an einem langen Tisch mit Bänken auf beiden Seiten essen konnte. Neugierig ging ich etwas näher. »Was für Leute essen hier?«

»Meistens Leute aus der Arbeiterklasse«, antwortete Li Ok. »Straßenverkäufer, Hafenarbeiter, Lkw-Fahrer – Arbeiter eben.«

»Nun, sie bekommen besseres Essen als meine Familie«, sagte ich, als ich sah, was es da alles an Reis, Nudeln, Preßkopf und Soojebie (eine koreanische Suppe mit Teigstreifen als Einlage) gab.

»Können wir hier essen?«

Li Ok schaute in Richtung der anderen Agenten, die jedoch den Kopf schüttelten. »Hier sitzen wir doch zu sehr auf dem Präsentierteller«, sagte Nark Jong. »Du könntest zu leicht erkannt werden. Ich schlage vor, wir versuchen es in einem nahegelegenen Nangmyun-Haus.«

Als wir unseren Weg durch den Markt zurückgingen, erklärte mir Li Ok, daß die Nangmyun-Restaurants (Nangmyun ist eine kalte Nudelsuppe) in diesem Stadtteil in ganz Seoul bekannt waren. Das erste, das wir sahen, mußte sehr beliebt sein, denn draußen auf der Straße parkten teure Wagen, und man mußte schon Schlange stehen, um hineinzukommen. Wir stellten uns an, und es sah auch so aus, als ginge es recht schnell voran. Auch hier beeindruckten mich wieder die Leichtigkeit und Unkompliziertheit, mit der hier in Seoul alles geregelt wurde. Im Vergleich dazu schien im Norden alles so viel steifer zu sein. Dort gab es weniger Menschen, fast keine Autos, und Fremde sprachen nie miteinander auf der Straße. Außerdem gab es so gar keinen Humor im täglichen Leben. Seoul hingegen schien so voller Energie und vor Leben zu sprühen.

Nach ein paar Minuten Wartezeit konnten wir in das Restaurant hineingehen und wurden von einer Dame zu einem Tisch geleitet. Ich war sprachlos. So etwas gab es im Norden nicht. Das Restaurant war bis auf den letzten Platz gefüllt, überall waren Gespräche in vollem Gange, und die Kellner liefen mit den bestellten Mahlzeiten zu den Tischen. Wir bestellten alle Nangmyun und stürzten uns förmlich darauf, als es kam.

Am Tisch neben uns saß eine Gruppe gutgekleideter Männer, die sich laut miteinander unterhielten. Man konnte sie einfach nicht überhören, und so bekam ich ihr Gespräch mit, während ich aß.

»Denk doch nur an Lee Woong Pyung«, sagte einer von ihnen. »Der hat einen Haufen Geld verdient, nur weil er *übergelaufen* ist.«

»Na ja, das sowjetische Flugzeug, mit dem er gekommen ist, muß ja auch schon etwas wert gewesen sein. Trotzdem gibt die Regierung einen ganz schönen Batzen Geld für diese Überläufer aus.«

»Wenn wir schon vom Norden sprechen, hast du das Bild von Kim Hyun Hee gesehen?«

»Ja, ich wette, die ist Nymphomanin – bei einem solchen Gesicht. Es heißt, sie kann es mit mehreren Männern gleichzeitig aufnehmen.«

»Deshalb mag sie jeder so, weil sie so gut aussieht. Wenn sie irgendeine häßliche Schachtel wäre, hätte man sie bestimmt schon längst hingerichtet.«

»Glaubst du, die ist noch Jungfrau?«

»Wer weiß. Aber so wie sie aussieht, würde ich nicht meine Hand dafür ins Feuer legen.«

Meine Hand stoppte auf dem halben Weg zum Mund, und ich konnte sie nicht mehr ruhig halten. Die Nudeln, die von meinen Eßstäbchen herunterhingen, fingen ganz komisch an zu zittern. Die Agenten, die beobachteten, in welcher Verfassung ich war, versuchten mich zu beruhigen.

»Hey, es ist schon gut. Wir hätten nicht hierher kommen sollen«, sagte Li Ok beruhigend. »Komm, wir gehen.«

Ich war aber viel zu wütend, um mich so einfach besänftigen zu lassen. Ich legte langsam meine Stäbchen auf den Tisch und nahm meine Suppenschale auf. Dann drehte ich mich zu den Männern neben uns herum und schüttete ihnen den Inhalt mitten auf den Tisch. Sie schauten erschreckt auf. Ich war so wütend, daß ich mich nicht bremsen konnte.

»Ihr Scheißkerle«, sagte ich mit tiefer kalter Stimme. »Was glaubt ihr eigentlich, von wem ihr sprecht?«

»O mein Gott!« sagte einer von ihnen, der mich völlig erstaunt anschaute. »Das ist sie!«

»Ja, ich bin es«, erwiderte ich barsch. »Und ihr habt Glück, daß ich euch nicht gleich hier und jetzt verprügele.«

Sie schauten mich fassungslos an. Inzwischen hatten wir bereits viel Aufmerksamkeit erregt, und Li Ok schob mich schnell zur Tür, bevor ich mich wehren konnte. Die anderen Agenten deckten unseren Rückzug, und Seng Ju hinterließ etwas Geld auf dem Tisch. Das ganze Getuschel über mich und die vielen Blicke waren mir auch mittlerweile peinlich, so daß ich froh war, als wir nach draußen kamen.

Li Ok winkte das erste Taxi herbei, in das wir uns sofort hineinstürzten. Seng Ju schaute aus dem Rückfenster, um zu sehen, ob uns jemand folgte. »Das kommt vielleicht in die Zeitung«, bemerkte er, als er noch die Straßen hinter uns absuchte.

»Das ist mir egal«, erwiderte ich wütend. »Wie konnten Sie es zulassen, daß er diese furchtbaren Dinge sagt?«

Li Ok schritt ein und sagte mit beschwichtigender Stimme: »Hyun Hee, wir sind hier nicht im Norden. Wir können hier die Menschen nicht einfach festnehmen, egal was sie von sich geben. Was hätten wir tun sollen? Du hast sowieso schon fast einen Aufstand verursacht.«

Das Taxi brachte uns zum Markt am Osttor, wo wir das Auto stehengelassen hatten. Als wir nach Namsan zurückfuhren, sagte sie: »Nun, wie hat dir unser Ausflug gefallen? Es war doch ganz schön, abgesehen von dem Vorfall im Restaurant, oder?«

»Ich werde nicht wieder rausgehen«, antwortete ich, denn ich war noch immer verärgert und kämpfte mit den Tränen.

»Warum? Weil man dich erkannt hat? Weil du Angst davor hast, was sie über dich sagen werden?«

»Vielleicht«, sagte ich und wischte mir die Augen, »aber es ist noch mehr als das. Jedesmal, wenn wir nach draußen gehen, ist es so schön, die frische Luft zu spüren und in der Stadt herumzulaufen. Aber diese Welt« – ich wies mit einer Handbewegung aus dem Fenster –, »hat nichts mit mir zu tun. Diese Leute leben ihr eigenes Leben. Ich meine, was soll das alles, wenn ich doch bald sterben werde?« Ich brach zusammen und schluchzte jämmerlich vor mich hin.

Li Ok versuchte, mich zu beruhigen. »Wir können dein Schicksal nicht bestimmen, Hyun Hee. Das ist Sache der Gerichte. Aber bis es soweit ist, können wir versuchen, dich so glücklich wie möglich zu machen.«

»Ich will gar nicht glücklich sein«, antwortete ich. »Ich will, daß ihr mich tötet und daß alles vorbei ist.«

In den darauffolgenden Tagen kam es noch schlimmer. Li Ok sagte mir eines Morgens, daß ich am 15. Januar im Rahmen einer Pressekonferenz ein öffentliches Geständnis ablegen sollte.

Ich war entrüstet. »Habe ich euch nicht schon alles gesagt? Warum muß ich das alles noch mal durchmachen? Bitte bringt mich doch einfach um!«

»Jetzt hör mal zu«, fuhr mich Nark Jong an. »Ob du leben oder sterben wirst, können weder ich noch du entscheiden, verstanden? Das einzige, was du noch tun kannst, ist, deine Taten zu bereuen. Wenn dir die Familien der Opfer wirklich leid tun, dann wirst du alles Erdenkliche tun, um mit uns zu kooperieren. Und jetzt will ich nichts mehr hören von diesem ganzen ›Tötet mich, tötet mich‹-Gerede. Das ist einfach erbärmlich.«

Sein Ausbruch stimmte mich sehr nachdenklich, denn es war überhaupt nicht seine Art, so mit mir zu reden. Nark Jong wie auch Li Ok und Seng Ju waren immer nur nett zu mir gewesen, deshalb hatte das, was er mir in seiner Wut so ins Gesicht geknallt hatte, um so mehr Gewicht.

»Ja, es tut mir leid«, erwiderte ich ruhig. »Ich werde alles tun, was in meiner Macht steht.«

15. Januar 1988.

Die Vernehmungsbeamten hatten einige Tage an einer öffentlichen Erklärung gearbeitet, in der sie die Ergebnisse ihrer Untersuchungen preisgaben. Die Pressekonferenz sollte in einem Vortragssaal im Ministerium für Sicherheit stattfinden. Es wurden Journalisten aus der ganzen Welt erwartet.

Der Morgen war kalt und regnerisch, was meine Angst nicht unbedingt verringerte, als wir in die Stadt fuhren. Als wir vor dem Ministeriumsgebäude anhielten, war der Wagen von Reportern umringt. Zu den drei Agenten kamen dann noch zwei speziell für mich abgestellte Leibwächter und ein starkes Polizeiaufgebot hinzu.

Nachdem die Fahrzeugtür geöffnet worden war, führte man mich durch die Menge. Ich wurde von allen Seiten angerempelt und fiel beinahe hin. Jeder schien meinen Namen zu rufen. Von überall her hörte ich das dauernde Klicken der Kameras. Meine Wächter bahnten mir den Weg in das Gebäude, und irgendwie schafften wir es auch. Dort angekommen, hakten mich Li Ok und eine weitere Agentin unter, und Nark Jong ging genau hinter mir.

Als wir in den Vortragssaal kamen, wurde ich von einem Blitzlichtgewitter geblendet. Ich war einen

Moment lang wie gelähmt und mußte nach vorn geschoben werden. Man brachte mich zu einem Stuhl vorne im Saal und sagte mir, ich solle hochschauen. Wieder blitzten die Kameras überall auf, und ich war gezwungen, meinen Kopf erneut zu senken.

Ich kann mich unmöglich an alle Einzelheiten der Pressekonferenz erinnern. Fragen über Fragen wurden mir gestellt. Ich versuchte, sie so gut ich nur konnte zu beantworten. Ich verschwieg nichts, obwohl ich natürlich ständig bedrückt war bei dem Gedanken, daß das Schicksal meiner Familie nun gänzlich besiegelt war, da mein Geständnis jetzt öffentlich bekannt wurde. Als die Pressekonferenz vorüber war, war ich wie betäubt und froh, wieder in die friedvolle Atmosphäre von Namsan zurückkehren zu können.

Die Vernehmungsbeamten versuchten ein paar Tage später, mich mit einer Fahrt in den Südpark von Seoul wieder aufzumuntern. Das war ein Vergnügungspark mit vielen verschiedenen Schaukeln und Karussellen. Als ich darin hin- und hergeworfen wurde, lachte und kreischte ich vor lauter Vergnügen. Von meiner Depression war nichts mehr zu spüren, ein paar wenige Stunden lebte ich nur für den Augenblick. Ich kam mir ziemlich kindisch vor, daß ich im Karussell so gekreischt hatte, aber das war einer der wenigen Momente in meinem Leben, in denen ich wirklich Spaß hatte.

Die Beamten waren froh, daß meine Laune sich gebessert hatte. Seit der Pressekonferenz waren sie noch zuvorkommender zu mir und hatten mir sogar einen Fernsehapparat aufs Zimmer gebracht. Es war erstaunlich, wie viele verschiedene Nachrichtensendungen es gab und wie ausführlich sie waren. Ich schaute mir das alles sehr genau an, zumal meistens auch etwas über mich dabei war. Ab und zu wurde etwas völlig Unwahres berichtet oder ein unwichtiges Detail schamlos übertrieben dargestellt. Dann war ich wütend und beschwerte mich bei Li Ok, die meistens versuchte, mich wieder zu beruhigen.

»Hyun Hee, ignoriere es einfach«, sagte sie. »Du kannst nicht alles kontrollieren, was über dich gesagt wird. Und außerdem ist die Berichterstattung im Norden vermutlich viel schlimmer, hab' ich recht?«

»Vielleicht«, entgegnete ich, »aber im Norden werden wenigstens keine diffamierenden Geschichten gesendet und Leute werden nicht öffentlich angegriffen.«

»Nun, das stimmt wohl«, schaltete sich Nark Jong ein. »Da wird man bloß festgenommen, und das war's dann.«

»Oder man wird einfach erschossen«, setzte Seng Ju noch hinzu.

Wann immer ich derartige Bemerkungen hörte, verfiel ich sofort aus reinem Reflex in eine Verteidigungshaltung. Wenngleich mich Seoul im Sturm erobert hatte, konnte ich doch meine lebenslange Konditionierung nicht so schnell über Bord werfen und empfand derlei höhnische Bemerkungen als irritierend.

»Schau dir doch bloß diesen Kim Il Sung an«, sagte Seng Ju eines Tages. »Dieser Bastard ist steinalt und gibt noch immer den Löffel nicht ab.«

»Na ja, es heißt ja, die Bösen leben immer länger«, sagte Nark Jong.

»Das ist schließlich nicht sein Fehler«, warf ich ein. »Es ist höchstens so, daß seine Untergebenen ihn falsch beraten oder seine Anweisungen nicht richtig befolgen.«

Darüber lachten sie sich kaputt, und mir kochte das

Blut. Das schlimmste war für mich aber, wenn die Agenten die Nordkoreaner alle miteinander scharf kritisierten. Das machte mich zutiefst traurig. Ich wollte klarstellen, daß Nordkoreaner richtige Menschen aus Fleisch und Blut sind. Es war einfach schrecklich, daß auf beiden Seiten soviel Unwissen und Ignoranz herrschten, und es war eine nationale Tragödie, daß Menschen gleicher Herkunft und mit der gleichen Geschichte als geteiltes Volk leben mußten. Wir hatten die gleiche Sprache, die gleichen Sitten und Gebräuche, und doch sprangen wir uns gegenseitig an die Kehle.

Aber alle Bindungen, die ich eventuell noch zum Norden hatte, lösten sich eines Tages in Luft auf, als ich die Nachrichten anschaute. In den vergangenen Tagen waren Geschichten darüber gebracht worden, daß ich als Kind einer südkoreanischen Delegation Blumen überreicht hatte, und man zeigte Bilder von diesem Ereignis. Ich erinnerte mich gut daran, aber im Norden war gerade ein Videoband veröffentlicht worden, auf dem eine Frau namens Chung Hee Sun behauptete, sie sei das Mädchen gewesen, das den Südkoreanern die Blumen überreicht hatte. Giftig erklärte sie, es sei nur südkoreanische Propaganda zu behaupten, das Mädchen und ich seien ein und dieselbe Person.

Aber das war noch nicht alles. Im südkoreanischen Fernsehen hatte es völlig richtig geheißen, daß ich, das Mädchen auf dem Bild, von Kindesbeinen an dazu erzogen worden war, eines Tages ein Flugzeug zu zerstören. Hee Sun tat so, als sei sie auch dieser Ansicht und gab ein typisches Beispiel für nordkoreanische Doppelzüngigkeit, indem sie sagte, die Südkoreaner würden versuchen, *sie* für das Attentat verantwortlich zu machen. Mit anderen Worten: Sie war das Kind auf dem Bild, und dieses Kind war mit der Terroristin identisch. Aber wie konnte *sie* das Flugzeug zerstört haben, wenn sie doch nur eine Mittelschullehrerin in Pjöngjang war?

Der Durchschnittsnordkoreaner würde aus dieser perfekten Inszenierung schließen, daß sein Land absolut nichts mit dem Bombenattentat zu tun hatte, und daß Südkorea versuchte, dem Norden etwas anzuhängen. Da mein Name in der ganzen Geschichte nicht einmal auftauchte, war ich nicht mehr als eine fiktive Person, von den Südkoreanern erfunden, um ihren Zwecken zu dienen.

Ich saß völlig schockiert vor dem Fernsehapparat. Mein Land, für das ich 115 Menschen getötet hatte und für das ich fast selbst gestorben wäre, hatte mir den Rücken gekehrt. Zunächst hatten sie mich benutzt. Jetzt hatten sie mich verlassen. Ich fühlte eine große Leere in mir. Ich war viel zu niedergeschmettert, um mich zu ärgern, und konnte lediglich kopfschüttelnd auf den Bildschirm starren.

»Was soll man davon halten?« sagte ich laut zu mir selbst.

»Was halte ich wovon?« fragte Li Ok.

»Von dieser Frau.«

»Sie? Das ist typische nordkoreanische Taktik.«

»Findest du, daß sie mir ähnlich sieht?«

»Sie sieht dem Blumenmädchen auf dem Bild ähnlich, aber sie hat nicht mehr viel Ähnlichkeit mit dir heute. Du darfst aber nicht vergessen, daß sie sehr sorgfältig danach ausgesucht wurde, daß sie diesem Mädchen ähnlich sieht. Das ist pure Propaganda.«

»Diese Bastarde«, sagte ich fast flüsternd und

starrte auf den Fernseher. »Sollten wir keine Gegendarstellung senden?«

»Ganz bestimmt nicht. Das erwarten sie doch bloß. Sie versuchen, die Aufmerksamkeit von dem Bombenattentat abzulenken, indem sie etwas ganz Unwichtiges in den Mittelpunkt stellen. Weißt du, sie stecken jetzt in einer Zwickmühle und versuchen, irgendwie wieder herauszukommen. Am besten, man ignoriert das. Du wirst schon sehen.«

Ich kann gar nicht beschreiben, wie betrogen ich mich fühlte. Es kam mir so vor, als hätte ich 26 Jahre umsonst gelebt. Und in Nordkorea existierte ich ja wirklich nicht mehr. Ich war eine *Unperson* geworden – das gleiche würde auch mit meiner Familie geschehen.

Ich würde meine Familie niemals vergessen und auch die Hoffnung nicht aufgeben, daß man sie am Leben ließ. Allerdings konnte ich mich auch nicht mehr als Nordkoreanerin ansehen, jedenfalls nicht, wenn die Wiedergeburt, nachdem ich das Gift genommen hatte, vollkommen sein sollte. Ich würde meine Kindheit loslassen müssen, meine Jahre auf dem Kolleg, eigentlich mein ganzes Leben bis zu dem Moment, wo ich in Bahrain am Flughafen zusammenbrach. Wenngleich dies mit einer ungeheuren Trauer geschah, kam in mir doch auch eine freudige Aufregung auf, als ich die Worte sprach: »Kim Hyun Hee, Südkoreanerin.«

SECHZEHNTES KAPITEL

Ich hatte gedacht, daß nach meinem Geständnis alles viel leichter werden und man mich bald hinrichten würde. Aber eines Tages, inzwischen war ungefähr eine Woche vergangen, sagte Nark Jong, ich würde bald vor Gericht gestellt, wo über mein Schicksal entschieden werden sollte.

»Eine Gerichtsverhandlung?« fragte ich. »Ich habe euch doch alles erzählt. Ich bin schuldig! Was in aller Welt gibt es da noch zu diskutieren?«

»Ich fürchte, das wird sich nicht umgehen lassen«, erwiderte er. »Du solltest dankbar sein, daß du nicht schon längst erschossen wurdest, wie das im Norden sicherlich der Fall gewesen wäre. In Südkorea bekommt jeder, der eines Verbrechens angeklagt ist, eine faire Gerichtsverhandlung, in der seine Schuld oder Unschuld festgestellt und ein entsprechendes Urteil gefällt wird. Das nennen wir Gerechtigkeit.«

»Na gut, ich nenne es lächerlich. Das ist doch nur Zeitverschwendung, wo ich doch schon alles zugegeben habe.«

Es hatte nicht den Anschein, als würde sich meine Lage in nächster Zukunft ändern. So richtete ich mich auf einen längeren Aufenthalt in Namsan ein. Später las ich einen von Nark Jongs Berichten, den er in meinem Zimmer vergessen hatte. Ein Großteil befaßte sich mit meinem Verhalten seit meiner Ankunft in Namsan und mit den Einzelheiten seiner Untersuchung. Als ich aber zu dem Abschnitt mit der Überschrift »Persönliche Einschätzung« kam, setzte ich mich aufrecht hin und spürte, wie mir ganz kalt wurde.

In Anbetracht der Tatsache, daß es ausreichend Beweise für Kim Hyun Hees Schuld gibt, um eine Verurteilung in jedem einzelnen Punkt der Anklage zu stützen, bin ich der Meinung, daß die in Betracht gezogene Strafe absolut angemessen ist.

Du Bastard, dachte ich, *du dreckiger, lügender Bastard.* Ich fühlte mich doppelt betrogen, und es dauerte nicht lange, bis ich vor mich hinschluchzte. Warum sollte Nark Jong auf der einen Seite so nett zu mir sein und sich dann doch nur dafür aussprechen, daß ich hingerichtet wurde? War sein Mitgefühl in den letzten Wochen nur vorgetäuscht?

Ich weinte ziemlich lange. Ich fühlte mich gänzlich alleine. Ich verzweifelte, denn unabhängig davon, wie freundlich die Agenten zu mir waren, gab es einige unanfechtbare Tatsachen, die allem im Wege standen – ich war eine Mörderin, und Mörder werden hingerichtet. All die Freundlichkeiten bedeuteten nichts. Jeder Tag, an dem wir nach Seoul hineinfuhren, um einkaufen zu gehen oder uns umzuschauen, war nichts weiter als ein quälender kurzer Blick auf ein Leben, das ich selbst nie würde führen dürfen. Aber am meisten schmerzte mich der Gedanke, daß ich geglaubt hatte, Nark Jong wäre auf meiner Seite. Ich war überzeugt gewesen, daß er von allen Leuten doch derjenige wäre, der meinen Schmerz verstehen und mich unterstützen würde. Offensichtlich hatte ich mich getäuscht.

Es dauerte sogar noch ein ganzes Jahr, bis ich am 7. März 1989 vor Gericht kam. Die Monate bis zur Verhandlung vergingen sehr langsam. Nachdem ich Nark Jongs Empfehlung gelesen hatte, weigerte ich mich wochenlang, mit einem der Agenten zu sprechen oder mein Zimmer zu verlassen. Sie machten sich Gedanken über mein verändertes Verhalten und bestellten einen Arzt, der mich untersuchen sollte. Außer meiner ständigen Depression konnte er nichts feststellen, und die war schließlich unter den gegebenen Umständen nicht ungewöhnlich. Ich verbrachte die Zeit mit Fernsehen und Zeitunglesen. Ich las auch westliche Bücher, die mir die Agenten brachten. Aber es war ein trostloses Dasein. Ich war zwar in Seoul wiedergeboren worden, war aber eigentlich nicht mehr als eine Waise.

Als es endlich zur Gerichtsverhandlung kam, ging alles sehr schnell. Da ich mich in jedem Punkt der Anklage schuldig bekannte, mußten keine Geschworenen bestellt werden. Ich mußte alles, was ich den Agenten bei meinem Geständis erzählt hatte, noch einmal wiederholen, aber das war kaum mehr als eine Formalität. Mein Urteilsspruch sollte am 27. März verkündet werden, und wie ich ja schon angedeutet habe, wurde ich zum Tode verurteilt.

Da das Hinrichtungsdatum nicht gleich festgesetzt wurde, mußte ich wieder nach Namsan zurück, und das Warten ging erneut los. Nun, da der Tod eine Gewißheit war, konnte ich ihn nicht mehr verdrängen. Ganze Tage verbrachte ich damit, die weiße Decke anzuschauen. Es ist eine Sache, sich den Tod zu wünschen, und eine andere, gesagt zu bekommen, daß man bald sterben wird. Mein neues Leben in Seoul würde offensichtlich nicht sehr lange dauern. Ich war wiedergeboren worden, und ich hatte einen flüchtigen Eindruck davon bekommen, wie mein Leben hätte sein können, aber nun wartete nur noch der kalte Tod auf mich.

Ich kümmerte mich kaum um die Leitartikel in den Zeitungen, in denen über die Möglichkeit eines Gnadenaktes der Regierung spekuliert wurde. Die Familien der Opfer forderten, ich solle nicht begnadigt werden; wer konnte es ihnen verdenken? Niemand konnte ihnen ihre Angehörigen wiedergeben. Der einzige, wenn auch unbefriedigende Trost für sie würde mein Tod sein. Nur durch diese Katharsis würden sie ihr Leben halbwegs in Frieden weiterführen können.

Jeder Tag war bedeutungslos, eine bloße Übung in Sinnlosigkeit. Ich erfuhr, daß das Urteil innerhalb von sechs Monaten vollstreckt werden würde, wodurch ich wenigstens eine Vorstellung davon bekam, wieviel Zeit mir noch blieb. Ich verfiel in tiefe Niedergeschlagenheit und weigerte mich, mit den Agenten zu sprechen. Ich sagte mir, ich hätte ja sowieso schon in Bahrain tot sein sollen und daß mein neues Leben nichts als ein Zufall gewesen war. Und doch klammert sich jeder ganz instinktiv an sein Leben. Unser Körper verlangt es einfach so, und wir können das nicht ignorieren. Ich hatte Angst.

Jeder hat in seinem Leben schon einmal andere in Not gesehen. Sicher fühlt man dann mit ihnen, aber insgeheim ist man doch froh, daß es die anderen sind, die leiden, und nicht man selbst. Es gibt immer Verletzte oder Menschen, die sich angesteckt haben – und sogar manchmal sterben; sie sind es, die den schrecklichen Preis zahlen müssen. Es ist immer jemand anderes. Aber diesmal war ich es selbst. Diesmal würden andere zuschauen und sich während meiner Hinrichtung in Sicherheit wiegen können.

Nark Jong bemerkte seltsamerweise eines Tages, daß er hoffte, ich würde begnadigt werden. Ich fragte mich, ob er sich aus rein rechtlicher Sicht für meine

Hinrichtung ausgesprochen hatte und die ganze Zeit schon gewußt hatte, daß eine Begnadigung gut möglich war. Vielleicht war das Urteil nur eine Formalität. Vielleicht war es Sache des Präsidenten, nicht des Richters, mich zu begnadigen. Oder vielleicht hatte Nark Jong auch seine Meinung geändert. Egal wie die Dinge lagen, es war für mich eine große Erleichterung zu spüren, daß seine Gefühle echt waren.

Etwas später bekam ich mit, wie Li Ok mit ihrer Mutter zu Hause telefonierte. Sie plauderte ganz zwanglos, so, als müßte sie sich überhaupt keine Gedanken machen – und ich beneidete sie so sehr. Wenn ich doch bloß Südkoreanerin gewesen wäre – ich hätte vielleicht gerade meine Mutter anrufen können, vielleicht von meinem eigenen Haus aus, mit einem Mann und Kindern im Hintergrund. Alles was ich mir wünschte war etwas, das mir immer verwehrt worden war – ein ganz normales Leben.

Ich erinnerte mich daran, daß meine Mutter mir erzählt hatte, sie hätte nach meiner Rekrutierung durch die Partei eine ganze Nacht lang geweint. Sie erzählte mir, sie hätte mein Bild hervorgeholt und sich in den Schlaf geweint. Das war streng verboten. In dem Moment, wo ich Spezialagentin wurde, mußte sie alle Bilder von mir vernichten, aber das brachte sie nicht fertig. Auch meine Schwester hatte mir erzählt, sie hoffe insgeheim, daß ich eines Tages heiraten könne.

Wenn meine Mutter doch nur die Wahrheit erfahren könnte. Ich fragte mich, ob sie sie jemals glauben würde.

In dieser Zeit geschah etwas, das mein Verhalten von Grund auf änderte: Ich begann zu Gott zu beten. Westliche Religion war in Korea nicht selten, und ich hatte einiges aus Büchern, dem Fernsehen und Unterhaltungen um mich herum aufgeschnappt. Ich betete zu Gott, daß ich meine Sünden sühnen können würde. Ich betete für eine Chance zu leben, so daß ich anderen dienen konnte. Ohne den Rückhalt dieser Gebete hätte ich vielleicht alle Hoffnung verloren.

Der Frühling kam, doch während der Rest der Stadt sich auf das Ende des langen Winters vorbereitete, war ich von Kälte umfangen und wartete.

SIEBZEHNTES KAPITEL

Es wurde April in Seoul, und der Frühling hielt überall Einzug. Die Hügel um Namsan waren mit roten, rosa und gelben Azaleen- und Forsythienblüten bedeckt. Die wunderbare Kirschblüte tat so, als habe es nie einen Winter gegeben. Seoul erwachte zum Leben.

Die Gerüchte über eine Begnadigung wurden immer lauter. Meine Depression verging, aber ich verfiel in einen Zustand gereizter Erwartung. Trotz meiner Zurückhaltung boten mir die Agenten ab und zu noch an, mich mit nach draußen zu nehmen. Angesichts des Frühlings, der in der Luft lag, war es unmöglich, dieses Angebot auszuschlagen.

Ich genoß den warmen Sonnenschein und die wunderschöne Landschaft um mich herum. Wie der Norden, so ist auch Südkorea atemberaubend schön. Es gibt saftige Täler, hohe Berge, fruchtbare Ebenen. Ich hoffte, eines Tages diese ganze Schönheit für mich alleine genießen zu können.

Zurück in Namsan, streifte ich meine Schuhe ab

und schaltete die Siebenuhrnachrichten ein. »Wieder ein verlorener Tag«, sagte ich zu Li Ok, die noch zwei Stunden lang im Dienst sein würde. Sie antwortete aber gar nicht. Sie starrte nur auf den Fernseher.

»Die Regierung hat heute Kim Hyun Hee, die jüngst für das Sprengstoffattentat auf den Korean-Air-Flug 858 zum Tode verurteilt wurde, begnadigt. In der Verlautbarung des Präsidenten heißt es, Kim Hyun Hee sei nicht die eigentlich für das Attentat verantwortliche Person, sondern vielmehr ein unschuldiges Opfer einer Gesellschaft, in der weiterhin die Menschenrechte mit Füßen getreten werden und die von einem Terrorregime regiert wird. Nach Meinung des Präsidenten sollte Kim Il Sung ...«

Aber ich hörte nichts mehr. In diesem Augenblick machte Li Ok einen Luftsprung und rief: »EINE BEGNADIGUNG!!«

Sie kam zu mir herüber, drückte mich ganz fest und schlug mir auf den Rücken. Die Nachricht hatte sich wie ein Lauffeuer in Namsan verbreitet, und jeder kam, um mir zu gratulieren. Sie alle schienen sich wirklich zu freuen, nicht zuletzt Nark Jong.

Ich war zu überwältigt, um sprechen zu können. Während alle anderen sich aufgeregt über die Einzelheiten der Entscheidung des Präsidenten unterhielten, stahl ich mich zu meinem Bett hinüber und begann zu weinen. Ich kann die vielen Gefühle gar nicht beschreiben, die sich in mir anstauten – Dankbarkeit gegenüber der Regierung, Trauer für meine Familie, Hoffnung auf die Zukunft. Es schien, daß meine Einsamkeit genauso groß war wie meine Freude, aber das konnte mich nicht davon abhalten, auf der Stelle zu beten.

Gott, ich möchte Dir danken, daß Du dieser Sünderin die Chance eines neuen Lebens gegeben hast. Bitte laß meine Eltern davon wissen, und erweise auch ihnen Deine Gnade.

Nark Jong kam zu mir herüber und lachte. Er schien erstaunt zu sein, daß ich weinte, aber ich glaube, er spürte, in welchem Gemütszustand ich war und wollte nicht weiter in mich dringen.

»Das ist ein glücklicher Tag, Hyun Hee. Es ist an der Zeit, daß du ein neues Leben planst, hier in Seoul. Ich werde morgen vorbeischauen, dann können wir darüber sprechen.«

Ich nickte, aber sein Gesicht war ganz verschwommen wegen meiner Tränen. »Vielen Dank, ich dachte schon, du hättest dich gegen mich gewandt.«

Er machte einen verlegenen Eindruck und brauchte einen Moment, bevor er antworten konnte. »Es war für uns alle schwer, Hyun Hee. Wir haben schon lange keinen solchen Fall mehr gehabt. Ich muß zugeben, daß ich sehr mit meinem eigenen Gewissen und meinen Gefühlen kämpfen mußte. Es war aber nie eine Angelegenheit, in der es nur schwarz oder weiß gab, verstehst du? Die Entscheidung des Präsidenten basiert wohl zum Teil auch auf politischen und nicht nur auf moralischen Erwägungen. Du bist ein hervorragendes Beispiel für die Tragödie Nordkoreas. *Diese Chance, dies der Welt vor Augen zu halten, konnten wir nicht ungenutzt lassen.*

Außerdem glaube ich nicht, daß es viel Sinn gehabt hätte, dich hinzurichten. Das hätte die Opfer nicht wieder lebendig gemacht und die wirklichen Übeltäter, nämlich Kim Il Sung und Kim Jong Il, nicht bestraft. Du hattest in jener Gesellschaft nie eine Chance gehabt, Hyun Hee. Ich finde, dich einfach zu töten, wäre die totale Verschwendung eines Menschenlebens gewesen. Es hätte ja nichts verändert, und ich weiß, daß du wirklich bereust, was du getan hast. Und außerdem glaube ich nicht, daß du für unsere Gesellschaft eine Gefahr darstellst.« Er lachte. »Trotz deiner ganzen Ausbildung habe ich nicht den Eindruck, daß du auch nur einen einzigen kriminellen Charakterzug hast. Jeder einzelne von uns hätte wahrscheinlich in deiner Lage genau das gleiche getan.«

»Ja, das glaube ich auch«, sagte Li Ok, die sich zu uns gesellt und meine Hand in ihre genommen hatte. »Weißt du, ein Ausländer kann vielleicht diese Entscheidung nicht verstehen. Man muß wohl die schmerzliche Teilung Koreas am eigenen Leibe erfahren haben, um sie zu begreifen. Wenn man woanders lebt, kann man sich nicht vorstellen, wie es ist, wenn das eigene Land in zwei Teile geteilt ist, von dem der eine von einem grausamen Tyrannen regiert wird. Viele von uns haben Verwandte in Nordkorea, die wir noch nie gesehen haben. Aber wer weiß, vielleicht wird uns deine fürchterliche Mission schließlich doch helfen, wieder *ein* Land zu werden.

Egal, was jetzt zählt, ist die Begnadigung. Hyun Hee, du bist nun eine freie Frau.«

ACHTZEHNTES KAPITEL

Wie an einem hellen Morgen nach einer langen dunklen Nacht kehrte auch in mein Leben das Licht zurück. Ich war in einem neuen Zimmer mit Fenstern, und die Morgensonne war blendend schön. Ich öffnete das Fenster, um die frische Frühlingsluft hineinzulassen. Draußen lag ein tiefes Tal, an dessen Ende sich ein sanfter Hügel erhob. Die Blumen schienen an diesem Morgen noch strahlender zu leuchten als sonst.

In der Ferne konnte ich eine Gruppe Bergsteiger erkennen, die die Anhöhe hinaufkletterten. Ich konnte sogar ihre Stimmen hören, die über das Tal zu mir herübergetragen wurden. Am liebsten hätte ich zu ihnen gerufen, aber ich wollte Li Ok nicht stören, die in der Nähe schlief.

Die Morgenzeitung war unter meiner Tür hindurchgeschoben worden. Ich schlug die Titelseite auf. KIM HYUN HEE BEGNADIGT war dort in großen Lettern zu lesen. Ich war von ganzem Herzen froh, diese Worte geschrieben zu sehen, denn sie bestätigten, daß die Nachricht richtig gewesen war. Aber ich hatte Angst, den Artikel zu lesen.

An diesem Tag fuhren wir nach Seoul in den Großen Park, in dem lauter Studenten und Touristengruppen waren. Ich war froh, unter Menschen zu kommen. Ich hatte nicht mehr das Gefühl, eine Fremde zu sein. Ich gehörte hierher. Ich fühlte mich unglaublich gut.

Eine Gruppe von Schulmädchen spielte miteinander mit einem Taschentuch. Ich schaute einen Augenblick lang zu und sagte dann zu Li Ok: »Weißt du, das habe ich als Kind selbst gespielt.« Das hatte viel mehr Spaß gemacht als all die Spiele, die wir später lernten, nachdem Kim Jong Il andere Spiele verboten hatte. Wir durften nur noch Lieder singen wie »Vorwärts, vorwärts marschieren wir, die Amerikaner zu schlagen«.

Wir gingen weiter zum Museum der Künste. Natürlich war dies nicht zu vergleichen mit Museen, wie ich sie von Nordkorea her kannte. Mindestens die Hälfte der ausgestellten Kunstwerke waren Aktdarstellungen – im Norden war der nackte Körper ein absolutes Tabu. Das erinnerte mich an einen Film, den wir Spezialagenten im Trainingslager gezeigt bekamen mit dem Titel *Jeder gegen jeden!* Das war ein Dokumentarfilm, in dem die perverse Dekadenz der westlichen Kultur gezeigt werden sollte, und man sah, wie Künstler sich selbst anmalten und nackt über die Leinwand rollten. Während solcher Szenen mußten wir sagen: »Da geht es wirklich zu wie im Saustall.«

Die Kunstwerke faszinierten mich sehr, ich gewann eine Fülle neuer Eindrücke. Li Ok und die anderen wurden bald müde und mußten auf den Bänken warten, während ich mich noch ungefähr drei weitere Stunden ganz vergnügt umsah. Ich wäre am liebsten herumgehopst.

Ein neues Leben nahm langsam Formen an. Wenngleich ich de facto »frei« war, würde ich noch einige Zeit in Namsan bleiben müssen. Der Geheimdienst hatte davon Wind bekommen, daß nordkoreanische Agenten in Seoul Befehl erhalten hatten, mich zu ermorden, und daß mein Leben in Gefahr wäre, wenn ich unbewacht bliebe. Es machte mir wirklich nichts aus. Ich hatte ein neues Zimmer, einen Fernsehapparat und die ständige Gesellschaft von Nark Jong, Seng Ju und Li Ok. Ich beschäftigte mich auch unter Anleitung von Pfarrer Han mit Theologie. Er hatte mich schon während des Prozesses einige Male besucht und mir ein paar Bibelverse beigebracht.

»Du hast noch einmal ein neues Leben geschenkt bekommen«, sagte er eines Tages zu mir, als wir in der Nähe von Namsan am Hang entlangliefen, und die Agenten wenige Schritte hinter uns geblieben waren, um uns zu beschützen. »Warum möchtest du nicht vor meiner Gemeinde deinen Glauben bekennen. Du wärest uns sehr willkommen.«

»Oh, das könnte ich wirklich nicht, Pfarrer Han«, antwortete ich und war etwas beschämt. »Ich verdiene es nicht. Ich bin zwar begnadigt worden, aber wir beide wissen, daß ich gesündigt habe.«

»Wir sind alle Sünder, Hyun Hee. Außerdem glaube ich, daß du der lebende Beweis für Gottes Wunder bist, wenn du es genau wissen möchtest.«

»Aber wie tue ich das ... meinen Glauben bekennen?«

»Du erzählst der Gemeinde einfach, daß du dank des Herrn, der dir seine Gnade erwiesen hat, ins Leben zurückgekehrt bist. Erzähle ihnen von deiner Bekehrung zum Christentum und von deinem Glauben an die Güte Gottes. Es ist eigentlich ganz einfach.«

Ich dachte darüber nach, während wir weiterliefen. Religion war im Norden immer verpönt gewesen und verspottet worden. Mir war aber klar geworden, daß mir die Passagen aus der Bibel, die mir Pfarrer Han gezeigt hatte, viel bedeuteten. Ich wußte, daß das Christentum ein Glaube und keine Wissenschaft war; aber die Heilige Schrift berührte wirklich mein Herz, obwohl ich nicht aus dem Westen kam. Ich begann Zeugnisse der Werke Gottes in allem zu sehen, was um mich herum war, und fühlte mich wohl, wenn ich mich als Christin bezeichnete.

Dennoch hatte ich oft das Gefühl, der Liebe Gottes nicht würdig zu sein. Außerdem hatte ich schon unter normalen Umständen Schwierigkeiten, vor einem Publikum zu sprechen. Aber Pfarrer Han war sehr gut zu mir gewesen. Er hatte mich nie verurteilt und mir immer Hoffnung gemacht. Etwas ängstlich stimmte ich schließlich doch dem Bekenntnis zu.

Er freute sich sehr darüber, und wir setzten den 16. Mai als Datum dafür fest. Als der Tag nahte, ging Li Ok los und kaufte mir ein modisches Kostüm, das ich kaum zu tragen wagte, weil es einen so kurzen Rock hatte. Ich war in meinem Leben schon häufig als schön bezeichnet worden, aber ich hatte es nie selbst geglaubt. Ich hatte nie sonderlich viel Vertrauen in meine Sexualität, da sie die meiste Zeit meines Lebens rigoros unterdrückt worden war. Körperliche Anziehungskraft war mir immer ein Rätsel geblieben.

Auf Li Oks Drängen hin zog ich das Kostüm doch an. Nark Jong kam herein, als ich angezogen war, und schien bei meinem Anblick völlig sprachlos.

»Na, du kannst diesem jungen Mann hier ganz schön den Kopf verdrehen«, witzelte er. Ich lachte. Nark Jong war fünfzig, sah gut aus und war nicht verheiratet. Viel mehr wußte ich eigentlich nicht über ihn. Seine Worte machten mich sowohl stolz als auch schüchtern. Mir fiel auch keine passende Antwort ein.

Wir machten uns auf den Weg zur Kirche. Es war ziemlich viel Verkehr, und wir schafften es gerade noch rechtzeitig. Pfarrer Han bat mich, in einem Vorzimmer zu warten, während er mich vorstellte, und ermutigte mich noch ein wenig, bevor er zur Kanzel ging.

Als ich endlich vor die Gemeinde trat, wurde ich mit einem herzlichen Applaus begrüßt, was mich sehr überraschte. Es waren auch viele Reporter gekommen, aber das machte mir seltsamerweise nichts aus.

Ich stand am Lesepult mit ganz trockener Kehle und mußte mich ein paarmal räuspern, bis ich meine Stimme wiedergefunden hatte.

»Guten Tag«, begann ich.

Ich hörte, wie meine Stimme in der Kirche widerhallte und fühlte mich plötzlich überlebensgroß.

»Gott der Herr hat mir seine großen Werke und Wunder gezeigt«, begann ich und fuhr mit der Rede fort, die ich vorbereitet hatte. Als ich fertig war, sagten alle Gemeindemitglieder im Chor »Amen«, und viele von ihnen hatten Tränen in den Augen. Ich war so überwältigt davon, daß man mir in diesem Maße verzieh und dankbar dafür, daß ich in Gott eine neue Zuflucht gefunden hatte, die mich in mein neues Leben begleitete.

Die erschütterndste – und auch beglückendste – Begebenheit seit meiner Inhaftierung ereignete sich einige Tage später. Nark Jong kam zu mir aufs Zimmer gestürmt, als ich gerade zuschaute, wie sich der Himmel beim Sonnenuntergang dunkelrot färbte und die Abendbrise auf meinem Gesicht genoß. Das Sonnenlicht verwandelte die blühende Hügellandschaft in eine warme Glut, und ich war einfach froh, am Leben zu sein und das alles sehen zu können.

»Schau dir das an«, sagte er und warf mir ein Foto zu. »Erkennst du da jemand?«

Ich schaute das Schwarzweißfoto an und wurde auf einmal ganz starr.

»Mein Gott, wo hast du das her?«

»Also erkennst du jemanden?«

»Natürlich«, entgegnete ich. Es war ein Bild der Schulklasse meiner Mutter aus ihrer Zeit in der Mittelschule, ein Bild, das sie mir vor Jahren einmal gezeigt hatte. Ich erkannte ihr Gesicht sofort, und ich hatte das Gefühl, wieder mit ihr vereint zu sein. Die Tränen schossen mir in die Augen. Wie sehr ich sie doch vermißte! »Wo hast du das her?« fragte ich noch einmal ganz verstört.

»Ah«, sagte er und grinste vor sich hin. »Das ist eine gute Geschichte. Es siehst so aus, Fräulin Kim, als hätten Sie Verwandte hier in Seoul.«

21. Juli 1988

Ein Treffen war in dem Rathaus der Fünf Nördlichen Provinzen anberaumt worden. Es würden viele Reporter dort sein, aber das war mir egal. Sie hatten einen Mann namens Im Kwan Ho ausfindig gemacht, der angeblich ein Cousin meines Großvaters mütterlicherseits war.

Vor lauter Vorfreude klopfte mir das Herz bis zum Hals, als wir dort ankamen. In dieser Verwaltungshalle, in einem großen Konferenzsaal, schritt ich durch eine Menge von Reportern, ohne sie oder ihre Fragen wahrzunehmen. Meine Augen waren starr nach vorn gerichtet.

Und dann sah ich ihn. Einen Moment lang dachte ich, Onkel Kwang Shik, der Bruder meines Großvaters, stünde vor mir. Er bemerkte mich und winkte, aber offensichtlich durften wir noch nicht miteinander sprechen. Es waren Polizisten anwesend, die wohl erst einmal feststellen wollten, ob wir wirklich miteinander verwandt waren. Wir mußten ein paar Fragen zu unserer Biographie beantworten, aber ich brauchte keine weiteren Beweise. Er sah genau aus wie Kwang Shik.

Als die Formalitäten abgewickelt waren, lief ich in seine Arme und drückte ihn fest. »Onkel, warum hast du nach mir gesucht?« sprudelte ich gegen meine Tränen an. »Das hättest du nicht gebraucht. Du hättest dich nicht dieser ganzen schrecklichen Publicity aussetzen müssen!«

Auch er weinte, aber nachdem ich das gesagt hatte, lachte er und antwortete nur: »Wie hätte ich es denn nicht tun können?«

Wir wurden in einen anderen Raum geführt, in dem wir ohne Reporter sein konnten. Kwan Ho stellte mich seiner Schwester und seinen Kindern vor, die drinnen auf uns warteten. Als wir alle miteinander bekannt waren, setzten wir uns und Kwan Ho begann mit seiner Geschichte.

»Dein Großvater, Hyun Hee, war ein sehr bekannter Kalligraph und einer der reichsten Männer in Gaesung. Sein Haus hatte siebzig Zimmer. Gaesung wurde, wie du weißt, nach dem Krieg von Nordkorea geschluckt, und natürlich verlor auch dein Großvater sein ganzes Vermögen. Einige von uns konnten jedoch in den Süden entkommen.

Nun gut. Deine Mutter, die übrigens eine hervorragende Tänzerin war, besuchte eine christliche Mädchenschule. Das Bild, das dir gezeigt wurde, gehört einer Klassenkameradin deiner Mutter mit Namen Kim Bong Sook.«

Ich war verblüfft, all das zu hören, aber es war auch verständlich, daß meine Mutter mir nie davon erzählt hatte. Alles, was er mir gerade berichtet hatte, war der nordkoreanischen Regierung ganz und gar verhaßt: Christentum, Reichtum, Flucht in den Süden. Mich berührte es aber sehr, vom christlichen Glauben meiner Mutter zu erfahren. Als ich noch sehr jung war, hatte ich Kinderlähmung bekommen, von der ich mich auf wundersame Weise erholte. Meine Mutter war noch Tage danach herumgelaufen und hatte immer wieder gesagt »Gott muß ihr geholfen haben« und »Gott war sehr gut zu uns«. Jetzt wußte ich, daß sie es auch so gemeint hatte.

Wir sprachen stundenlang über unsere jeweilige Geschichte. Sie freuten sich, von meinen Eltern und Geschwistern zu hören. Ich wiederum war überglücklich, in meiner neuen Wahlheimat Verwandte zu haben. Natürlich war unser Treffen auch von einem düsteren Thema überschattet – der Tatsache, daß der Rest meiner Familie noch immer im Norden der Tyrannei ausgeliefert war.

An diesem Tag faßte ich den Entschluß, daß meine neugefundene Freiheit dem höchstmöglichen Zweck dienen mußte. Wann immer sich eine Gelegenheit bot, würde ich mich gegen Kim Il Sung und Kim Jong Il aussprechen. Ich würde alles in meiner Macht Stehende tun, um die Wiedervereinigung Koreas voranzutreiben – nur diesmal von der anderen Seite aus. Ich würde Vorträge halten und Interviews geben, in denen ich die Wahrheit über Nordkorea und seine Herrscher offenlegen würde. Ich bin in so viele Länder gereist – nach Rußland, Ungarn, Österreich, Italien, China und in viele andere. Aber niemals habe ich ein Land gesehen, in dem die Menschen schlechter lebten als in Nordkorea.

Kim Il Sung und seine Familie haben nichts anderes getan, als das nordkoreanische Volk seiner Kultur und seiner Rechte auf ein Leben in Freiheit und Glück zu berauben. Sie haben eine Nation geteilt und ihrem

Volk irreparablen Schaden zugefügt. Es ist eine Tragödie wirklich epischen Ausmaßes.

So saß ich hier in Seoul, dem Ort meiner Wiedergeburt, mit meinem eigenen Fleisch und Blut zusammen. Wir weinten Tränen der Trauer und Tränen der Freude. Wir waren zwar endlich zusammen, aber noch immer nicht alle beieinander. Wir konnten nicht in Ruhe leben, bis der Bruch zwischen Norden und Süden endlich der Vergangenheit angehören würde. Wir konnten nur auf den Tag hinarbeiten, an dem unsere Familien, und mit ihnen alle Koreaner, wieder vereint sein würden.

EPILOG

»Lieber Vater, liebe Mutter,
es ist Hyun Hee, die Euch schreibt. Ja, ich lebe und bin gesund, auch wenn das schwer zu glauben ist.
Vermutlich habt Ihr mich schon an der Handschrift erkannt. Ich kann mir vorstellen, wie überrascht Ihr sein werdet, wenn und falls Ihr diesen Brief zu lesen bekommt. Es sind drei Jahre vergangen, seit wir uns zum letzten Mal voneinander getrennt haben. Ich habe jeden Tag Tränen vergossen, nur wenn ich an Euch alle dachte. Mehr als nur ein paarmal bin ich nachts mit Tränen aufgewacht, nachdem ich Euch in meinen Träumen vor mir gesehen habe, verzweifelt darüber, daß ich nicht wirklich bei euch war. Mutter und Vater, ich weiß, ich bin Euch keine gute älteste Tochter gewesen. Ich habe so viele Fehler gemacht. Nachdem wir das letzte Mal auseinandergingen, war ich in Gwangjou in China stationiert. Ich wurde mit einer geheimen Mission von größter Bedeutung für unser Land betraut. Deshalb konnte ich Euch nie besuchen. Ich durfte nicht einmal aus dem Eingangstor unseres Lagers heraus. In den Jahren nach meiner Rekrutierung durch die Partei wurde ich zur Außendienstagentin des Geheimdienstes ausgebildet. Meine Aufträge haben mich um die ganze Welt geführt. Nachdem ich in Gwangjou stationiert war, bekam ich den Auftrag, ein südkoreanisches Flugzeug zu zerstören. Das Ziel war, die Olympischen Spiele 1988 in Seoul zu verhindern und unser Land wiederzuvereinigen. Wie Ihr wißt, geschah weder das eine noch das andere. Statt dessen hat mich dieser Auftrag, von dem ich glauben sollte, daß er von allergrößter Bedeutung für unser Vaterland sei, zutiefst beschämt, so daß ich meine Tat heute unendlich bereue. Denn eine Sache bei dieser Mission ist

wirklich eingetreten: Das Flugzeug ist explodiert, und 115 Menschen sind dabei gestorben.
Ich wurde ein paar Tage später von südkoreanischen Agenten gefaßt und nach Seoul ausgeliefert. Hier habe ich ein Geständnis abgelegt, wurde vor Gericht gestellt und zum Tode verurteilt.
Wie durch ein Wunder wurde ich begnadigt. Ich bin jetzt, wie es heißt, eine ›freie Frau‹.
Wie kann ich Euch das alles erklären? Wie kann ich erklären, daß alles, was ich jemals im Norden gelernt habe, falsch war? Südkorea ist ein wunderschönes Land und kann sich nun wirtschaftlich mit Amerika, Japan und Europa messen. Wie sehr ich es auch versuche, ich kann doch nicht die Ausmaße des Fortschrittes beschreiben, der hier stattgefunden hat. In einem ganz gewöhnlichen Haushalt findet man hier einen Farbfernseher, einen Videorecorder, ein Telefon, einen Kühlschrank, und viele haben sogar ein Auto. Man hätte hier auch seine Mühe, eine Familie zu finden, die sich so wie im Norden darüber sorgen muß, ob sie drei Mahlzeiten am Tag essen kann. Die Menschen genießen hier eine derartige Freiheit, daß ich zunächst Schwierigkeiten hatte zu verstehen, wie ein Land bei so vielen verschiedenen Meinungen und Vorstellungen überhaupt regiert werden kann. Und doch funktioniert es irgendwie.
Ich habe gehört, wie Touristen sagten, Südkorea sei das Paradies auf Erden. Hier wünscht sich jeder die Wiedervereinigung unseres Landes und unseres Volkes. Ich selbst hatte mich dieser Wunschvorstellung so verschrieben, daß ich mich in eine krankhafte und verschrobene Sache habe hineinziehen und irreleiten lassen, so daß ich bis ans Ende meiner Tage mit dem Blut von 115 Menschen an meinen Händen leben muß.

Die Menschen hier waren sehr verständnisvoll und sagten: ›Es ist nicht alleine deine Schuld. Kim il Sung und Kim Jong Il, die dir befohlen haben, dieses Verbrechen zu begehen, müssen sich dafür verantworten‹. Ich kann nun leider nichts tun, um die Ermordeten ihren Lieben zurückzugeben, aber die Freundlichkeit der Menschen hier hat mir geholfen zu verstehen, daß ich letzten Endes doch kein herzloses Ungeheuer bin.
Ich habe jüngst von einem Mann namens Kim Man Chul gelesen, der mit seiner Familie auf einem Boot aus dem Norden geflohen ist und den 38. Breitengrad überquert hat. Ich beneide ihn und wünschte, Ihr könntet auch hier sein.
Mutter, ich habe eine Überraschung für Dich. Ich habe Deine Verwandten getroffen. Vor nicht langer Zeit traf ich Onkel Im Kwan Ho und auch Hwang In Sook, Hwang Moon Sook, Hwang Young Sook und Kim Bong Sook. Sie begrüßten mich wie ein Mitglied ihrer eigenen Familie, und ich treffe mich häufig mit ihnen. Das nimmt mir ein wenig die Einsamkeit. Ich weiß, sie würden Dich gerne wiedersehen.
Jetzt, da die beiden Teile Deutschlands wiedervereint sind, hoffe ich inständig, daß auch unsere Zeit bald gekommen sein wird. Wenn das geschieht, werde ich überglücklich sein, Euch wiederzusehen, und wir können wieder eine Familie sein. Denn hinter den dunklen Wolken wartet schon ein strahlender Stern, und das Leben sehnt sich danach, aus dem frostigen Boden herauszubrechen und zu erblühen. Wir dürfen die Hoffnung nicht aufgeben.
Es gibt noch tausend Dinge, die ich Euch sagen möchte, aber ich schließe hiermit für heute. Ihr fehlt mir so sehr.
Eure, sich in Seoul nach Euch sehnende älteste Tochter
Kim Hyun Hee
März 1991.«

Zeugnis von Kim Hyun Hee anläßlich ihrer Taufe in der Yoido Baptistengemeinde in Seoul:

»Ich bin die Frau, die das Leben von 115 Menschen auf dem Gewissen hat ... Als ich in Seoul ankam, wurde meinen Denkgebäuden der Boden entzogen. Ich fühlte mich sehr niedergeschlagen und verzweifelt wegen meiner großen Schuld. Meine Bewacher waren Christen. Sie gaben mir eine Bibel und ermunterten mich, darin zu lesen. Vorher hatte ich nie etwas anderes gelesen als die Bücher der Revolution und die Lehren Kim Il Sungs. Als ich jetzt Gottes Wort aufnahm, war ich überrascht und tief gerührt. Mein Interesse wuchs: ich las mehr und mehr. Aber ich konnte nicht alles verstehen. Da kam mir ein Gefängnispastor zu Hilfe. Zuerst fand ich die biblischen Geschichten von Adam und Eva und anderen Gestalten amüsant. Sie klangen wie Fabeln. Ich konnte nicht daran glauben. Aber nach und nach merkte ich, wie Gottes Wort mein Innerstes verwandelte. Schließlich las ich den Vers ›Gott aber erweist seine Liebe zu uns darin, daß Christus für uns gestorben ist, als wir noch Sünder waren‹ (Römer 5,8). Da mußte ich weinen, weil mir auf einmal klar wurde, daß Jesus aus Liebe für meine Sünde ans Kreuz ging. Inzwischen habe ich die Bibel zweimal durchgelesen. Je mehr ich lese, desto stärker wird mein Glaube an Jesus, die Auferstehung und das ewige Leben. Am 12. April wurde ich begnadigt. Es war ein unverdienter Akt, ebenso wie das neue geistliche Leben, das Gott mir trotz meiner tiefen Sünde geschenkt hat. Ihm möchte ich als ein neuer Mensch dienen. Ich will alles tun, um die

Familien zu trösten, die ihre Angehörigen durch mich verloren haben. Und ich möchte Menschen zu Gott führen, damit sie seine großen Taten selbst kennenlernen.«
(Quelle: idea Spektrum 50/1990)

Informationen zur aktuellen Lage in Nordkorea

Ein höllisches »Paradies«

Die Bevölkerung weiß wohl, daß ihr »Großer Führer« am 8. Juli 1994 gestorben ist. Aber sie »weiß« aus der Dauerpropaganda auch, daß er »im Himmel« lebt, ja sogar im Herz eines jeden Koreaners!

Vor einer knapp 30 Meter hohen Statue ihres unsterblichen Gottes beten sie vereint: »Unser Führer, Du gibst Dein Leben für uns hin, um uns Dein erfülltes und reiches Leben zu verleihen. Unser Glück ist heute so groß, daß es keine Grenzen kennt. An seiner väterlichen Brust erfüllt uns warme Liebe. Wir folgen Dir bis ans Ende der Erde und dienen Dir, bis Sonne und Mond vergehen. Wir werden Deine Segnungen an Generationen und Generationen weitergeben. Ewig wollen wir Dir treu bleiben. Das beten wir mit unserem Herzen.«

Was hat sich seither verändert?

Nordkorea hält seit vielen Jahren einen traurigen Weltrekord: Verbrecherstaat Nr.1. So bescheinigt es die angesehene Menschenrechtsorganisation *Freedom House* auch in ihrer jüngsten Jahresbilanz wieder.

Die wirtschaftliche Notsituation hat sich dramatisch verschlechtert. Im Radio wird die Bevölkerung aufgefordert: »Eßt nur noch zweimal am Tag. Eßt kein Fleisch, das ist gesunder Proteinverzicht.« Sogar die Einwohner der Hauptstadt Pjöngjang holen sich ihre Vitamine inzwischen von den Parkanlagen und Grünflächen.

Tatsächlich herrscht eine gewaltige Hungersnot. Eine Flutkatastrophe im August 1995 hat die allgemeine Notlage verschärft. Unverschämt forderte die Partei flugs 15 Milliarden Dollar von der Weltgemeinschaft.

Die wahre Herkunft der *Sea Ampex*, eines Frachters mit einer Hilfslieferung Reis des »verhaßten südlichen Bruders«, durften die »Paradieseinwohner« um keinen Preis erfahren: Die Hoheitszeichen mußten überpinselt werden. Ein Teil der Besatzung wurde sogar unter »Spionageverdacht« zeitweise verhaftet!

Übereinstimmend schildern die wenigen Glücklichen, denen ein Fluchtversuch gelang, das »Paradies« als Hölle! So z.B. Ahn Myong Chol, der als 17jähriger Soldat zum Aufsichtsdienst in eines der zwölf Straflager abkommandiert wurde. Er sah Leichen mit zertrümmerten Köpfen, Körper ohne Arme und Beine. Er hörte Schreie von Häftlingen, die, monatelang in ungelüfteten, fensterlosen Verliesen isoliert, ein Holzscheit zwischen Unterschenkel und Gesäß, so lange hockend ausharren mußten, bis ihre blutleeren Beine abzusterben begannen... Sieben Jahre hielt es Ahn auf seinem Posten aus, dann floh er im August 1994 aus dieser Hölle.

Seit 1953 sind 440 Flüchtlinge wieder zurückentführt worden. Welch eine Perversion, welch eine totale Verdrehung des wirklichen Paradieses! Nordkorea schreibt die Bibel neu: Adam und Eva fliehen aus dem Paradies, aber »Gott« holt sie zurück ...

Kein Regime hält seine Untertanen so unverschämt erfolgreich in Ahnungslosigkeit, die Nachbarstaaten in Angst und die Welt zum Narren wie das nordkoreanische.

Religionsfreiheit in Nordkorea hat Kim Il Sung so definiert: »Ihr könnt an Gott glauben, aber ihr sollt an den Gott Nordkoreas glauben.« Diesen Glauben will auch sein Sohn und Nachfolger Kim Jong Il mit allen Mitteln im Volk verwurzeln. Deshalb brandmarkte er »die Überreste der alten Gesellschaft«, die es zu beseitigen gelte. »Individualismus«, wie er in einer persönlichen Beziehung zum lebendigen Gott der Bibel zum Ausdruck komme, stört ihn dabei am meisten. Alle »ideologische Arbeit« will er »unter die einheitliche Kontrolle« der Partei stellen. Wer sich dem widersetzt, muß ausgemerzt werden, wie die zehn »Feinde der Partei« – so werden auch entschiedene Christen bezeichnet –, die im August 1994 vor großer Menschenmenge in Pjöngjang zur Abschreckung nackt mit Benzin übergossen und verbrannt wurden!

Die Hilfsaktion Märtyrerkirche, mit der die Stephanus Edition eng zusammenarbeitet, veröffentlicht diese Informationen, nicht damit Sie Ihre Hände zur Faust ballen, sondern sie in Fürbitte und Hilfe für Nordkorea ausstrecken, damit diesem Land Heil widerfährt, indem der lebendige Gott Einzug hält. Weitere Informationen erhalten sie bei folgenden Adressen:

HMK-Deutschland

Hilfsaktion Märtyrerkirche e.V.
Postfach 1160 · 88683 Uhldingen

Spendenkonto:

Postscheckkonto Dortmund
BLZ 440 100 46 · Kto.: 7711-461

Sparkasse Salem-Heiligenberg
BLZ 690 517 25 · Kto.: 2 012 003

HMK-Schweiz

Hilfsaktion Märtyrerkirche
Postfach 50 · CH-3608 Thun

Spendenkonto:

Postkonto Zürich 80-4309-4

HMK-Österreich

Hilfsaktion Märtyrerkirche e.V.
Postfach 33 · A-1213 Wien

Spendenkonto:

Die Erste österr. Spar-Cassa-Bank, A-1213 Wien
BLZ 20 111 · Kto.: 063-122 68

W. Terry Whalin, Chris Woehr

Der wahre Leuchtende Pfad

Rómulo Sauñe, der Hirtenjunge in den peruanischen Anden, der nicht richtig lesen und schreiben kann, wird durch Gottes Führung schließlich zum Übersetzer der Bibel in seine Indianersprache Ketschua. So kommt das Wort Gottes auch in die abgeschiedenen Gebirgsregionen Perus. Sein Leben, Glaube und Zeugnis inmitten des Terrors, des „Leuchtenden Pfades".
TB, 290 Seiten

DM 19,80, CHF 19.80, öS 140
Best.-Nr. 841371

Siegfried Jung

... mit Flügeln wie Adler

Albanien und Nordkorea - die beiden Spitzen der kommunistischen Welt. In Albanien hat Gott eingegriffen. Nach 500 Jahren islamischer Knechtschaft und 50 Jahren kommunistischer Diktatur erwacht im Albanien des Apostel Paulus die frohe Botschaft des Evangeliums wieder. Lesen Sie, wie der albanische Adler fliegen lernt. Nordkorea kämpft heute noch so radikal gegen Gott wie Albanien gestern. Wenn Wissenschaftler einen Bedarf von 3 Billionen Dollar errechneten, um Nordkoreas Wirtschaft einigermaßen zu sanieren – Gott ist nichts unmöglich! Am Beispiel Albanien lesen Sie, was auch in Nordkorea geschehen wird, wenn Gott dieses Land öffnet. Lassen Sie sich zur Fürbitte herausfordern.
TB, 216 Seiten, 90 Bilder

DM 16,80, CHF 17.60, öS 118
Best.-Nr. 841365

Richard Wurmbrand

Christus auf der Judengasse

Die selten klare Stellungnahme eines Judenchristen zu seinem Volk und zu Fragen der christlichen Mission unter Juden. Nur ein scharfer Denker wie Richard Wurmbrand kann so überzeugend dartun, wieviel verstandesmäßige Barrieren überwunden werden müssen, um endlich zum Herzensglauben zu kommen.
GB, 288 Seiten

DM 19,80, CHF 19.80, öS 140
Best.-Nr. 841372

Richard Wurmbrand

Die Überwinder

Dieses Buch berichtet von ganz gewöhnlichen, fehlbaren Menschen, die eine göttliche Kraft gefunden haben, welche nicht aus ihnen selbst stammte – eine Kraft, die für uns alle zur Verfügung steht.
TB, 240 Seiten

DM 17,80, CHF 18.80, öS 126
Best.-Nr. 841347

Sabine Wurmbrand

Mit und ohne Richard

Die unglaubliche Geschichte der Sabine Wurmbrand. „Ziehen Sie sich an!" Sechs Männer standen um uns herum. Sie trampelten auf unseren Sachen herum. ...Ich legte die Bibel auf den Tisch und sagte: „Erlauben Sie uns, kurz zu beten, dann werde ich mitgehen."
TB, 350 Seiten

DM 14,80, CHF 15.80, öS 105
Best.-Nr. 841631